台湾国学丛书
刘东　主编

韩非子的哲学

王邦雄 —— 著

九州出版社
JIUZHOUPRESS ｜ 全国百佳图书出版单位

图书在版编目（CIP）数据

韩非子的哲学 / 王邦雄著. -- 北京：九州出版社，2022.11
（台湾国学丛书 / 刘东主编）
ISBN 978-7-5225-1249-5

Ⅰ. ①韩… Ⅱ. ①王… Ⅲ. ①韩非（前280-前233）－哲学思想－研究 Ⅳ. ①B226.55

中国版本图书馆CIP数据核字(2022)第220003号

本书中文简体版通过成都天鸢文化传播有限公司代理，经东大图书股份有限公司授予九州出版社有限公司独家于中国大陆地区发行、散布与贩售，非经书面同意，不得以任何形式、任意重制转载。

著作权合同登记号：图字01-2022-6431

韩非子的哲学

作　　者	王邦雄 著
责任编辑	黄瑞丽
出版发行	九州出版社
地　　址	北京市西城区阜外大街甲35号（100037）
发行电话	(010)68992190/3/5/6
网　　址	www.jiuzhoupress.com
印　　刷	北京盛通印刷股份有限公司
开　　本	710毫米×1000毫米 16开
印　　张	17.25
字　　数	200千字
版　　次	2023年7月第1版
印　　次	2023年7月第1次印刷
书　　号	ISBN 978-7-5225-1249-5
定　　价	68.00元

★版权所有　侵权必究★

《台湾国学丛书》总序

在我看来，不管多变的时局到底怎么演变，以及两岸历史的舞台场景如何转换，都不会妨碍海峡对岸的国学研究，总要构成中国的"传统学术文化"的有机组成部分。

事实上，无论是就其时间上的起源而言，还是就其空间上的分布而言，这个幅员如此辽阔的文明，都既曾呈现出"满天星斗"似的散落，也曾表现出"多元一体"式的聚集，这既表征着发展步调与观念传播上的落差，也表征着从地理到政治、从风俗到方言上的区隔。也正因为这样，越是到了晚近这段时间，无论从国际还是国内学界来看，也都越发重视起儒学乃至国学的地域性问题。

可无论如何，既然"国学"正如我给出的定义那样，乃属于中国"传统学术文化"的总称，那么在这样的总称之下，任何地域性的儒学流派乃至国学分支，毕竟都并非只属于某种"地方性文化"。也就是说，一旦换从另一方面来看，尤其是换从全球性的宏观对比来看，那么，无论是何种地域的国学流派，都显然在共享着同一批来自先秦的典籍，乃至负载着这些典籍的同一书写系统，以及隐含在这些典籍中的同一价值系统。

更不要说，受这种价值系统的点化与浸润，无论你来到哪个特殊的地域，都不难从更深层的意义上发现，那里在共享着同一个"生活世界"。甚至可以这么说，这些林林总总、五光十色的地域文化，反而提供了非常难得的生活实验室，来落实那种价值的各种可能性。正因为这样，无论来到中华世界的哪一方水土，也无论是从它的田间还是市井，你都可能发出"似曾相识"的感慨。——这种感慨，当然也能概括我对台北街市的感受，正因为那表现形态是独具特色的，它对我本人才显得有点"出乎意料"，可说到底它毕竟还是中国式的，于是在细思之下又仍不出"情理之中"。

在这个意义上，当然所有的"多样性"都是可贵的。而进一步说，至少在我这个嗜书如命的人看来，台湾地区的国学研究就尤其可贵，尤其由那些桴海迁移的前辈们所做出的研究。

正是因此，我才更加感佩那些前辈的薪火相传。虽说余生也晚，无缘向其中的大多数人当面请益，然而我从他们留下的那些书页中，还是不仅能读出他们潜在的情思，更油然感受到自己肩上的责任，正如自己曾就此动情而写的："这些前辈终究会表现为'最后的玫瑰'么？他们当年的学术努力，终究会被斩断为无本之木么？——读着这些几乎是'一生磨一剑'的学术成果，虽然余生也晚，而跟这些前辈学人缘悭一面，仍然情不自禁地怀想到，他们当年这般花果飘零，虽然这般奋笔疾书，以图思绪能有所寄托，但在其内心世界里，还是有说不出的凄苦犹疑。"

终于，趁着大陆这边的国学振兴，我们可以更成规模地引进那些老先生的相关著作了。由此便不在话下，这种更加系统的、按部就班的引进，首先就出于一种亲切的"传承意识"。实际上，即

《台湾国学丛书》总序

使我们现在所获得的进展，乃至由此而催生出的国学高涨，也并非没有台湾地区国学的影响在。早在改革开放、边门乍开的初期，那些从海峡对岸得到的繁体著作，就跟从大洋彼岸得到的英文著作一样，都使得我们从中获得过新鲜感。正因此，如果任何一种学术史的内在线索，都必然表现为承前启后的"接着讲"，那么也完全可以说，我们也正是在接着台湾地区国学的线索来讲的。

与此同时，现在借着这种集成式的编辑，而对于台湾地区国学的总体回顾，当然也包含了另一种活跃的"对话意识"。学术研究，作为一种有机增长的话语，其生命力从来都在于不断的创新，而如此不断创新的内生动力，又从来都来自"后生"向着"前贤"的反复切磋。也是惟其如此，这些如今静躺在台湾地区图书馆中的著作——它们眼下基本上已不再被对岸再版了——才不会只表现为某种历史的遗迹，而得以加入到整个国学复兴的"大合唱"中；此外，同样不在话下的是，我们还希望这次集中的重印，又不失为一种相应的和及时的提醒，那就是在这种"多元一体"的"大合唱"中，仍需仔细聆听来自宝岛的那个特殊声部。

最后要说的是，在一方面，我们既已不再相信任何形式的"历史目的论"，那么自然也就可以理解，今后的进程也总会开放向任何"偶然性"，无法再去想象黑格尔式的、必然的螺旋上升；可在另一方面，又正如我在新近完成的著作中所讲的："尽管我们的确属于'有限的、会死亡的、偶然存在的'人类，他们也的确属于'有限的、会死亡的、偶然存在的'人类，可话说回来，构成了彼此'主观间性'的那种'人心所向'，却并不是同样有限和偶然的，相反倒是递相授受、薪火相传、永世长存的，由此也便显出了不可抹煞的'必然性'。"在这个意义上，我们就总还有理由去畅想：

3

由作为中国"传统学术文化"总称的国学——当然也包括台湾地区国学——所造成的"人心所向"和"主观间性",也总还不失为一种历史的推动力量吧?

刘东
2020 年 6 月 24 日于浙江大学中西书院

论文提要

本论文以"韩非政治哲学之研究"为题,全文共分七章完成。

第一章导论。此章叙述研究之动机、范围与方法,并涉及有关版本之依据、篇章之考证等基本立场之问题。

第二章时代背景及其哲学问题。此章点出韩非之哲学问题,乃因时代背景而有,亦为时代背景所决定,他志在透过政治权力的构作,以解决战国混乱之政局,并寻求国之治强与成就霸业之道,故其哲学实属于政治哲学的范畴,着重在现实政治病痛之解析与实际政治架构之建立。

第三章思想渊源及其哲学特质。此章分三节写成:一为国情与其身世之激发,二为先秦诸子之递衍,三为三晋法家传统之集成。此章旨在说明韩非哲学之特质,实由此一思想渊源呈显而出:一为现实主义之哲学,二为综合性之哲学,三为独创性之哲学。合此三者,而形成一家之言之哲学特质。

第四章韩非政治哲学的理论根基。此章分三节写成:一为挟利自为之人性论,二为以君国为主体之价值观,三为物质条件决定治国之道之历史观。三者之中又以人性论为其基底,人性为恶,心又为之计量,由是而开出由不可变之法、不可抗之势与不可欺之术三者叠架而成，求必然实效之体系架构。此章旨在说明韩非政治哲学之体系架构，实由此三大理论根基推演而出。

第五章韩非政治哲学体系之建立与其实际之发用。此章为全文之重点，分为四节逐次写成：一为法势术三者之界域与其性能，此节指出三者各有其专司之界域，与独具之性能；并皆由其理论根基推演而得；二为法势术三者相互补足与彼此助长之三角关联性，此节言其三角分立之均衡，由是而形成其多边之政治效能；三为法之中心思想及其体系之建立，此节又分为二：其一法为势与术目的之所在与理想之归趋，其二法为制衡势与术执运之标准，由是而建立法在韩非政治哲学之中心地位；四为势之抬头与其实际之发用，此节点出其法中心思想在实际之发用中，由于法立于君之死结，始终解不开，遂造成其势之抬头与法之下落的上下颠倒与沉落变质，其体系架构亦因而崩颓。

第六章韩非政治哲学之检讨与评价。此章分两节写成：一为法中心思想之体系架构的建立与其外发之精义，二为人性挟利自为之理论根基的偏狭与其潜存之困结。此章旨在进一步申论韩非政治哲学之精义，实由其法中心思想之体系架构的建立，透脱凸显而出，此一实际政治之客观架构表现，相当可以补救儒墨道三家理想政治之主观作用表现的不足；而其潜存之困结，则已深藏于其理论根基的偏狭自限之中。人性论失之于偏，价值观囿之于狭，历史观落之于物，故一者反道德、反学术，二者其标准之法，亦无意养善，而仅在止奸；由是而封闭人性，窒息人心，其法治之理想，遂完全沉落不见。

第七章结论。此章试论韩非政治哲学之现代意义，旨在论述韩非政治哲学无以自解之困结，若由现代之民主体制转出，法立乎全民之回应而制定，执政者亦由全民投票推选，则其法中心之思想，即可成立而实现，而有助于现代法治社会的形成。此为吾辈后学者处于传统与现代之间，所应有之架桥沟通的工作。学术史上之千古慧命，如是始能薪火永传，历万古而长新。

目 录

第一章　导论 / 1

第二章　时代背景及其哲学问题 / 6

第三章　思想渊源及其哲学特质 / 20
　　第一节　国情与其身世之激发 / 20
　　第二节　先秦诸子之递衍 / 23
　　第三节　三晋法家传统之集成 / 54

第四章　韩非政治哲学的理论根基 / 81
　　第一节　人性论 / 82
　　第二节　价值观 / 96
　　第三节　历史观 / 107

第五章　韩非政治哲学体系之建立与其实际之发用 / 119
　　第一节　法势术三者之界域与其性能 / 119
　　第二节　法势术三者相互补足与彼此助长之三角关联性 / 170
　　第三节　"法"之中心思想及其体系之建立 / 183
　　第四节　势之抬头及其实际之发用 / 200

第六章　韩非政治哲学之检讨与评价 / 210
　　第一节　法中心思想之体系架构的建立与其外发之精义 / 211
　　第二节　人性挟利自为之理论根基的偏狭与其潜存之困结 / 228

第七章　结论——韩非政治哲学的现代意义 / 251

参考书目 / 259

第一章　导论

笔者多少年来一直有志于中国哲学的研究，也关切传统与现代化在现阶段应如何接续与沟通之问题。传统之哲学，绝不是古董文物，仅束之于高阁，供后代子孙凭吊怀古而已；其价值端在此一哲学智慧在现代的复活，并求其进一步的充实与推扩。今天吾人正处于推动文化复兴的历史性时刻，若仅志在推尊孔孟思想，而抛离其他各家之不朽智慧，实不免失之过狭，画地自限。试看在近百年之现代化过程中，科学与民主，皆自西方移植，而未能从传统思想中开其源、立其根，故其源固不畅，其根亦不固。此当是中山先生体大思精之三民主义，与取精用宏之五权宪法，未能充分实现的根本原因。由是而引发笔者研究韩非政治哲学之动机。

韩非乃吾国哲学史上，立于先秦之殿的一位代表性哲人，而千古以来，不仅研究者不多，且又蒙受太多的曲解；而出乎哲学观点，做一深入而有系统之研究者，又极为少见。故笔者不揣浅陋，抱着开矿拓荒者的心怀，尝试地去做探勘开发的工作。期求在满布荆棘的原始处女地中，去开垦出一块可耕之地，以适合于现代化的播种；在一片荒漠中，去汲取可以滋养现代化的甘泉。个人深信，韩非思想尽管受其时代背景所限制，与现代之法治思想，尚有一大段距离；

然若透过吾人之研讨厘清的工夫与存汰过滤的作用，自可显其菁华，去其渣滓，再进一步加以转化接通，必有助于现代化社会的形成。

抑有进者，韩非之哲学，一直受到秦皇、李斯的牵累，以致两千年来，一直被挤在正统道学的门外。我们要问：秦皇、李斯之功过，是否韩非所该负责？韩非之哲学，对历代政局的影响，是否仅有负面值的沉落，而一无正面值的凸显？其政治哲学的本身，是否仅有黑暗的窒息，而未有光明的展露？这都是吾人所当去探索厘清的问题。

且韩非之哲学，少有玄谈妙理，以是之故，吸引不住后代学人向往之心；然其出乎时代问题的深切反省，以求有所超离与彻底解决之哲学精神，实与各家未有以异。其哲学思想虽仅在实际政治上着力，然亦自有其特殊之哲学问题的挖掘，与哲学特质的呈显，其理论根基之人性论，价值观与历史观，均有其个人的独到之见，而在法势术三者之界域与性能，亦透过其苦心孤诣的会通组合，而有其法中心思想之体系架构的建立：凡此皆足以显现出一代哲人的不朽智慧，值得吾人去细心探究与善为珍惜的。吾人甚至可以说，在政治哲学上，韩非立论之精辟透彻，不仅自成一家之言，且足以独步千古，即此一端，韩非之哲学，已有其永不褪色的历史地位。

有关版本考据之问题，由于牵涉太广，一者非个人治学能力之所及，二者亦非个人研究志趣之所在。故本论文之研究范围，集中在其哲学思想的解析与重建，而非落于文字脱误与篇章信伪的考据上。吾国先秦各家之典籍，其成书大多出乎门弟子及后学者的记载，不免杂有后人附丽增益之处，若仅据某些章节，即加以怀疑或否定其书之可信，则不免疑古过当，失之过苛，而先秦诸子之思想，亦几皆不可说。且此一章节之考据与文字之补订，前辈学者已论证精详，其中较具代表性者，有容肇祖先生之《韩非子考证》，陈启天先生之《增订韩非子校释》等。故笔者不拟介入这一考据上的争论。一者视韩非子为学派的思想，而不以之为个人的学说，盖个人之思想实难有如斯之成熟周遍，惟仍以韩非为此一学派之代表人物；二者在篇章之取舍上，乃接受杨日然先生根据以上二家，与日本学者木村英一之说，所考订之表列以为据。[1] 根据此一考订，在《韩非子》五十五篇中，《主道》《扬榷》《解老》《喻老》诸篇，乃韩非后学晚期作品中杂糅黄老思想至为明显者，故笔者视之为韩非学派研读《老子》之心得之作，可独立成篇，而不予引用。如是或较能显现韩非学派本有之思想。而本论文引据之版本，则以陈启天先生《增订韩非子校释》为主，以其广参古今各家之注疏，而详加考订，最称完足，且其注释，对于韩非之思想亦多有阐发，笔者在基本材料的取择与哲学思想的解悟上，得其启发之处颇多，不敢掠美，特此志明。

---

[1] 杨日然《韩非法思想的特色及其历史意义》一文中，依据容肇祖《韩非子考证》，及陈启天《韩非子校释》以及木村英一『法家思想の研究』一书所附录之《韩非子考证》，将《韩非子》书五十五篇列出一表如下，可资参证：

1. 可确证为韩非自著者：《显学》《五蠹》二篇。
2. 可视为韩非子自著者：《奸劫弑臣》《说难》《孤愤》《和氏》四篇。
3. 收集韩非学派的论难问答者：《难》四篇（笔者按：包括《难一》《难二》《难三》《难四》四篇）及《难势》《问辩》《定法》《问田》，凡八篇。
4. 可视为韩非后学早期之作品者：《爱臣》《二柄》《八奸》《亡征》《三守》《备内》《南面》《说疑》《诡使》《六反》《八说》《八经》《十过》《忠孝》《人主》《有度》《饰邪》十七篇。
5. 辑述韩非学派所传之说话类者：《说林上、下》《内储说上、下》《外储说左上、左下、右上、右下》以及《十过》九篇。
6. 韩非后学晚期之作品中杂糅黄老思想者：《主道》《扬榷》《解老》《喻老》四篇。
7. 其他可视为韩非后学晚期之作品者：《观行》《安危》《守道》《用人》《功名》《大体》《心度》《制分》八篇。
8. 韩非学派以外之他家言者：《初见秦》《存韩》《难言》《饬令》四篇。

见《台湾大学法学论丛》第一卷第二期，页二六一至二六七，一九七二年四月出版。

至于方法问题，笔者以为先秦各家之哲学，除名家与别墨而外，实以天（或道）、性（或德）、心诸观念为主，或下及情与欲，这一系列观念之系属地位，必决定各家哲学之体系与精神，而法家之法、势、术三者之排比贯串之关联，亦决定其政治哲学之结构与效能。故本论文有关理论根基之探索，实以天、性、心、情、欲等观念为中心；有关体系架构之建立，则以法、势、术等基料为重点：此为笔者个人之基本设准，用以衡定各家之思想者，由其上下之是否通贯，内外之是否流通，即可知其政治思想大略之路向与终极之归趋。此一方法的运用，颇近乎劳思光先生所谓之"基源问题研究法"[1]，惟笔者以为中国哲学之基源问题，皆在人性论。如孔孟之重德教仁政，老庄之重道化无为，墨子之主尚同兼爱，荀子之主礼义师法，以至商、韩治之以法，慎到任之以势，申不害制之以术：凡此政治思想之形成，皆由其人性论之基源而来。笔者除以基源问题探究各家中心思想之所以形成而外，亦兼采发生法与比较法[2]。前者依时间之先后，发展之历程之分析，用以显明各家相互递衍之迹；后者则透过各家中心思想异同之比较论列，用以显豁其独特性之哲学。尤其在政治思想上，儒法两家，渊源甚深，却又彼此对峙，故凡论述法家之思想，皆与儒家作一对照比较而显明之。

本论文志在建构韩非政治哲学之体系，以显发其精义与创见，

---

[1] 劳思光《中国哲学史》第一卷，序言页一六云："每一家理论学说，皆有其基源问题。……基源问题虽是每一学说的根源，但有很多学人每每并不明显地说出来。因此我们自己常需要做一番工作，以发现此一学说的基源问题是什么。这里就需要逻辑意义的理论还原的工作了。"香港中文大学崇基学院，一九六八年正月初版。

[2] 唐君毅《哲学概论》卷上，页一八七云："用比较法与发生法研究哲学，都是把哲学思想当作一存在的对象来看。其不同，是发生法所着眼点，在一哲学思想之所由生之后面的历史背景；而比较法之所着眼点，则在一哲学思想之本身之内容或系统，与其他哲学思想之本身之内容或系统之异同。"孟子教育基金会，一九六五年三月再版。

并探讨其体系架构所自来之理论根基，以明示其潜存之困结与难题，是还它一个是，非还它一个非。惟在此一过程中，虽力求严谨客观，然在字里行间，亦不免注入了个人之主观意态，这是一个后学者对前贤之哲学，所做的一番重建的工夫。但愿此一心血的投注，不致雕琢过甚，欲巧反拙，而有理想化韩非思想，或扭曲其哲学精神的偏差。此当有待个人思想之趋于成熟，始能免乎此，惟请前辈高明有以教我。

由上言之，笔者草成此一论文，实有其个人学术使命的自觉，亦有心于传统与现代化的接续沟通。个人深信，惟有透过文化传统之开源立根，中山先生振兴中华的宏愿，与吾人推动现代化的奋力，才能行之有功，持之能久，此当是这一代中国学人应共同肩负的时代使命。

第二章　时代背景及其哲学问题

在中西哲学史上，每一位哲人，从某一个角度来说，都是时代的代言人。彼等之哲学，固然是个人心灵的显发，同时也是整个民族心灵与时代心灵的反映。[1] 也就是说，无论哪一位哲人，或多或少，都难以逃离传统与其时代所加注之影响力，只是能不为传统与其时代所拘限而已！[2] 由上观之，一位哲人之哲学思想，自有其特殊之时代性与空间性，也必有其超乎时空之普遍性论题的探讨，故不仅在他的时代之中，能触动每一个人的心弦，而汇为时代的风潮，也才能在不同的世代之中，引发后人无比的低徊与反响。

韩非是春秋战国时代最后一位哲学家，也是综合各家思想而集其大成的哲学家。他志在解决战国乱局的现实政治问题[3]，故他的哲

---

[1] 罗素《西方哲学史》，《导论》页三云："要了解一个时代或民族，我们必须要了解它的哲学。"钟建闳译，中华文化出版业社，一九六七年一月再版。

[2] 萧公权《中国政治思想史》，《绪论》页二云："然社会环境仅为思想萌育之条件，苟无天资卓绝之思想家如孔、孟、庄、韩诸人适生此特殊之环境中，何能造成吾国学术史上此重要之'黄金时代'？"华冈出版部，一九七一年三月再版。

[3] 吕思勉《中国通史》上册，页三〇五云："法家是最主张审察现实，以定应付的方法的，所以最主张变法而反对守旧。这确是法家的特色。"乐天出版社，一九七一年元月初版。

学思想，传统与时代的色彩，尤为明显。[1]他所以能跻身代表性哲人的行列，就在于他综合各家思想，加以吸收，重新组合，而自成一家之言，建立了属于他个人的哲学体系[2]；同时也触及了政治哲学的普遍性问题，如人性论的探索、价值观的衡定、历史观的确立、政治心理的分析、政治权力的运作等，皆为每一位政治思想家所必须面对与尝试解析的基本论题。

大凡一家政治思想，皆针对现实问题而发[3]，故探究政治思想，先把握其时代背景，才是厘清此一家思想的首要工作。孟子曰："诵其诗，读其书，不知其人可乎？是以论其世也。"[4]韩非的时代，在战国末年，他的哲学问题，显然为其面对的时代所决定，故探讨韩非之哲学，必得先透过其时代背景之解析，才能加以妥切的把握，求得同情的了解。

英国当代哲学家罗素（Bertrand Russell）在《西方哲学史》一书的序文里曾说："哲学家是结果，又是原因；他们是某时社会的情势和政治的体制之结果，又是镕铸后代政治和体制的信仰之原因（如

---

[1] 萧公权《中国政治思想史》，页三〇云："儒家思想以鲁国之历史背景为依据，于四派之中最富地域之色彩。法家对七雄当前之需要而立说，最富于时间之意义。"依笔者之见，法家立论似乎反历史传统，事实上，其哲学智慧大多来自儒墨道三家。华冈出版部，一九七一年三月再版。

[2] 唐君毅《中国哲学原论·原道篇》卷一，页五〇四云："申不害言术，商鞅言法，慎到言势，乃始各以政治上之一基本观念为中心以言政，乃可称法家之学之始。韩非合法术势为言，更标赏罚为人君之二柄，乃有系统化之法家之理论。……韩非之言虽要在论政，然其论政，乃本于其对人生文化社会政治，有一基本之看法与态度。其对其前之儒道墨诸家之学术虽有所取，而斥破之言尤多。故足自成一家之言，亦代表一种形态之人生思想与政治思想。"新亚书院研究所，一九七三年五月初版。

[3] 杜威《思维术》（How We Think），页一二云："一切思想，原于疑难及烦乱，盖思想不凭空起。"刘伯明译，华冈出版部出版。萨孟武《中国社会政治史》，页三四之一谓："任何学说都不能离开现实，换言之，任何学说都是对于现实问题，讲求解决之法。"一九六九年修订增补三版。

[4] 《孟子·万章下》篇。朱熹《四书集注》，页二七二，台湾书局，一九六一年十月再版。

果他们是幸运的话)。……我是要在真理容许之范围内,将每个哲学家,表现为他是他的环境之结果,就是说,某时社群所通有之思想和感情,于浮泛而散漫的形式内,乃集中于和结晶于其一人之内(他本人是那个社群的一部分)。"在该书的导论中又说:"人们生活的情势,于决定他们的哲学之处,实颇不少;反之,他们的哲学,亦大有造于决定他们的情势。"[1]韩非的哲学,乃是战国末期整个时代孕育出来的产物,他的哲学也结束了这一分崩离析的乱局,决定秦汉大一统的新政局。

先秦诸子勃兴的时代背景,以萨孟武先生《中国社会政治史》与徐复观先生《周秦汉政治社会结构之研究》的分析,最为详尽。[2]前者偏重经济因素所触动之社会变革,后者则着眼于宗法社会与封建制度之崩溃所引发之全面性变动。至于各家思想的地理分布,与其相互激荡递衍之迹,则以梁启超先生《中国学术思想变迁之大势》与萧公权先生《中国政治思想史》的剖解,最具卓见[3];后者以不同之地理环境与其文化背景,说明哲人思想之特质,尤为精审。

惟如此之分析,均泛指春秋至战国之历史背景,而由孔子至韩非,其间年代之差距,已达三百十九年之久。[4]此一时期又是中国历史上变动最剧烈的时期。由春秋步入战国,其间政治社会之倾颓,更是愈演愈烈。顾炎武先生说:

---

[1] 罗素《西方哲学史》,钟建闳译,原《序》页二至页三,《导论》页三。
[2] 萨孟武《中国社会政治史》,页一七至三四之四。
徐复观《周秦汉政治社会结构之研究》,页一四至一二八,新亚研究所,一九七二年三月初版。
[3] 梁启超《中国学术思想变迁之大势》,页一五至一六,中华书局,一九七一年十月台五版。
萧公权《中国政治思想史》,页一七至三八。
[4] 钱穆《先秦诸子系年·诸子生卒年世先后一览表》,孔子生年在公元前五五一年,韩非卒年在公元前233年。香港大学出版社,一九五六年六月增订新版。

自《左传》之终，以至战国凡百三十三年。史文阙轶，考古者为之茫昧。如春秋时犹尊礼重信，而七国则绝不言礼与信矣。春秋时犹宗周室，而七国则绝不言王矣。春秋时犹严祀祭，重聘享，而七国则无其事矣。春秋时犹论宗姓氏族，七国则无一言及之矣。春秋时犹宴会赋诗，而七国则不闻矣。春秋时犹有赴告策书，而七国则无有矣。邦无定交，士无定主，此皆变于一百三十三年之间，史之阙文，而后人可以意推者也。不待始皇之一并天下，而文武之道尽矣。[1]

这一段话，最能勾绘出周朝礼制一进入战国阶段，已趋全面解体的情状。陈启天先生分析此一情势亦云：

战国所以异于春秋的主要标志，是由多数分治的封建诸侯，变为少数分立的君主国家。在春秋时，见于春秋经传的诸侯，尚有一百七十个，到战国时，便只有七雄及数小国。在春秋时，王室尚保持名义上的共主，到战国时，王室则渐次等于自郐以下，不足齿数。总说一句，战国的大势，只是七雄以新兴的君主国家，分立互争而已。七雄中的韩、赵、魏，是由晋分裂而成的三个新国家。齐是由田氏代姜氏的一个新国家，楚是由南蛮向中原发展而成的一个国家，不在周初封建之列；秦是从前视为戎翟，而在西北发展成功的一个国家，也不在周初封建之列。至于燕，虽为召公之后，然以其僻处东北，与胡人邻近，到战国也改建造成一个新国家。他们七个国家有一共同

---

[1] 顾炎武《日知录》卷十七"周末风俗"条，明伦出版社，一九七〇年十月三版。

的新要求，即是一面要求对外能生存与发展，一面要求对内能改革与统一，以确立君主政治。要完成这种要求，便不得不变法维新。[1]

王室旧封已为陪臣篡夺所取代，新兴国家皆变法图强，也就是说，由许多宗法封建的小国家，变成几个中央政权统一的新军国。[2] 周礼至此，已整个失去其相应的时代背景与存在的功能与意义，传统礼制不再能维系周王室与各诸侯国之间之政治与社会的全面秩序，而导致天下分裂、列国兼并的政局。这该是战国中期以后，诸子百家政治思想所面对的共同课题，也是其立论的共同基点。

盖周初之封建政治，乃建立在宗法社会的基础上。以宗法血缘的亲亲之情，去固结政治统属的尊尊之制，也以嫡长子为大宗的继承法所形成的尊尊之制，以树立周元后客观与绝对的权威地位，来维系诸别子小宗的亲亲之情，与封国与宗周之间固守本分的臣属关系。亦即以血统嫡庶亲疏的身份，来固定政治尊卑贵贱的地位。使二者黏结不分，从而稳定政治与社会的秩序与和谐。此一制度乃是有计划的分封同姓宗族子弟到旧有的政治势力中，去统领治理与同化所征服的新领地，并以婚姻沟通各异姓功臣之封国，使纳入这一

---

[1] 陈启天《增订韩非子校释》，页九—一六，商务印书馆，一九七二年四月二版。
[2] 钱穆《国史大纲》，页六二，"国立编译馆"，一九六八年十月台十二版。

以血统为圆心向外辐射的政治势力圈。[1]这就是"封建亲戚,以藩屏周室"[2]的宗法社会之政治形态。这一设计,不仅实行于宗周与封国之间,也扩及于各诸侯国所分封的贵族之间。同时,周天子除王畿之外,各封国之土地所有权与隶属于此一土地上的人民之统治权,皆属于诸侯所有[1],各贵族对得自诸侯分封的采邑与人民,也拥有其所有权与统治权。各诸侯之封国与卿大夫之采邑,再将土地划分为公田与私田之井田制度,使附着于土地上的人民,在助耕公田的条件下,享有私田的耕作所得[4],以形成各封国采邑之经济基础。此即所谓"有人此有土,有土此有财"[5]的宗法社会之经济形态。综合言之,在周之封国分治的形态之下,可以说是层层相属的地方分权制[6],而其政治的封建与社会的宗法、经济的井田,是一体而不可分的结构。整个宗法社会封建政治的重心,端在周天子的强盛,始能

---

[1] 钱穆《国史大纲》,页二七云:"周公子伯禽伐淮夷徐戎,遂封于鲁,得殷民六族;封微子启于宋,周人尚不能完全宰制殷遗民;封康叔于卫,得殷民七族;周公又营洛邑为东都,置归殷民焉。殷遗民大部瓜分,即鲁、卫、宋、洛邑是也。周人从东北东南张其两长臂,抱殷宗于肘腋间。这是西周的一个立国形势,而封建大业即于此完成。"页二八云:"西周的封建,乃是一种侵略性的武装移民与军事占领。"页六三云:"贵族封建,立基于宗法。国家即是家族的扩大。宗庙里祭祀辈分之亲疏,规定贵族间地位之高下。宗庙里的谱牒,即是政治上的名分。"
徐复观《周秦汉政治社会结构之研究》,页一六云:"由大宗小宗之收族而言,每一组成分子皆由血统所连贯,以形成感情的团结,此之谓'亲亲'。由每一组成分子有所尊,有所主,以形成统属的系统而言,此之谓'尊尊''长长'。"
[2]《左传·僖公二十四年》篇。《左传会笺》第一册卷六,页四七,广文书局,一九六三年九月再版。
[1] 萨孟武《中国社会政治史》,页三二二云:"在封建社会,农民虽然由领主那里受了土地的分配,然乃束缚于土地之上。"
[4]《孟子·滕文公上》篇。《四书集注》,页二一二云:"方里而井,井九百亩。其中为公田,八家皆私百亩。同养公田,公事毕,然后敢治私事。"又页二一〇引《诗·小雅·大田》之篇云:"雨我公田,遂及我私。"亦申说此意。并参见钱穆《国史大纲》,页五七。萨孟武《中国社会政治史》,页二八。
[5]《礼记·大学》篇。《四书集注》,页一〇。
[6] 萧公权《中国政治思想史》,页一七云:"按周之封建天下,本为不完全的统一。"

11

长久保有各诸侯国对宗周的向心力。

相应于这一宗法社会之政治形态下的价值基准与行为模式，就是周的礼制。礼就是定分，旨在使人人之权利义务，必与其爵位身份相称，从而建立政治的秩序。[1]《左传》云："王命诸侯，名位不同，礼亦异数。"[2] 异数之礼，即不同的血统身份与政治地位的统合表征。礼的精神就在亲亲，以冲淡王室与封国上下之间权势消长的尖锐对立，以维系感情为基底的精神团结与政治团结。故礼用以别上下之分，也用以通上下之情。[3]

然这一宗法封建的周朝天下，本来传国年代愈久，旧有之亲情必愈趋淡远，彼此间的精神团结与政治团结亦随之日渐削弱，甚至完全丧失。加上周幽王为了褒姒废申后与太子宜臼，违背了嫡长子为大宗之宗法继承制，而太子宜臼竟介入申侯引犬戎攻杀幽王之举，有犯上弑父之嫌，更背弃了整个宗法制度之根基的亲亲之情，而拥立平王之诸侯国各图己利，形成一不正义的集团，为东方诸侯国所不齿[4]，故东迁洛邑之后，周天子不为正义所归附，各诸侯国对王室产生了离心力。由亲亲之情的丧失，导致尊尊之制的全面溃败。这该是封建政治与宗法社会崩颓的先声，也是由王室领导走入春秋霸局的关键所在。

此后之天下，王命不行为其最大特征，各诸侯国内伺篡夺，外务吞并，周天子之领导中心，亦仅存其名而已。遂由齐桓晋文之霸业，以内尊宗周、外攘夷狄，标举尊王攘夷的旗帜。仍以亲亲之情为基底，肩负起禁抑篡弑、裁制兼并的重任，以维系旧有之政治规

---

[1] 徐复观《周秦汉政治社会结构之研究》，页一九。
[2] 《左传·庄公十八年》篇。《左传会笺》第一册卷三，页五一。
[3] 徐复观《周秦汉政治社会结构之研究》，页三至三三。
[4] 钱穆《国史大纲》，页三一。

模与秩序。传统之礼制，一时尚能苟延于不坠。[1] 惟在列国会盟频仍，务力于纵横捭阖之际，卿大夫的势力，遂得相互援结，倚外自重，而日渐抬头，以致内则把持国政，外则权倾诸侯，卒有三家分晋、田氏篡齐之变局。齐晋之霸业为之衰微中断，列国之政治重心，再由诸侯之身转入卿大夫之手。从此诸夏亲昵之宗姓观念，遂告荡然无存，整个宗法社会与封建政治，不待王室之亡，至此已告完全崩溃，周制遂名存实亡，历史的步伐遂迈入一崭新的战国阶段。[2]

诚如孟子所云："万乘之国，弑其君者必千乘之家；千乘之国，弑其君者必百乘之家。"[3] 此实为战国政局之真实写照。而孔子所云："天下有道，则礼乐征伐自天子出；天下无道，则礼乐征伐自诸侯出。自诸侯出，盖十世希不失矣；自大夫出，五世希不失矣。陪臣执国命，三世希不失矣。天下有道，则政不在大夫；天下有道，则庶人不议。"[4] 此为孔子就宗法封建社会之背景所发之政论，一入战国皆不幸而言中矣。孔子之理想本在"齐一变，至于鲁；鲁一变，至于道"。[5] 奈何时势所趋，已不可能回转，先王之道，也不可能重整于世。

韩非所处之时代，周初"封建亲戚，以藩屏周室"之意早已消失不存，正是政在大夫，陪臣执国命，且"处士横议"[6] 的天下无道

---

[1] 钱穆《国史大纲》，页四〇云："霸业可以说是变相的封建中心，其事创始于齐，赞助于宋，而完成于晋。"
[2] 钱穆《国史大纲》，页四四云："霸政衰微，而为大夫执政。一方面可说为封建制度继续推演所产出，一方面亦可说是封建制度却因此崩倒。"页四六云："卿大夫既有外交，往往互相援结，渐渐形成大权旁落之势，于是大夫篡位，造成此后战国之新局面。"
[3] 《孟子·梁惠王上》篇。《四书集注》，页一六〇。
[4] 《论语·季氏》篇。《四书集注》，页一三八。
[5] 《论语·雍也》篇。《四书集注》，页七六。
[6] 《孟子·滕文公下》篇。《四书集注》，页二二六。

之世。固有的亲情名分既不复有，而周王室又为秦所吞灭[1]，礼乐何由自天子出？周制已名实俱亡。征伐出自诸侯[2]，而诸侯之国命亦旁落于陪臣之手，处士之横议，亦扰乱了旧有的价值体系，破坏了旧有的行为模式，遂使政令不行，变乱无已。韩非就处在这一"旧制度失其权威，新制度尚未确定"的大破坏、大开放的过渡时代。[3] 摆在他眼前的问题是，如何接受既存的事实，在篡夺不已、权臣窃柄的纷乱政局之下，去禁抑儒侠，裁制重人，把倚权自重、执柄自为的重人近习，与惑乱人主、动摇民心的儒墨是非，统合于君国的政治权力与赏罚的规范中，以树立一个合乎时代需求之客观法制的权威性，从而统一国家的价值体系，使全依于赏罚；固立全民的行为模式，令一归于农战。试图稳定变乱的政局，以强固君权，富国强兵，完成霸王之业的理想。这是韩非所面对的时代挑战，与解决乱局的首要课题。

在宗法解体与封建崩溃之下，相应的经济结构，亦起重大的变

---

[1] 钱穆《先秦诸子系年》，页五七〇。周王室亡于公元前二五六年，是时荀子已入晚年，而韩非正值青年。

[2] 顾栋高《春秋大事表·列国疆域表》云："鲁在春秋，实兼有九国之地。""齐在春秋，兼并十国之地。""晋所灭十八国。""楚在春秋，吞并诸国，凡四十有二。""宋在春秋，兼有六国之地。"引自徐复观《周秦汉政治社会结构之研究》，页六九。

[3] 冯友兰《中国哲学史》，页三六云："此皆过渡时代，旧制度失其权威，新制度尚未确定。"页三七云："当时为一大解放时代，一大过渡时代也。"宜文出版社出版。

徐复观《周秦汉政治社会结构之研究》，页六四云："战国时代，乃处于封建制度已经崩坏，专制政治尚未定型，因之，也可以说是一个政治压力的空隙最大的开放时代。"

化。附着于土地上的人民，在贵族没落、井田制度破坏之后[1]，容许土地私有与自由买卖，农夫或拥有自己的土地，或随着游士浮萌之风的盛行，加上不堪重赋力征之苦，也开始不安于土，从附着的土地上逃离浮动，以逃避农战。被束缚于土地上的农民，一获致自由的解放，各诸侯国旧有之经济与军事的根基遂完全动摇。故韩非面对的另一问题是，如何将远离耕地的人民，重新固着于耕地上，使"死徙无出乡"[2]。故彼禁抑儒侠、裁制浮萌工商与奖励农战，是二而一的行动，旨在避免人民转生浮离侥幸之心，才能安定在富国强兵的农战岗位上。[3]

且一者彼时随着经济分工的日渐细密，各国在经济上之相互依赖性亦趋增加，惟各国关市之征甚为苛繁[4]，阻挠经济交易之自然发展，这种经济联系之迫切需求就是国家统一的基础[5]；二者吾国北方

---

[1] 钱穆《国史大纲》，页五六云："分封贵族之采地，渐次取消，则直属国家之耕土渐以扩大，于是以前贵族圈地分区小规模的井地，不得不解放为整块的农田。"此为废封建，行郡县，开阡陌边疆，不得不有的发展。页五八云："农民……各自尽力于私田，而公田收成转恶。至是乃废去公田，履亩而税。"又云："履亩而税，则可以只认田，不认人，于是民田得自由买卖，而土地所有权无形中转移，或为耕者所自有，而兼并亦随之而起。"

[2]《孟子·滕文公上》篇。《四书集注》，页二一一。

[3]《孟子·公孙丑上》篇云："市廛而不征，法而不廛，则天下之商皆悦而愿藏于其市矣。关讥而不征，则天下之旅皆悦而愿出于其路矣。"足见彼时赋征名目繁多，民以为苦，故有是言。

[4]《孟子·梁惠王上》篇。《四书集注》，页一六一。梁惠王曰："寡人之于国也，尽心焉耳矣。河内凶，则移其民于河东，移其粟于河内。河东凶亦然。察邻国之政，无如寡人之用心者，邻国之民不加少，寡人之民不加多，何也？"足见当时的君王已知国家的力量来自人民，而人民也大量地趋于流动。如《商君书》所言，学诗书，事商贾，为技艺，以避农战。而土地与人民，对于新军国主义的国家同属必要，尤人民为彼时农战的基础。萨孟武《中国社会政治史》，页二六云："有人民而无土地，徒增加农产物的消费；有土地而无人民，土地等于无用的长物。所以封建国家的对外政策，不但以土地与人民为目标，国内若有土地未开垦，且以虏掠没有土地的人民为目标。"钱穆《国史大纲》，页五九云："贵族阶级渐以奢侈安逸，国际战争渐以扩大剧烈，农民军队之编制，遂成一种新需要。""至战国，则全民步兵为主。"

[5] 萨孟武《中国社会政治史》，页三四。

向有黄河水患，绵延数千里，而以邻为壑，或垄断水利之举，对各国均属不利，基于农田水利的共同需要，亦非统一的政府、统一的政策不为功；[1] 三者"易子而食，析骸以爨"[2] 与"争地以战，杀人盈野，争城以战，杀人盈城"[3] 之人间悲剧，更是分裂互争之局无可避免的后果。顾栋高《春秋大事表》列举此期之战乱曰："秦晋互相攻伐之战凡十八，晋楚大战者三，吴楚相攻者二十三，吴越相攻者八，齐鲁相攻者三十四，宋郑交兵者凡三十九。"[4] 兵祸之烈，前所未有，故孟子、老子均有浓厚的反战思想[5]，正是此期战乱相结的反抗呼声。基于以上各端，加上长期风俗习尚的交流，沟通熔铸成同一的文化系统，乡土观念因之逐渐薄弱[6]，一统天下遂成为整个时代的普遍需求[7]。这一普遍需求，亦成为战国中期以后诸子百家共同指向的目标。这一共同指向的普遍需求，形成期求和平统一的大根力，使各国才士，抛开狭窄的地域观念，周游列国，寻求有识之君，说以治平之

---

[1] 萨孟武《中国社会政治史》，页三四。
[2] 《左传·宣公十五年》篇。《左传会笺》第二册卷十一，页三九。
[3] 《孟子·离娄上》篇。《四书集注》，页二三六。
[4] 徐复观《周秦汉政治社会结构之研究》，页七。
[5] 《孟子·离娄上》篇云："争地以战，杀人盈野，争城以战，杀人盈城。此所谓率土地而食人肉，罪不容于死。故善战者服上刑，连诸侯者次之，辟草莱、任土地者次之。"《四书集注》，页二三六。
《老子·三十章》云："师之所处，荆棘生焉。大军之后，必有凶年。"《三十一章》云："夫佳兵者，不祥之器。……杀人之众，以哀悲泣之；战胜，以丧礼处之。"王弼注本，中华书局，一九六九年七月台二版。
[6] 吕思勉《中国通史》上册，页五三云："而交通便利，风俗渐次相同，便于统治等，尤为统一必要的条件。所以从分立而至统一，全是一个文化上的进展。向来读史的人，都只注意于政治方面，实在是挂一漏万的。"
[7] 萨孟武《中国社会政治史》，页三四之三云："和平是时代所要求，统一亦为时代所要求。"
徐复观《周秦汉政治社会结构之研究》，页七〇云："由封建中亲亲精神失坠后的相互不断地战争形势，便已清楚指出，分裂的天下，于理于势，非要求一个大一统的出现不可。"

道，期求恢复大一统的政局，而与屈原之只为一国一宗以身殉楚的意态大异。[1] 由是观之，一统天下，成为客观情势的必然归趋，也是主观心态的普遍要求。问题在如何以非常时期之非常手段，将此一"一统天下"的归趋与要求，付之实现？依韩非看来，求一统天下，端在成就霸王之业，而以国富兵强为其首要前提；求国富兵强，则以君权之固立与扩张为其必要条件。故如何扩张君权与富国强兵，成为韩非法家思想所专注的主题。

综上言之，韩非所面对的时代背景，决定了他政治哲学的问题。整个传统之政治、社会与经济之体制已告全盘瓦解。外则列国纷争，以强凌弱，内则重人把权，以下弒上。他分析整个问题的症结，在于君权旁落，政治失去重心，以及仁义教化之人治，已无以适应时代的需求。[2] 他以为解决之道，只有强化固结君王之权势，重建政治领导重心，并以赏罚强制之法治，才足以治乱世之民。此一看法，决定了他整个哲学的方向与结构。他的哲学成为以君权为枢纽的帝王之术者[3]，原因就在于此。他接受了既存的事实，不求如儒家的往后回转，恢复传统的礼制；与如道家的向上超越，崇尚无为之治；

---

[1] 钱穆《国史大纲》，页七七。
[2] 冯友兰《中国哲学史》，页三八四至三八五云："盖当时所谓国家社会，范围既小，组织又简单，故人与人的关系，无论其为君臣主奴，皆是直接的。故贵族对于贵族，有礼即可维持其应有之关系。贵族对于农奴，只须'有威可畏，有仪可象'，即可为'草上之风'矣。及乎贵族政治渐破坏，一方面一国之君权渐重，故各国旧君，或一二贵族，渐集政权于一国之中央。一方面人民渐独立自由，国家社会之范围渐广，组织又日趋复杂，人与人之关系，亦日趋疏远，则以前'以人治人'之方法，行之自有困难。故当时诸国，逐渐颁布法律。"
[3] 冯友兰《中国哲学史》，页三八三云："儒墨及老庄皆有其政治思想。此数家之政治思想，虽不相同，然皆从人民之观点，以论政治。其专从君主或国家之观点，以论政治者，当时称为法术之士，汉人谓之为法家。"
徐复观《周秦汉政治社会结构之研究》，页一一〇云："为统治者争权势，以富强为最高目的的类型，齐鲁系统及卫晋系统的法家皆属之。"

17

而是顺着时势之所趋，在民心浮动、权臣自为的现实情态下，寻求固立君位、扩张君权之道[1]，以有效而严密的政治权力的构作，去臣民之奸，而致富强，成就霸王之业，早日跨越这一大破坏的过渡时代，结束分崩离析的战国政局。他的哲学问题，都是基于这一大前提之下展开的，只有透过这一方面的把握，才能了解韩非的政治哲学，也才能有较为公正而深入的评价。

所以，他的政治哲学，一切政治权力的确立与运用，皆集中在尊君重国这一问题上，以求君权强固，国趋治强，成就霸王之业，扭转乱局而重归一统。在这一母题之下，他以为治强之道，不在纵横捭阖之外交，而在奖励农战、信赏必罚的内政；而在整顿内政的第一子题之下，他力主禁抑儒侠浮萌之风，以奖励农战，把农民从迁徙流动之中，重新定着于耕地上，从而统一整个国家的价值体系与行为模式，消除存在于政治权力与社会价值观之间的冲突，使社会的毁誉与国之赏罚趋于一致。也惟有世之毁誉皆依法之赏罚而定，君王才能以法势治民，以法术御臣，而走上富国强兵之路。[2]

儒、墨、道三家以绝世的才慧与救世的热情，透过思想的鼓吹，甚至付之于感人的行动，在韩非看来，不仅无补于世局，且使整个价值体系与行为模式更趋于混乱，严重地干扰了政治权力的固立与

---

[1] 萧公权《中国政治思想史》，页二二八云："侵略与自卫皆有待于富强。于是君权之扩张，遂同时成为政治上之需要与目的，而政治思想亦趋于尊君国任法术之途径矣。"

[2] 唐君毅《中国哲学原论·原道篇》卷一，页五〇九至五一〇云："其意盖在先使天下之善与是非，皆定于法。更使君有权势，以用术，则世之毁誉，皆随赏罚而定，更不以赏罚随世之毁誉而定，则奸言无所用。法立而君又有权术，以用术，而行赏罚，则可以立一必然之信于国家，使臣民无所疑惑，而臣民不敢有奸行矣。"

运作，天下事遂落于不可为之境。[1] 韩非之法家思想有取于三家，却大加驳斥，原因就在此。以为如三家之所为，求三家之所欲，"犹缘木而求鱼也"。且不仅不得鱼，"尽心力而为之，后必有灾"。[2] 故韩非的哲学，汲取了各家的哲学智慧，却抨击各家所标示的价值观与为政之道，而另辟蹊径，不以人民而以君国为目的，不讲人治德化而透过法、势、术三者的结合与运用，以为在信赏必罚、奖励农战，综核名实、抑制儒侠之下，儒家"定于一"，墨家"壹同天下之义"，与道家"无为而治"的理想，才有落实实现的可能。

在这一落于时空的特殊性现实问题之外，韩非的哲学，凭其敏睿的才智，锐利的眼光，也触及了政治哲学的普遍性论题，如法理学上的探讨，政治权力的构作，与人性、价值、历史演化的论析，等等，均能超离时代的束缚，而有推进一步或更上一层的新发展。这就是一位哲人反映时代问题，而又不为时代问题所拘限的卓越表现，也是他能跻身代表性哲人之行列的根本原因。

---

[1] 唐君毅《中国哲学原论·原道篇》卷一，页五〇五云："其特有见于其前儒墨诸家所尚之仁义，或亲亲尊尊之道，用在政治上，皆不特无必然之功效，且恒可为乱臣奸民之所假借利用，以败国家之政。"

[2]《孟子·梁惠王上》篇。《四书集注》，页一六九。

第三章　思想渊源及其哲学特质

哲学问题因时代背景而有，而解决此一时代问题的智慧，则泰半来自前贤哲学思想的遗留，故解析了时代背景，尚须追寻其思想的渊源。盖每一位哲人，都置身在特定的时空坐标之中。从横面而言，他的时代背景，对他形成一种驱迫力，固然会决定了他的哲学问题；从纵线而言，他的思想渊源，来自传统的递衍，也会形成他的哲学特质。前者是时代的挑战，后者则是历史的传承；加上他个人独创性的才慧，三者的结合体，就构成了一代哲人的哲学思想。

本章对于韩非哲学特质的探讨，将透过其思想渊源的追溯，加以展露出来。今试从下列各端，做一番分析的工作：其一为国情与其身世的激发，其二为先秦诸子的递衍，其三为三晋法家传统的集成。

第一节　国情与其身世之激发

《史记·老庄申韩列传》云：

> 韩非者，韩之诸公子也。喜刑名法术之学，而其归本于黄老。非为人口吃，不能道说而善著书，与李斯俱事荀卿，斯自

以为不如非。非见韩之削弱，数以书谏韩王，韩王不能用。于是韩非疾治国不务修明其法制，执势以御其臣下，富国强兵而以求人任贤，反举浮淫之蠹而加之于功实之上。以为儒者用文乱法，而侠者以武犯禁，宽则宠名誉之人，急则用介胄之士。今者所养非所用，所用非所养。悲廉直不容于邪枉之臣，观往者得失之变，故作《孤愤》《五蠹》《内外储》《说林》十余万言。然韩非知说之难，为《说难》书甚具，终死于秦，不能自脱。[1]

依此节之记载，韩非为韩国公族之后裔，对韩王不免充满了宗国的忠贞之情[2]，是以入秦之后，尚有存韩之说[3]，未如六国才士，入秦而献灭其宗国之计。彼适逢韩国削弱多难之秋，处于东方诸侯与西方强秦的夹缝中，徘徊于合纵连横之间，在弱国无外交之困境下，进退失据，左右两难，而深受其害。[4] 盖一者为强秦东进必经之地，二者为东方诸侯遏秦之前驱，故在战国情势中，"韩的国势最弱，而处境最难"。[5] 此一活生生的现实，深深地影响了韩非哲学的立论基点。他为君王立论，以为治国之根本，在内政而不在外交。他否定

---

[1] 司马迁《史记》卷六三，页八六〇，广文书局，一九六二年九月初版。
[2] 钱穆《国史大纲》，页七七云："韩非为韩之诸公子，殆未忘情于其自身之私地位者。"又云："韩非主法治，他是一个褊狭的国家主义者，主张一阶级的权益而谋富强。他抱有强烈的阶级观念，彻底主张贵族阶级统治者之私利。"此说似是而非。韩非诚然忠于宗国，然一者法家思想志在铲除贵族势力，而抑制重人近习；二者观其立论，恒自许为法术之士，未见强烈之贵族意识显现。
[3] 《韩非子·初见秦》篇"亡韩"之说当出乎蔡泽，而非韩非之手。详见陈启天《增订韩非子校释》，页八四三至八四四之考证。并见钱穆《先秦诸子系年》，页四七八至四七九之论辩。
[4] 《韩非子·存韩》篇云："韩事秦三十余年，出则为扞蔽，入则为席荐。秦特出锐师取地，而韩随之怨悬于天下，功归于强秦。且夫韩入贡职，与郡县无异也。"又云："夫韩，小国也，而以应天下四击，主辱臣苦，上下相与同忧久矣。"陈启天《增订韩非子校释》，页八六六至八六八。
[5] 陈启天《增订韩非子校释》，页九二。

人生之价值与文化之理想，只图富国强兵。[1] 只有在这一国情身世的迫压之下，才能得到了解。

他为人口吃，不能道说。此一生理障碍，在成长的过程中，必相当改变了他的人格结构与行为倾向；而他又具绝世才华，一代名臣李斯尚自以为不如，故在他的身上所造成的冲击，必远超过一般平凡之士。若是此一推断不误的话，某些自卑感必深藏于他生命底层的潜意识之中。[2] 一般之反应或不免会以傲慢自大的姿态，伪装出现；或尝试在社会成就上建立自己，另求补偿。[3] 前者倾向逃避式的反应，后者倾向迎战式的反应。[4] 韩非的反应则倾向后者，这可能是

---

[1] 钱穆《中国思想史》，页六一云："韩非殆仅知有政治，而不知有文化。仅知有国家，而不知有人生。仅知有君王，而不知有民众。"中华文化出版事业社，一九六三年三月四版。

[2] 潜意识（unconscious）系奥国心理学家弗洛伊德（Sigmund Freud）所推出的观念。氏首创心理分析学派，将人的心理活动分三个层次：意识（conscious），前意识（preconscious）及潜意识（unconscious）。"意识"系公开之行为及思想，其内容能符合现实环境之要求，并能随时在记忆领域中显现。"前意识"系较为模糊但在经过思考之后，能召回之记忆。而"潜意识"则由不受意志管制之态度、感觉及观念等所构成；其内容极为隐晦，经常以"象征化"在行为上出现，表现之方式不能用常理解释，亦不能以逻辑衡量，更不受时间之限制。参见《变态心理学纲要》，页二八至二九。Walter J. Coville, Timothy W. Costello, Fabian L. Ronke 编，缪国光译，商务印书馆，一九六八年九月初版。

而潜意识的积累存藏，则来自"理性的我"（或自我）Ego 受到"意志的我"（或超我）Super-Ego 的压力而控制"物欲的我"（或本我）Id 之冲动，并将之压抑，下落深埋于"潜意识"之中，成为生命本根的神秘大内在，不为人所觉察，却随时可能冲破"理性之我"与"意志之我"的防线，呈现在人的行为上来。参见《现代心理学大纲》，页二五四至二五六。S. SransfeldSargent, Kenneth R.stafford 著，席长安译，商务印书馆，一九六九年二月初版。

[3] 奥国心理学家阿德勒（Alfred Adler）以为，自卑感常在身体有残缺者之中发展，形成自卑情结，并常企图借特殊权位的获得来补偿他们的缺陷。他们的人格即可能受此补偿作用的影响。参见 Walter J.Coville, Timothy W. Costello, Fabian L. Ronke 编《变态心理学纲要》，页三〇至三一。S. Sransfeld Sargent, Kenneth R.stafford 著《现代心理学大纲》，页二五七至二五八。

[4] Walter J.Coville, Timothy W. Costello, Fabian L. Ronke 编《变态心理学纲要》，页五六至六一。

他发愤著书的心理因素。加上他怀才不遇,数上书而韩王不能用——可能就由于他不善言说之故——造成心理的挫折与冲突,这又是另一重大的刺激,故满怀孤绝之感与悲愤之情。他对以文学才辩起家而纵横于政坛之士,如斯的深恶痛绝,丝毫不加隐讳,直诋之为家国之蠹,就是在这一背景下产生的。[1]

他的哲学,虽自有其时代使命与历史背景,然国情与身世的激发,必然是决定其哲学特质的主要因素之一。其诸多论点,不免褊狭而趋向极端,透过其国情与身世所形成之人格结构与行为倾向的心理分析,或能抓住其中的某些消息。[2]

第二节　先秦诸子之递衍

韩非哲学问题之一,就是承接先秦诸子面对天下乱局,所提出的哲学智慧与解决方案,去加以检讨与批判,寻求将各家所标示的生命理想,在政治权力的确立与运作之中,去落实展现的可能途径。他又是先秦最后一位哲学家,各家的思想对他的哲学都有或重或轻的影响力。我们可以说,他的哲学是各家思想交织而成的统合体。[3]我们在他的哲学里,可以发现各家思想杂陈叠现的影子,实不足为

---

[1]《韩非子·孤愤》篇与《五蠹》篇,一股孤绝之感与满腔悲愤之情,宣泄纸上,流露无遗。

[2] 此处"心理分析"一词,非指弗洛伊德精神医学之意义,而是指人格结构形成因素的探索。参见铃木大拙、弗洛姆著《禅与心理分析》,孟祥森译,志文出版社,一九七一年九月,页一三三。

[3] 冯友兰《中国哲学史》,页三九一云:"其能集此三派之大成,又以老学荀学为根据,而能自成一家之言者,则韩非是也。"劳思光《中国哲学史》卷一,页二八二至二八七,亦有相同之看法,惟所言更为精审。香港崇基书局,一九六八年正月初版。

奇。故诸多论说，或断言为儒学之直系[1]，或直指为道家之末流[2]，皆是一得亦一偏之见。问题在他所汲取的儒道墨各家之思想，均汇入他个人的哲学体系，而有独创性的发展，不仅是综合集成而已。

以是之故，梁启超先生云："法家者，儒道墨三家之末流嬗变汇合而成者也。"[3] 又曰："故战国之末，实为全盛时代第四期，亦名之曰混合时代。殆全盛中之全盛也。"[4] 此见最为真确，较能把握形成韩非政治哲学之思想渊源的全貌。

依个人浅见，一方面吾人固可谓韩非汲取各家之思想，汇归于其法家集成之哲学体系中；从另一方面看来，亦可说各家思想的源流递衍，几经转折，也逐步推向法家一路。此为先秦时代思潮之大略趋势，盖春秋之诸子学，尚托附理想，一入战国，为现实政治之迫切需要，而渐转入实用功利之途。

兹就各家思想随着时势的推移，逐步地转向法家，做一简要的陈述，以明其流变递衍之迹及前后相承之脉络。

（一）儒家

孔子在哲学史上的开山地位，就在于"仁"之提出。其哲学问题，即在为传统礼制寻求人性的根基。

---

[1] 钱穆《先秦诸子系年》，页二二八云："人尽谓法家原于道德，顾不知实渊源于儒者。其守法奉公，即孔子正名复礼之精神，随时势而一转移耳。道家乃从其后而加之诽议，岂得谓其同条贯者耶？"

[2] 江瑔《读子卮言》，页一〇一云："是可知申韩之惨礉少恩，皆原于道德之意。而其递变之序，则由黄而变为老，由老而变为庄，由庄而变为申，由申而变为韩。厘然有程序之可寻，非一朝一夕所骤然致。"泰顺书局，一九七一年十月出版。

熊十力《韩非子评论》（原题《正韩》）云："荀卿之学，由道家而归于儒，韩非从荀卿转手，乃原本道家，而参申商之法术，别为霸术之宗。"及云："荀卿由道而归儒，其形而上学之见地，犹是道家也。"《学原》杂志三卷一期，页一及页五，一九五〇年一月初版。

[3] 梁启超《先秦政治思想史》，页一三四，中华书局，一九七二年三月台六版。

[4] 梁启超《中国学术思想变迁之大势》，页二四。

第三章　思想渊源及其哲学特质

周公制礼作乐，礼在制约外在之行为，乐在陶冶内在之性情。然礼乐在宗法社会血缘的亲亲之情丧失之后，遂告崩坏，已失去其制约行为、陶冶性情的理想精神，而空留其残余之形式。孔子志在恢复传统的礼制[1]，并非仅以执持其形式为已足，而是在实质上加以全盘的检讨。[2] 故曰："礼云礼云，玉帛云乎哉？乐云乐云，钟鼓云乎哉？"[3] 林放问礼之本，孔子即许之为"大哉问"[4]，原因就在此。在礼坏乐崩之后，孔子不再由王室与诸侯的小圈子中去重建宗法的亲和力，转而向广大人群共有的人心之仁[5]，为礼制深植更普遍坚实的根基。曰："人而不仁，如礼何？人而不仁，如乐何？"[6] 礼乐若无人心之仁为其活水源头，则其发用，是无根的，亦一外在干枯的形式而已！有了人心之仁以为其内在的根源，则不仅足以使周文恢复其活泼的生命，且重新注入新的精神，呈现新的意义。孔子仁之提出，堪称画龙点睛之笔，化腐朽为神奇，将礼制由政治权力的下落，转向人性的凸显，把君臣上下外在层阶性的名分之礼的固着，转为人人内在平等性的人心之仁的显发，把上层社会具有宗教意味与政治效用的礼仪[7]，转为全民普遍自觉的行为规范。故周公仅为我国历史上第一位伟大的政治家，而孔子则为第一位伟大的哲学家。

---

[1]《论语·八佾》篇，子曰："周监乎二代，郁郁乎文哉，吾从周。"又《阳货》篇，子曰："如有用我者，吾其为东周乎？"《四书集注》，页五七及一四二。

[2]《论语·述而》篇，子曰："甚矣，吾衰也。久矣，吾不复梦见周公。"此非复古之低调（姑不论其可能性究有多少），乃有感于己之空有周公之才之美，而深致无周公之位之叹！《四书集注》，页七九。

[3]《论语·阳货》篇。《四书集注》，页一四三。

[4]《论语·八佾》篇。《四书集注》，页五四。

[5]《论语·述而》篇，子曰："仁远乎哉？我欲仁，斯仁至矣。"《四书集注》，页八四。

[6]《论语·述而》篇。《四书集注》，页八四。

[7] 钱穆《国史大纲》，页六四云："礼本为祭仪，推广而为古代贵族阶级间许多种生活的方式和习惯。此种生活，皆带有宗教的意味与政治的效用。"

孔子言治，亦由仁推扩而出，曰："道之以政，齐之以刑，民免而无耻；道之以德，齐之以礼，有耻且格。"[1] 彼以为为政之根本，端在道德礼治之诱导，而非刑治法治之制约。[2] 孔子以仁为礼之内根，以礼为仁之外现，由内而外，两不相离。是即文质交融，始可谓君子。有仁而无礼，则仁亦一内在不安的心念而已，人之行为若无礼之诱发，不透过礼之节文，则爱心的表达，诚不易恰如其分，为对方所感应接受，进而沟通人我，维系群伦的和谐；有礼而无仁，则礼亦一外在形式的权威而已，失去内在之仁的根本，不透过人之道德价值的自觉，必成为没有生命的教条，落于形式之虚文[3]，反而束缚人性的显发。故孔子之政治思想，虽德治与礼治并言，实以德治为主，"齐之以礼"，必以"道之以德"为其前提，始有其源头活水，使政治伦理由人心的深处自觉地流出，而非如刑治法治，纯为外在权威的强加约束。

由上观之，孔子之政治思想，崇尚以德以礼之人治，而不同情以政以刑之法治。他未将政治脱出于道德的范畴之外，且直以道德为政治之原则与价值之所在。他开创了中国哲学由人性的源头引入政治伦理，而肯定生命价值的传统。

---

[1] 《论语·为政》篇。《四书集注》，页四八。

[2] 《论语·子路》篇，子曰："名不正则言不顺，言不顺则事不成，事不成则礼乐不兴，礼乐不兴则刑罚不中，刑罚不中则民无所措手足。"《四书集注》，页一一六。虽言"刑罚不中，民无所措手足"，似乎并不否定刑罚的可行性，问题在"不中"，而不在刑罚本身。实则刑罚之不中，乃起于礼乐之不兴，而礼乐之不兴，则起于名之不正。此名不必单指名分权位，而可直指人在政治伦理上所扮演的社会角色。正名者，即在做一自觉的反省，以求名实相称。此一自觉，即来自仁，故根本上仍是德治。

[3] 冯友兰《中国哲学史》，页九四云："不仁之人，无真性情，虽行礼乐之文，适足增其虚伪耳。"

第三章　思想渊源及其哲学特质

孔子之儒学，其弟子传下者，有两大支：一为曾子，一为子夏。[1] 曾子承一以贯之之仁及忠恕之道，反求诸己，重内省之约；子夏承孔子之礼乐，笃信圣人，重外发之博。[2] 前者为传道之儒，下开孟子仁心仁政之学；后者为传经之儒，下开荀子圣人隆礼之学。曾子另传吴起，子夏亦旁及李克[3]，已转向法家一路。此当为钱穆先生法出于儒之说的由来。[4]

孟子之哲学问题，首要在就孔子之"仁"，在人性的根源处，向内作更深一层的探索，以性善论与四端说，证立仁内在自觉之道德主体的存在性。[5] 由是而推出"人人皆可为尧舜"[6]，肯定人性尊严的价值哲学。故谓："反身而诚，万物皆备于我，乐莫大焉！"[7] "学问之道无他，求其放心而已！"[8] 人在先天本性既已完足，自不必向外寻觅行为的价值基准。故不言外在之礼，而专就内在仁心仁性，求

---

[1] 钱穆《先秦诸子系年》，页八一云："虽同列孔子之门，而前后风尚已有不同。由、求、予、赐志在从政，游、夏、有、曾乃攻文学，前辈则致力于事功，后辈则研精于礼乐。"又页八三云："晚世如曾子、子夏，为诸侯师，声名显天下。"曾子居武城为师，子夏居西河教授，为魏文侯师。

[2] 《孟子·公孙丑上》篇云："孟施舍似曾子，北宫黝似子夏，夫二子之勇，未知其孰贤，然而孟施舍守约也。"朱子注云："子夏笃信圣人，曾子反求诸己。"《四书集注》，页一八六。

[3] 蒋伯潜《诸子通考》，页一○八及一○九。《吕氏春秋·当染》篇谓"吴起学于曾子"，《汉书·艺文志》班固自注，谓李克为"子夏弟子"。参见萧公权《中国政治思想史》，页三二、三三及页四五之注五八。

[4] 钱穆《先秦诸子系年》，页二二八。

[5] 劳思光《中国哲学史》，页九○云："孔子之学确是一宏大贯彻之文化哲学。但就纯哲学问题说，则此一切肯定能否成立，必视一基本问题能否解决，此即'自觉心'或'主宰力'如何证立之问题。"香港崇基学院，一九六八年正月初版。

[6] 《孟子·滕文公上》篇，引颜渊曰："舜何？人也；予何？人也。有为者亦若是。"《孟子·告子下》篇，曹交问曰："人皆可为尧舜，有诸？"孟子曰："然。"《四书集注》，页二○七与二八五。

[7] 《孟子·尽心上》篇。《四书集注》，页二九六。

[8] 《孟子·告子上》篇。《四书集注》，页二八一。

其存养与扩充。其次上承孔子"君君臣臣，父父子子"[1]之说，提出设若"君不君"则政权如何转移的问题[2]，向外做更进一层的推扩。孟子以"民为贵，社稷次之，君为轻"之说[3]，推出"君可易位"[4]的主张。由上观之，孟子承孔子之儒学，在人性论及政治哲学上，向内与向外皆有更进一层的深入探讨与开扩推展。

惟随着时势的演变，孟子转而强调大丈夫的人格，与义利之辨，而有新的创发。在君权扩张之下，昔日文质彬彬的君子，已无以承担天下的重任。故谓："说大人则藐之。"[5]以道德之天爵，反抗权势之人爵。[6]以大丈夫的刚正之气，对抗政治权势的压力，而直以公孙衍、张仪之流投各国君王之所好者为妾妇之道。[7]且是时功利主义弥漫天下，君臣父子"怀利以相接"[8]，孟子之义内说，即在反抗此一情势，而以义为衡量人类行为的价值基准。[9]义乃由内在之仁的道德主

---

[1] 《论语·颜渊》篇。《四书集注》，页一一二。
[2] 劳思光《中国哲学史》，页九一云："虽说君君臣臣，是各定一理分；但如君不君时，政权是否应作转移？转移之形式如何？孔子皆未提解答。"
[3] 《孟子·尽心下》篇。《四书集注》，页三一〇。
[4] 《孟子·万章下》篇云："君有大过则谏，反复之而不听，则易位。"《四书集注》，页二七二。
[5] 《孟子·尽心下》篇。《四书集注》，页三一五。
[6] 《孟子·告子上》篇云："欲贵者，人之同心也。人之有贵于己者，弗思耳，人之所贵者，非良贵也。"《四书集注》，页二八三。
[7] 《孟子·滕文公下》篇云："以顺为正者，妾妇之道也。"《四书集注》，页二二〇。
[8] 《孟子·告子下》篇。《四书集注》，页二八七。
[9] 劳思光《中国哲学史》，页一〇三云："义即理，有普遍性；利则只有特殊性。特殊性不能作为价值规范之基础；循利而行，必见争攘。故出一夺字，循利必生夺，以利为私故也。义利之辨亦即公私之别。"义利之辨，颇引后人之误解与诟病。其实孟子反对的是以利为行为的动机，而非否定利的结果。盖以利为行为的动机，则"上下交征利，而国危矣"，所得适为大不利；义为行为的动机，群体社会自归和谐，此始为大利。故孟子不言利，而利自在其中，抑有进者，义为内在之仁对外在情境所发出的价值判断，此为人人皆有之普遍存在，且其主体在内在人；利则惟视外在之物质条件而定，因时因地亦因人而异，缺乏普遍性，而其主体又在外在物。故孟子严义利之辨，自有深义，不可浅说之，以为孟子反对功利。

体往外投射，对客观情境所作的是否应该的价值判断。故曰："居仁由义，大人之事备矣。"[1]仁为人心之本体，义为人心之发用。[2]孔子仁礼兼重，孟子则将外在客观化规制的礼，转至内在主体性自觉的义，故仁义并称。不管是反抗政治权威，或否定世俗功利，知言与养气实为知识分子所应有的修养。知言以知外，是义的判断；养气以存内，是义的承担，二者在道德良知上交会沟通，严肃地取择人生应走的路子。

孟子的政治思想，由不忍人之心发为不忍人之政[3]。惟一者曰："上无道揆，下无法守。"[4]二者曰："徒善不足以为政，徒法不能以自行。"[5]因应战国之实际政情，在治国为政之道，未如孔子坚持"道之以政，齐之以刑，民免而无耻"之说，而承认了法制的必要性。虽说此一"法"，不必为法家君国之法，而为先王之法[6]，至少孟子已接受了周文已不可能在上下交征之乱局下，重振复活的事实，也看出治国之标准法度的必要性。孟子固以为"徒法不能以自行"，强调德治之先在性，但又谓"徒善不足以为政"，同时也承认了德治之理想的有限性。这是儒家思想向外扩展的第一度转折。

---

[1] 《孟子·尽心上》篇。《四书集注》，页三〇三。
[2] 《孟子·离娄上》篇云："仁，人之安宅也；义，人之正路也。"《四书集注》，页二三四。
[3] 《孟子·公孙丑上》篇云："人皆有不忍人之心；先王有不忍人之心，斯有不忍人之政矣。"《四书集注》，页一九三。
[4] 《孟子·离娄上》篇。《四书集注》，页二三〇。
[5] 《孟子·离娄上》篇。《四书集注》，页二二九。
[6] 《孟子·离娄上》篇。《四书集注》，页二二九云："遵先王之法而过者，未之有也。"胡适《中国古代哲学史》第三册，页六一云："(孟子)所说的法，还只是一种标准模范，还只是先王之法。当时的思想界，受了墨家'法'的观念影响，都承认治国不可不用一种'标准法'。儒家的孟子主张用'先王之法'，荀子主张用'圣王为师'，这都是'法'字模范的本义。"商务印书馆，一九六一年一月台二版。

孔子惟言"性相近"[1]，而未明言此相近之性，究为善或恶[2]，且仁礼并称，内外兼重，不偏一端。下落孟荀，则各执一端以立论，前者专就内在之仁，主性善论以证立之；后者则专就外在之礼，主性恶说以证成之。前者往内收，后者往外放，均逐渐趋向理论系统的建构，而少有生命亲切的体验与精神修养的意味。

故荀子之哲学问题，在于以性恶说，建立礼之成为必要的理论基础，以认知之心，补救在性恶之下，师法礼义之成为可能的根源。孔子言礼，乃与仁相接，由内存而外现；孟子虽不言礼，犹重"先王之法"，仍以不忍人之心为其推扩的源头；荀子隆礼，则纯为外在之规制，而无内在之仁性，以与之相应。[3]惟以虚静认知之心，师法圣王习伪而成。此说已与法家之法，甚为逼近。[4]且迫使其自身之哲学，陷于自相矛盾之困局。

荀子之天，为自然之天，现象之天[5]，已失去其形上精神与道德法则的意味[6]，而天人既分隔[7]，性遂无所归依，遂转言性恶。曰："人

---

[1] 《论语·阳货》篇。《四书集注》，页一四一。

[2] 《论语·述而》篇云："仁远乎哉？我欲仁，斯仁至矣。"《颜渊》篇云："为仁由己，而由乎人哉？"《里仁》篇云："惟仁者，能好人，能恶人。"好恶之情人皆有之，此曰能，正涵蕴好恶当理之"善"意，而仁在人人之自身，足见孔子虽未明言性之善恶，实已倾向性善论。故就人性论说来，孟子较能契合孔子之精神，荀子则已远离。《四书集注》，页一○八、八四○、六○。

[3] 《荀子·性恶》篇云："不可学、不可事而在人者，谓之性；可学而能、可事而成之在人者，谓之伪。是性、伪之分也。"梁启雄《荀子约注》，页三二八。世界书局，一九七一年五月三版。

[4] 梁启超《先秦政治思想史》，页九六云："故荀卿所谓礼，与当时法家所谓法者，其性质实极相逼近。"

[5] 《荀子·天论》篇云："天行有常，不为尧存，不为桀亡。"梁启雄《荀子约注》，页二二○。

[6] 参见徐复观《中国人性论史》，页二二五至二二七。

[7] 《荀子·天论》篇云："故明于天人之分，则可谓至人矣。"又曰："大天而思之，孰与物畜而制之？从天而颂之，孰与制天命而用之。""君子敬其在己者，而不慕其在天者，是以日进也。"梁启雄《荀子约注》，页二二一、二二九、二二六。

之性恶,其善者伪也。"[1]善非来自人性本有之自觉,而为圣人"化性起伪"[2]之功。又曰:"今人之性恶,必将待师法然后正,得礼义然后治。"[3]故"师法"之效能在于正身,与"礼义"之规制在于治国,成为荀子哲学的两大支柱,而礼义出于圣人之伪,师法则来自人心之知。曰:"然则礼义法度者,是生于圣人之伪,非故生于人之性也。……故圣人化性而起伪,伪起而生礼义,礼义生而制法度;然则礼义法度者,是圣人之所生也。"[4]又曰:"人何以知道?曰心。心何以知?曰虚壹而静。"[5]问题在:"尧舜与桀跖,其性一也。君子之于小人,其性一也。"[6]圣人之性亦恶,则礼义之伪又何从而起?岂非落于飘浮无根的存在?而心虽能虑能择[7],亦一虚静而已!虽曰"心者,形之君也,而神明之主也"[8],心似有主体性之意,然亦一认知之主体,而非道德之主体;亦一观理之心,而非生理之心;只具"可以知仁义法正之质"[9],而乏道德实有的内涵[10]。心可知道,然道从何

---

[1] 《荀子·性恶》篇。梁启雄《荀子约注》,页三二七。
[2] 《荀子·性恶》篇。梁启雄《荀子约注》,页三三〇。
[3] 《荀子·性恶》篇。梁启雄《荀子约注》,页三二八。《修身》篇亦云:"礼者,所以正身也;师者,所以正礼也。无礼,何以正身;无师,吾安知礼之为是也。"梁启雄《荀子约注》,页二一〇。
[4] 《荀子·性恶》篇。梁启雄《荀子约注》,页三三〇。
[5] 《荀子·解蔽》篇。梁启雄《荀子约注》,页二九四。
[6] 《荀子·性恶》篇。梁启雄《荀子约注》,页三三三。
[7] 《荀子·正名》篇云:"情然而心为之择谓之虑,心虑而能为之动谓之伪。"梁启雄《荀子约注》,页二九六。
[8] 《荀子·解蔽》篇。梁启雄《荀子约注》,页二九六。
[9] 《荀子·性恶》篇。梁启雄《荀子约注》,页三三四。
[10] 劳思光《中国哲学史》,页二六三云:"荀子所说之心,虽亦指自觉心,但此心只能观照,而非内含万理者。"又云:"荀子所言之心乃一观'理'之心,而非生'理'之心。心之功重在能受,而不重在能生。如此,则理在心之外,与四端说大异。"又徐复观《中国人性论史》,页二三九云:"孟子所把握的心,主要是在心的道德性的一面;而荀子则在心的认识性的一面;这是孟、荀的大分水岭。"东海大学,一九六三年四月初版。

来？是"君子之所道"[1],仍出乎圣人之伪。礼义与道既失其根源,心又何由知道师法？圣人又何由起礼义之伪？故所谓"涂之人可以为禹"[2],亦属徒托空言,这是荀子哲学最大的困局。

综观荀子哲学,性恶论分性伪为二,斩断了由内而外的通路;制天说,明天人之分,也拆掉了由上而下的桥梁,礼义遂失去其人性之根与形上之源,只是出于节欲明分,以平乱息争的现实要求,落入功用主义,遂成无本的外在权威。孔子之礼,内化于仁;荀子之礼,从人性之仁中孤离出来,外化而为法。[3] 此为儒家思想第二度的大转折。

礼既完全来自外铄的强制,则社会制裁力之礼,实远不如政治制裁力之法,来得更富强制力,更具齐一之效。故曰:"故古者圣人以人之性恶,以为偏险而不正,悖乱而不治,故为之立君上之势以临之,明礼义以化之,起法正以治之,重刑罚以禁之,使天下皆出于治,合于善也;是圣王之治而礼义之化也。"[4] 荀子已运用政治君势之权威,以强制力作为教育的手段,师与君合,礼与法合,推向权威主义,遂由礼而法,由法而刑禁,由尊君重礼很自然地转入尊君重法的法家之路。此由儒入法之演变,可绘一简图以明示之:

---

[1] 《荀子·儒效》篇云:"道者,非天之道,非地之道。人之所以道也,君子之所道也。"梁启雄《荀子约注》,页八二。

[2] 《荀子·儒效》篇。梁启雄《荀子约注》,页八二。

[3] 徐复观《中国人性论史》,页二五三云:"荀子以继承孔子自居,然孔子思想之中心在仁,而荀子学说之中心在礼。且孔子将礼内化于仁,而荀子则将礼外化而为法。所以在荀子,礼与法,没有多大分别。"

[4] 《荀子·性恶》篇。梁启雄《荀子约注》,页三三一至三三二。

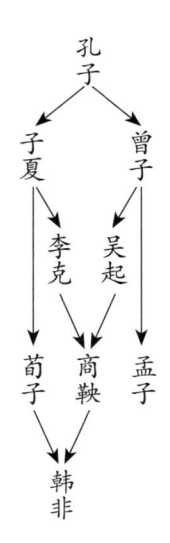

```
        孔子
       ↙   ↘
      子夏   曾子
       ↓    ↓
      李克  吴起
     ↙  ↙ ↘  ↘
    荀子 商鞅  孟子
        ↓
        韩非
```

故萧公权先生云："儒学支流，一转而为吴李，再变而为商韩，荀子之学则代表此转变之过渡思想。"[1] 钱穆先生以为，商鞅之变法，得自李克、吴起之遗教为多[2]，而商鞅之法屡为韩非称引，影响韩非之政治思想甚巨。

由上述可知，荀子实为由儒入法的转关人物，韩非既师事荀卿，受其影响独深，其政治哲学的理论根基——人性论、价值观及历史观——大多来自荀子；唯其实质精神一转而大异，仍是儒法分途。盖荀子仍主人治德化，仍有一圣人的生命精神，作为现世人生的指标，仍在建立人的尊严，与追寻文化的理想，到了韩非，此一精神与理想均已失落不见。

（二）道家

《史记·老庄申韩列传》言，韩非"喜刑名法术之学，而其归本

---

[1] 萧公权《中国政治思想史》，页三二。
[2] 钱穆《先秦诸子系年》，页二二七。

于黄老"[1]。足见韩非之哲学，必有得自道家之启发者。

老子建构了其独步中国思想界的形上学体系，然其哲学旨趣，仍在政治人生。他的哲学问题，在于为既有的存在，觅求形上本体的根源。他标示了形上的价值理想，对现实政治与人生，做一深切的反省[2]，并提供一根本的解决之道。在道体的运行中，推出一"回归"的路子[3]，期求于价值失落与生命贬值中，脱拔超越；在道体的发用中[4]，展露一守柔的弱道哲学，以期求于物欲争逐与权势倾轧之中，成其真强。透过内在之德的把握，往上向本体之道回归，寻求现实人生的完美与和谐。

他的哲学有两条交流向：一是本体论的上回向[5]，从现象界往上超离，否定既存的道德规范与政治权力，而与形上之道接续，汲取生命本根的源源活力，与超越的价值理想，此即"常无，欲以观其

---

[1] 冯友兰《中国哲学史》，页三九一。劳思光《中国哲学史》卷一，页二八二至二八七。

[2] 《老子·十二章》云："五色令人目盲，五音令人耳聋，五味令人口爽，驰骋畋猎令人心发狂，难得之货，令人行妨。""王弼注"本上篇，页七。又《十八章》云："大道废，有仁义；智慧出，有大伪；六亲不和，有孝慈；国家昏乱，有忠臣。""王弼注"本上篇，页一○。《二十九章》云："天下神器，不可为也，不可执也。为者败之，执者失之。""王弼注"本上篇，页一六。《五十七章》云："天下多忌讳，而民弥贫；民多利器，国家滋昏；人多伎巧，奇物滋起；法令滋章，盗贼多有。""王弼注"本下篇，页一三。《七三章》云："民不畏死，奈何以死惧之。""王弼注"本下篇，页二一。中华书局，一九六九年七月台二版。

[3] 《老子·十六章》云："万物并作，吾以观复。夫物芸芸，各复归其根，归根曰静，是谓复命，复命曰常。""王弼注"本上篇，页八。《二十五章》云："大曰逝，逝曰远，远曰反。""王弼注"本下篇，页一四。《四十章》云："反者道之动。""王弼注"本下篇，页四。

[4] 《老子·四十章》云："弱者道之用。""王弼注"本下篇，页七四。

[5] 《老子·四十章》云："天下万物生于有，有生于无。"此为由形下之现象往形上本体之回归。"王弼注"本下篇，页四。

妙"与"既知其子,复守其母"[1]的回归;一是宇宙论的下回向[2],从本体界往下落实,以形上之道的生命根源,投注在现实人生中展现,重新建立新生的价值理想,此即"常有,欲以观其徼"与"既得其母,以知其子"[3]的下落。[4]

相应于这一哲学精神之下的政治与人生的运用,就是"无为而无不为"[5]的智慧。"有之以为利",常由"无之以为用"[6]之中得来,映照在政治上的是"圣人无常心,以百姓心为心"[7]"辅万物之自然而不敢为"[8]的自然无为,以求"圣人亦不伤人"[9];呈现在人生上的是"吾所以有大患者,为吾有身"[10]"复归于婴儿"[11]的返璞无欲,以求"守柔曰强"[12]。总之,老子以为一切人为政治与文明的推展,远离人的素朴之德与自然之道,且愈推愈远,破坏了本有的完美与和谐。

故其所谓"失道而后德,失德而后仁,失仁而后义,失义而后礼"[13],即旨在指称任何道德规范,若不由形上之道的价值根源流下的话,都必成为僵化的空壳。其"正言若反"[14],鄙薄仁义之说,并非平

---

[1] 《老子·一章》及《五十二章》。"王弼注"本上篇页一及下篇页一〇。
[2] 《老子·四十二章》云:"道生一,一生二,二生三,三生万物。"此为由形上本体往形下现象落实。"王弼注"本下篇,页五。
[3] 《老子·四十二章》。"王弼注"本下篇,页五。
[4] 方东美辅仁大学哲学系《中国哲学的精神》讲堂上笔记。
[5] 《老子·三十七章》。"王弼注"本上篇,页二一。
[6] 《老子·十一章》。"王弼注"本上篇,页六。
[7] 《老子·四十九章》。"王弼注"本下篇,页八。
[8] 《老子·六十四章》。"王弼注"本下篇,页一七。
[9] 《老子·六十章》。"王弼注"本下篇,页一四。
[10] 《老子·十三章》。"王弼注"本上篇,页七。
[11] 《老子·二十八章》。"王弼注"本上篇,页一六。
[12] 《老子·五十二章》。"王弼注"本下篇,页一〇。
[13] 《老子·三十八章》。"王弼注"本下篇,页一。
[14] 《老子·七十八章》。"王弼注"本下篇,页二三。

面的对反，纯粹的否定，而是立体的上升，更上一层的肯定。如此，才能知解"圣人不仁，以百姓为刍狗"与"上德不德，是以有德"的理境。[1] 否则，断言老子否定德性我[2]，都是强解古人的皮相之见。

惟老子对仁义的怀疑[3]，对民智的否定[4]，以及"将欲夺之，必固与之"的权谋语[5]，"鱼不可脱于渊，国之利器不可以示人"[6] 的专制语[7]，对法家思想反对学术的愚民政策，排挤道德于法律之外，掌握君势、运用权术的专制统治而言，实为不良的开端。吴师经熊对于法家与道家的关联处，有其精辟的分析："其一，由于道家认为，除了道以外的存在事物都是相对的，以故损伤了儒墨两家之道德的绝对权威性，而于无意之中反为法家的实证法学铺路。……换句话说，法家对于道家的'绝对'，毫不在意，而把它抛得远远的，他们急于抓住道家的相对论，使得他们得以放任地依据他们的愿望制定法律，而不顾及道德的原则。其二，在摒除了道家的绝对之后，法家就把君国的地位，透过它的基本的和独断的法律，提升到'道'的位置。……自此以后，甚至聪明人也相信国家所有的法律，都是有如自然的、不可避免的规律。随着时间的进展，据我们所知，法

---

[1] 此"不"当作"超越"解，而非"否定"意。牟宗三《才性与玄理》云："故此不仁，非残忍之意也。"又云："是超过仁与不仁之对待，而显一绝对的冲虚，非是与肯定命题相对之否定命题，而是超过肯定否定之两行而显一绝对之一。"页一四四至一四五。九龙人生出版社，一九七〇年六月再版。

[2] 劳思光《中国哲学史》第一卷，页一六九云："故老子虽在另一特殊意义下言德，但实否定'德性我'。"

[3] 《老子·十八章》云："大道废，有仁义。""王弼注"本上篇，页一〇。

[4] 《老子·六十五章》云："古之善为道者，非以明民，将以愚之。民之难治，以其智多。""王弼注"本下篇，页一七。

[5] 梁启超《中国学术思想变迁之大势》，页二〇云："老学最毒天下者，权谋之言也。将以愚民，非以明民，将欲取之，必先与之。此为老学入世之本。"

[6] 《老子·三十六章》。"王弼注"本上篇，页二〇。

[7] 章太炎《国学略说》，页一六一云："老子亦有极端专制语，其云'鱼不可脱于渊，国之利器不可以示人'，非极端专制而何？……然此二语法家所以为根本。"

律有如一部机器般地自动操作。法家宣称，这是道家无为而治的理想之实现，同时这也是自然之道。但这一极大的讽刺（paradox），仅在于他们树立了完全的人造命令之后，才开始去讲无为及自然。事实上，他们仅仅成功地把自然法的尊严，强加在其人为法的身上。（They had only succeeded in endowing the law of force with the force of law.）"[1]

这一般话，最足显示道家与法家基本精神几乎两相对反[2]，而法家学者皆归本于黄老的原因所在。依笔者之见，老子哲学形上形下通贯为一，有其形上根源的常道，也有其形下应世的变道。此下庄子与慎到，即上承此形上之道而有不同的开展；申韩则仅执守其形下之道，转为统御臣民的权术。这是老子哲学流变而出的两条路线。今试绘一简图如下：

---

    [1] 译自吴师经熊《中国法学之历史概观》（Chinese Legal Philosophy: A Brief Historical Survey），载于《中国文化季刊》（Chinese Culture, A Quarterly Review）第一卷第四期，页二二至二三。中国文化学院，一九五八年四月出版。

    [2] 吴师经熊《中国法学之历史概观》，页二二云："在中国思想史上，最大的讽刺是法家。法家是由一些自认为与道家有关联的人创立的。根本上说，法家与道家，两者之间并无相通之处。道家认为不要去干扰自然，而要让人类听从自然，减少不必要的活动至最低限度，不要试图以死刑来威吓人民，不要以法律来示众。上述所言，法家与它们完全不同。"

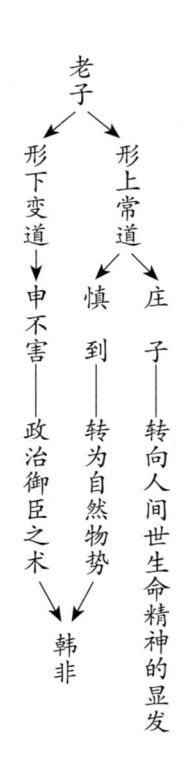

```
        老子
       ↙  ↘
    形    形
    下    上
    变    常
    道    道
    ↓   ↙  ↘
    申   慎   庄
    不   到   子
    害   │   │
    │   转   转
    政   为   向
    治   自   人
    御   然   间
    臣   物   世
    之   势   生
    术   │   命
        │   精
        │   神
        ↓   的
        韩   显
        非   发
```

申韩之思想，于下节《三晋法家传统之集成》再予申说，此下探讨庄子与慎到的歧路，尤以后者实居于由道入法的关键人物。

《庄子》一书并非如憨山大师所言，仅"是《老子》的注疏"[1]。或许是受了儒家颜回一派的影响[2]，他的哲学无意于用世，而倾向个人生命的体验，与特立独行的人格修养，此一发展已近乎孔颜儒学，

---

[1] 《庄子·内篇》憨山注，页一。琉璃经房，一九七二年元月再版。

[2] 《庄子·天下》篇把孔子儒学列于"道术将为天下裂"之先，不在"天下多得一察焉以自好"的"百家之学"中。且《内篇》时称孔子颜回，足见庄子对颜回一派的儒学，必有相当之同情。庄子哲学之异乎老学者，或出于儒学的影响。

章太炎《国学概论》，页五〇云："孟子和荀子是儒家，记载颜子的话，很少，并且很浅薄；《庄子》载孔子和颜回底谈论却很多，可见颜回底学问，儒家没曾传，反传于道家了。《庄子》有极赞孔子处，也有极诽孔子处，对于颜回，只有赞无议，可见庄子对于颜回是极佩服的。"河洛图书出版社，一九七四年十二月台影印初版。此说并见其《国学略说》，页一七二。

其感受之亲切与体悟之深刻，殆有孟荀所不及者。

庄子之哲学问题，在于承接老子所开出的形上的价值根源，与政治人生回归自然素朴的理想，如何在人间世之中，透过精神的修养与生命的锤炼，使其落实展现。盖老子哲学有其难以突破的困局，人若有知有欲，求其回归已走出本然之真朴，谈何容易？此非高度的修养与体悟不为功。若不开出一套修养工夫，以为其超越现境之阶梯，则徒言复命知常[1]，终究是落空的。若仅是由圣人之治，惟"虚其心""弱其志"，而"实其腹""强其骨"[2]，却缺乏一番深切的觉醒以为其根，与精神生命的开拓，以呈显自我，岂非把人生从价值层面拉回生理层面？虽可"使民心不乱"[3]，亦可美其名为素朴自然，然无可否认，必导致生命内涵的贫乏与生命历程的凄凉。依笔者之见，所谓素朴之境，只有在经历了绚烂之后的归于平淡，才能呈现，也才有意义。否则，未有自觉的浑沌状态，又何足贵？不过是原始的野蛮而已！故庄子的哲学，不着意形上的系统与政治哲学的发挥，而集中在个人对生命价值的反省，与不断奔腾上扬的人格修养，以补救老子哲学可能落于贫弱虚空的危机。

《逍遥游》，为庄子哲学的总纲。"大鹏怒飞"的寓言，即在显示由小而大、由大而化的修养工夫，与由有待而奔向无待之境的历程。[4]

---

[1] 《老子·十六章》云："复命曰常，知常曰明。""王弼注"本上篇，页八。
[2] 《老子·三章》。"王弼注"本上篇，页二。
[3] 《老子·三章》。"王弼注"本上篇，页二。
[4] 《庄子·逍遥游》篇云："北冥有鱼，其名为鲲，鲲之大，不知其几千里也。化而为鸟，其名为鹏，鹏之背不知其几千里也。怒而飞，其翼若垂天之云。是鸟也，海运则将徙于南冥。南冥者，天池也。"鲲本小而成其大，由大而化为鹏，由借海运而怒飞之有待，至徙于南冥天池之无待。陈寿昌辑注《南华真经正义·内篇》，页一，新天地书局，一九七二年十一月初版。

逍者，即在消解心知的负累与欲望的束缚[1]，以求得生命的解放与精神的自由；遥者，从有限的形躯脱拔出来，遥引远扬于无限时空的新天地；游者，即自由自在徜徉于人间世，超然自得，无往而不适。《齐物论》旨在打破人由形躯自限所引发的自是非彼的执着，人把自我从宇宙同体之中，自行封闭，才转出无止尽的相对的知识系统，由形躯的相彼而有心知的自是，由心知的自是而有百家的辩议，生命的本真遂在这一系列的心斗中沉没不显。[2]故透过"无己""丧我"的脱解[3]，使真君呈现[4]，打破个体生命的有限，向外开放，将自我融于天地万物之中[5]，自会物我相通，宇宙一体，由是而平等地观照不齐之万物，彼此肯定，两相欣赏与互补不足。[6]这就是"万窍怒呺"这一寓言所映现的人人个性凸显，人间多彩多姿的美丽新世界。[7]庄子首言逍遥的绝对的自由，次言齐物的同体的平等[8]，此中自有深义

---

[1] 庄子之修养工夫，各篇时有论及，如《人间世》之"心斋"，《大宗师》之"坐忘"，《养生主》的"庖丁解牛"，《齐物论》的"庄周梦蝶"，《德充符》的"无人之情"，《逍遥游》的"无用之用"。

[2] 《庄子·齐物论》篇云："物无非彼，物无非是。……彼出于是，是亦因彼。"物无不相彼，无不自是，相彼之分固出于自以为是，自以为是亦出乎相彼之分。《南华真经正义》，页一一之一。

[3] 《庄子·逍遥游》篇云："至人无己。"《齐物论》云："吾丧我。"《南华真经正义》，页三之一与页八。所无之"己"，所丧之"我"，为形躯自限之我，而呈显的主体——"至人"与"吾"，则为真宰或真君。

[4] 《庄子·齐物论》篇云："其有真君存焉？"《南华真经正义》，页一〇。

[5] 《庄子·齐物论》篇云："天地与我并生，万物与我为一。"《南华真经正义》，页一五之一。《大宗师》云："假于异物，托于同体。"页五四之一。前者指形躯之阻隔，后者指真君之感通。

[6] 《庄子·齐物论》篇云："物固有所然，物固有所可，无物不然，无物不可。"《南华真经正义》，页一三。

[7] 《庄子·齐物论》篇云："夫大块噫气，其名为风。是惟无作，作则万窍怒呺，而独不闻之翏翏乎！……泠风则小和，飘风则大和。"万窍怒呺，皆来自大块之噫气，此为同体；万窍不同，其流声亦异，此为其个性之凸显。作则齐声怒呺，是为多彩多姿。《南华真经正义》，页七及八之一。

[8] 章太炎《国学略说》云："内篇以《逍遥》《齐物》开端。浅言之，逍遥者，自由之义。齐物者，平等之旨。"页一六九。并见其《国学概论》，页五三。

在。盖若仅言逍遥，一者可能直飞而上，一去不回；二者可能有其超人的优越感，而在价值观上，自贵而贱他，傲视群伦，而践踏人间世界，故言齐物以救之[1]；若仅言齐物，可能以有限的时空自限，以浅陋为完美而流为向下的平等，闭锁的自足，故言逍遥以救之。不论是生命的自由奔放，或物我的同体肯定，皆得自自我有限形躯的突破，而非来自政治权力的安排；皆透过精神自觉的修养与生命价值的提升，而非安于混沌未开的质朴与生理本然。这实是庄之有进于老之处，也是庄子把老子的形上学的客观存在，由外往内收，由上向下落实，转为一种内在精神境界的意味。[2]

　　顺着老子的形上之道而转向法家的过渡人物，就是慎到[3]。《史记》称之曰："学黄老道德之术。"而《汉志》则谓"申韩称之"[4]。慎到之思想，正是由道入法的关键，《四库全书提要》云："今考其书，大旨欲因物理之当然，各定一法而守之。不求于法之外，亦不宽于法之中，则上下相安，可以清净而治。然法所不行，势必以刑齐之。道德之为刑名，此其转关，所以申韩多称之也。"[5]老子自然之道，其超越的形上意味，慎子把握不住，沉落为现象的物理之势。此实为道家哲学的一大逆转；而其转变之线索，《庄子·天下》篇言之特为精辟。其言曰：

　　　　公而不党，易而无私，决然无主，趣物而不两，不顾于虑，不谋于知，于物无择，与之俱往，古之道术有在于是者，彭蒙、

---

[1] 方东美辅仁大学哲学系《中国哲学的精神》讲堂上笔记。
[2] 徐复观《中国人性论史》，页三六三。
[3] 梁启超《先秦政治思想史》，页一一四。
[4] 钱穆《先秦诸子系年》，页四二六。
[5] 《新编诸子集成》第五册《慎子》，页一。世界书局，一九七二年十月新一版。

田骈、慎到闻其风而悦之。齐万物以为首，曰："天能覆之而不能载之，地能载之而不能覆之，大道能包之而不能辩之。"知万物皆有所可，有所不可。故曰："选则不遍，教则不至，道则无遗者矣。"是故慎到去知弃己，而缘不得已。泠汰于物，以为道理。曰："知不知，将薄知而后邻伤之也。"謑髁无任，而笑天下之尚贤也；纵脱无行，而非天下之大圣；椎拍輐断，与物宛转，舍是与非，苟可以免，不师知虑，不知前后，魏然而已矣。推而后行，曳而后往，若飘风之还，若羽之旋，若磨石之隧。全而无非，动摇无过，未尝有罪，是何故？夫无知之物，无建己之患，无用知之累，动静不离于理。是以终身无誉，故曰："至于无知之物而已，无用贤圣。夫块不失道。"豪杰相与笑之曰："慎到之道，非生人之行，而至死人之理。……"适得怪焉。其所谓道非道，而所言之韪，不免于非。彭蒙、田骈、慎到不知道，虽然，概乎皆尝有闻者也。[1]

老子之无知无欲，旨在回归道之自然，以保有己之全德，其上有道之德的往下流注，其下有小国寡民"甘其食，美其服，安其居，乐其俗"[2]之理想社会的远景；庄子之"无己""丧我"，亦一过渡之修养工夫，旨在打破个体生命之有限，以"道通为一""道未始有封"[3]的无限，去涵容万物，肯定万物存在之价值。其上有逍遥境界之提升，其下有齐物的同体大肯定。老庄思想，崇尚自然之道，仅否定人为之造作，而未否定人内在本有之素朴真性；问题在如何透过政治之无为，使其返璞归真；与精神之修养，使其呈现超放。然

---

[1]《庄子·天下》篇。《南华真经正义·杂篇》，页六五之一至六八。
[2]《老子·八十章》。"王弼注"本下篇，页二三之一。
[3]《庄子·齐物论》篇。《南华真经正义·内篇》，页一三及一七之一。

慎子却以人心不免于偏，人知之不免于累，而不信任人内在之本有，竟否定自我，使人如无心无知之物，惟"与物宛转"，以求不有患累。故慎到之去知弃己，非其过渡之修养工夫，而直以为底程之目的，既无老子形上根源的源源流注，又乏庄子逍遥境界的层层提升，遂一去百去，开不出精神飞扬之路。老子无所不在、内存万物的自然之道，慎子由内往外推，斩断道与万物相接沟通的桥梁，并由上往下沉落，反成迫压万物，不可违抗之物势。故去知弃己，旨在打消人之主体性，使成为无知块然之物，而完全"缘自然之不得已"，听任外在物势的安排。庄子齐物之平等，先有逍遥之生命精神的显发；慎子却以齐万物为其始，仅"舍是与非""无用贤圣"，未有一番精神开阔的工夫，遂成往下掼压之齐头的平等。如是，人固无知之累与己之患，万物亦可等齐如一，却使人间世界，漆黑一团，万物没有个性，而归于死寂。老子之道，赋予万物以生机活力；慎到之物势，则把万物迫压得一无生气，使万物在自然之势下，惟有"决然无主""与之俱往"，生命主体永无呈显的可能，"而至死人之理"。

慎子之哲学，由老子之道而来，故曰："概乎尝闻道。"然把握不住道之超越精神，而沉落为自然之势，故曰："其所谓道非道。"这是老子形上哲学，至慎子身上而有的变质扭曲的发展。老子之无为，虽云"圣人无常心"，然仍落在"以百姓心为心"的人心主体上；慎子不信任人心，而相信物势，以其无心无知之故。故曰："厝钧石，使禹察锱铢之重，则不识也。悬于权衡，则厘发之不可差，则不待禹之智；中人之知，莫不足以识之矣。"[1] 权衡为无知之物，故无主观之偏颇，足为客观之标准，故舍人取物。由此一哲学观点落于政治，

---

[1]《慎子·逸文》篇。《新编诸子集成》第五册，页七。

即产生一问题：人之个性既各皆不同，而人人均齐划一的平等又何由实现？惟有诉诸客观的标准之法了。[1] 故曰："君人者，舍法而以身治，则诛赏予夺从君心出。然则受赏者虽当，望多无穷；受罚者虽当，望轻无已。君舍法，以心裁轻重，同功殊赏，同罪殊罚矣。怨之所由生也。"[2] 法是无知客观的存在，治国以法，则无建己之患与用知之累。若出乎君心，则赏罚未得其当，而民怨生矣，故舍人取法。又曰："法虽不善，犹愈于无法，所以一人心也。夫投钩以分财，投策以分马，非钩策为均，使得美者不知所以德，使得恶者不知所以怨，此所以塞愿望也。"[3]

人心有知而不免于偏，故不足信赖，惟有禁锢人心的活动，完全依乎无知无偏之法以为断。"法虽不善，犹愈于无法"，即在其一人心之功，足以塞愿望之求，使有心有知之人，受制于无心无知之法。如是，以法治取代人治，成为其必然的结论。胡适先生誉之为纯粹的法治主义[4]，然则法何由出？仍出乎人。人既不足信，其所立之法，又何足为凭？这是慎子法治思想与其哲学观点不免相互冲突之处。

荀子评之曰："慎子蔽于法而不知贤。"[5] 慎子之法治，可谓公平无私，然否定人心，已"无生人之行"，又何足贵？又曰："尚法而无法，下修而好作……不足以经国定分。"[6] 慎子将道之理想性取消，下降为无知之物，无心之法。法既失去其理想性，何足为人行为之

---

[1] 徐复观《中国人性论史》，页四三三。
[2]《慎子・君人》篇。《新编诸子集成》第五册，页六。
[3]《慎子・威德》篇。《新编诸子集成》第五册，页二。
[4] 胡适《中国古代哲学史》第三册，页六三云："慎到的法治主义，首先要去掉'建己之患，用知之累'，这才是纯粹的法治主义。"
[5]《荀子・解蔽》篇。梁启雄《荀子约注》，页二九〇。
[6]《荀子・非十二子》篇。梁启雄《荀子约注》，页六一。

基准。故曰"尚法而无法",故曰"不足以经国定分"。以人沉入物之无知无心之中,乃人生最大之沉落。[1]

"老子有见于诎,无见于信(伸)"[2],"庄子蔽于天而不知人"[3];老子"尊道而贵德",庄子"知天之所为,知人之所为者,至矣"[4];均不免有重天道而轻人为之趋向。"慎子有见于后,无见于先"[5],更是"推而后行,曳而后往",由老庄的重天轻人,转为重物轻人,重法轻人;甚至完全取消人为,以致舍人取物、舍人取法。下至韩非则更急转直下,重君轻民、重君势轻人权了。此为道家思想转向法家的线索。

由上述可知,孔孟的政治与人生哲学,重在内外的融通,老子则重在上下的交流。也就是说,儒家为道德伦理建立人性之根,道家则为宇宙自然开拓形上之源。两家在人性论的形上体系中,其结构甚为接近。儒家言天,道家言道,都是既超越而又内在的形上本体。天与道一方面既超越于现象之上,一方面又内在于万物之中。[6]天在人性之中,道在物德之中。惟儒家似以人性已得天之全,道家则以物德仅有道之分,故两家政治与人生的取向,卒于此分途。儒家的基点在人立足于本有人性之中,故以为顺着人性开展,即可"下学而上达",而上与天齐。[7]道家的基点在人已远离其本有之真性,

---

[1] 徐复观《中国人性论史》,页四三七云:"慎到去掉了人性上半截的精神的构造,以土块为人性的理想状态,同时即以土块为道的本性。这便使道失掉了作为万物根源的资格,亦即无形中失掉成为万物最高规范的资格,同时也便否定了道可以作为法的标准的价值,使法的本身不能真正有客观的独立性。"
[2] 《荀子·天论》篇。梁启雄《荀子约注》,页二三一。
[3] 《荀子·解蔽》篇。梁启雄《荀子约注》,页二九一。
[4] 《庄子·大宗师》篇。《南华真经正义·内篇》,页四六。
[5] 《荀子·天论》篇。梁启雄《荀子约注》,页二三一。
[6] 谢师幼伟辅仁大学哲学研究所《中国伦理学》讲堂上笔记。
[7] 《论语·宪问》篇。《四书集注》,页一二八。又《泰伯》篇云:"巍巍乎,惟天为大,惟尧则之。"《四书集注》,页八九。

故以为只有先回归道,"为学日益,为道日损",由"尊道而贵德"。[1]故儒家重由内而外的存养扩充,道家则重由下而上的回归超越。儒家透过荀子,形上之天转为现象之天,义理之天亦成自然之天,人性之根遂失而不存;道家透过慎到,超越之道转为物理之势,形上之源亦告塞而不通。由是,儒道两家皆推向法家之路。到了韩非,专重外在之法,与君上之势结合,哲学慧命遂渐趋没落。其政治哲学走向现实功利主义,而未有人性的自觉,与形上的价值根源。他的哲学,实是儒道两家哲学的大逆转、大沉落。

(三)墨家

墨家的哲学,是孔子儒学的反动。[2]以平民的立场,对社会人生的堕落,痛加抨击,充满了现实功利的色彩;而其哲学根基,倡"天志"之说,则有浓厚的复古倾向。[3]其中心思想端在"兼相爱,交相利"[4]一语。此一中心思想又建构在"天志"的形上根基上,以为一切价值规范的根源。故曰:"顺天意者,兼相爱,交相利,必得赏;反天意者,别相恶,交相贼,必得罚。"[5]其世俗之理论基础,则出于功利主义的实用观点。曰:"当(尝)察乱何自起,起不相爱。"[6]又曰:"夫爱人者,人必从而爱之;利人者,人必从而利之。"[7]故曰:"故天下兼相爱则治,交相恶则乱。"[8]乱之源,出乎不相爱;若兼相

---

[1] 《老子·四十八章》及《五十一章》。"王弼注"本下篇,页七及九。
[2] 墨子哲学之主要立场,在反抗儒学之礼文。张师起钧、吴怡《中国哲学史话》,页五四,新天地书局。
[3] 方东美辅仁大学哲学系《中国哲学的精神》讲堂上笔记云:"以其天为宗教之天,重天之权威,与儒家之运命之天、义理之天,重天人之相接与理性之反省者大异。"
[4] 《墨子·天志上》篇。《新编诸子集成》第六册《墨子闲诂》,页一二〇。
[5] 《墨子·天志上》篇。《墨子闲诂》,页一二〇。
[6] 《墨子·兼爱上》篇。《墨子闲诂》,页六二。
[7] 《墨子·兼爱中》篇。《墨子闲诂》,页六五。
[8] 《墨子·兼爱上》篇。《墨子闲诂》,页六三。

爱，则国治乱平。是以兼相爱乃出乎实效之观点，以其必能交相利故也。兼相爱仅为其理论之号召，交相利始为其现实之目的。

事实上，"天志"说亦出乎实用观点，曰："我有天志，譬若轮人之有规，匠人之有矩。轮匠执其规矩，以度天下之方圆，曰中者是也，不中者非也。"[1] 以天志为是非之基准，一如轮匠规矩之用，是人运用天志，而非天志制限人，故"天志"说一如其"明鬼"说，皆以其有用而已！故墨家之兼爱，实由两路而证成：一为形上由天志而兼爱，一为形下由交利而兼爱，而天志又落在实用观点。如此，则形成一狭窄之功利主义的价值观，故非攻、非乐、节用、节葬，均出于对现实人生不利之判断上。

墨子亦标准义，然"义，利也"。[2] 义之内容与判断，就在利上。[3] 此一实利主义的价值观，迁就现实需求，故荀子讥之曰："蔽于用而不知文。"[4] 为了利之实用，可否定礼文之理想。儒家治天下，出乎内在德性之自觉，墨家则出自外在实效的讲求；[5] 儒家出于仁心仁政的存养扩充，墨家则来自天志尚同的下落统制。韩非之价值观，殆远于儒，而近乎墨，由是而有其否定道德与学术的极端之论。

在政治思想上，墨子以为天下之患，在"一人则一义……十人则十义。……是以人是其义，以非人之义，故交相非也"。[6] 如此则人人利害互异，国无定准，故曰："察天下之所以治者何也？天子唯

---

[1]《墨子·天志上》篇。《墨子间诂》，页一二二。
[2]《墨子·经上》篇。《墨子间诂》，页一九一。
[3] 梁启超《先秦政治思想史》，页一一九云："其意谓道德与实利不能相离，利不利即善不善的标准。"
胡适《中国古代哲学史》第二册，页二四云："义是利的美名，利是义的实用。"
[4]《荀子·解蔽》篇。梁启雄《荀子约注》，页二九〇。
[5] 梁启超《先秦政治思想史》，页一一七云："儒家专从无所为而为的同情心出发，墨家专从计较利害心出发耳。"
[6]《墨子·尚同上》篇。《墨子间诂》，页四四。

能壹同天下之义，是以天下治也。"[1] 为了壹同天下之义，故主"尚同"说，曰："上之所是，必皆是之；上之所非，必皆非之。"[2] 又曰："凡国之万民，上同乎天子而不敢下比。天子之所是，必亦是之；天子之所非，必亦非之。"[3] 如此已否定个性，在"壹同天下之义"，人之尚同于天子之下，天下万民同铸一型，结果个人为群体所吞没，而推向权威主义，与专制独裁之路，故荀子评之曰："墨子有见于齐，无见于畸。"[4] 虽然其上有"天子又总天下之义,以尚同于天"[5] 之"天志"说以为其归趋，其下有"选择天下贤良圣智辩慧之人，立以为天子"[6] 之"尚贤"说以为其前提,故其"尚同"说亦由两路证成：一为形上由天志而尚同，一为形下由尚贤而尚同。然在现实政治之运用下，天志之赏罚，与尚贤之推举，皆无实际运作之效能可言。如此而形成其崇尚君王之权威独断主义，实有助法家法之权威性的建立。

　　墨子曰："若苟上下不同义，上之所赏，则众之所非……若苟上下不同义，上之所罚，则众之所誉……赏誉不足以劝善，而刑罚不足以沮暴。"[7] 墨子已看出义之是非的价值判断与上之赏罚的基准之间，若存有冲突的话，则必失去其劝善沮暴的功能，故欲统一此一分歧，使"举天下之人，皆欲得上之赏誉，而畏上之毁罚"。[8] 此当为韩非统一社会毁誉与国之赏罚，而以赏罚制民说之所本。墨子曰：

---

[1]《墨子·尚同上》篇。《墨子间诂》，页四五。
[2]《墨子·尚同上》篇。《墨子间诂》，页四五。
[3]《墨子·尚同中》篇。《墨子间诂》，页四九。
[4]《荀子·天论》篇。梁启雄《荀子约注》，页二三一。
[5]《墨子·尚同下》篇。《墨子间诂》，页五九。
[6]《墨子·尚同中》篇。《墨子间诂》，页四七。
[7]《墨子·尚同中》篇。《墨子间诂》，页五二至五三。
[8]《墨子·尚同中》篇。《墨子间诂》，页四八。

"闻善而不善，必以告天子。"[1] "使人之耳目，助己视听。"[2] 而达到"数千万里之外，有为善者……天子得而赏之；数千万里之外，有为不善者……天子得而罚之。是以举天下之人，皆恐惧振动惕栗，不敢为淫暴"[3]之绝对统治效果。此亦为韩非以一国为君之耳目，赏告奸罚匿罪之治术的由来。[4]

墨子尊崇天子，而"国君者，天下之仁人也"[5]，又无必然之保证，虽出以天下人共有之立场，主"兼以易别"[6]，反抗儒家差等之爱，曰："视人之国若其国，谁攻？"[7] 其陈义不可谓不高，未料其崇尚君主之权威，反而远在儒家之上。[8] 此一权威主义之尚同思想，正是韩非君势独尊以治民之说的前锋。

《墨子·法仪》篇云："天下从事者，不可以无法仪。无法仪而其事能成者，无有也。虽至士之为将相者，亦皆有法；虽至百工所从事者，亦皆有法。"[9] 这是标准模范的法。《墨经上》云："法，所若而然也。……佴，所然也。"[10]《经说上》云："佴所然也者，民若法

---

[1] 《墨子·尚同上》篇。《墨子间诂》，页四六。
[2] 《墨子·尚同中》篇。《墨子间诂》，页五三。
[3] 《墨子·尚同中》篇。《墨子间诂》，页五三。
[4] 《韩非子·难三》篇云："故以善闻之者，以说善同于上者也；以奸闻之者，以恶奸同于上者也，此宜赏誉之所及也。不以奸闻，是异于上而下比周于奸者也，此宜毁罚之所及也。"陈启天《增订韩非子校释》，页三四七至三四八。另陈奇猷《韩非子集释》，页八四六注云："则韩非亦有取于墨家思想之处。"河洛图书公司，一九七四年二月台影印一版。
[5] 《墨子·尚同中》篇。《墨子间诂》，页四九。
[6] 《墨子·兼爱下》篇。《墨子间诂》，页七一。
[7] 《墨子·兼爱上》篇。《墨子间诂》，页六三。
[8] 劳思光《中国哲学史》第一卷，页二二云："观墨子天志之说，已可见其权威主义倾向；再观尚同之论，则更可知墨子一心为统治者着想。墨子之说中，拥护统治者之权威之程度，远较儒家为甚。"
[9] 《墨子间诂》，页一一。
[10] 《墨子间诂》，页一九三。

49

也。"[1]这是齐一法度的法。[2]此一标准规范之法与齐一百姓之法,亦为韩非法思想之先导。

墨子但见有形之用,而不见无形之用,不免忽略礼文精神与价值;但见尚同之利,不见尚同之弊,不免抹杀个人主体之地位。前者趋向唯物之功利主义,后者推出尊君之权威主义。此偏颇之见,遂为法家所接受。至于天志之形上根基、兼爱之价值理想与尚贤之政治前提,法家则加以抛离。惟其兼爱说反对儒"亲亲之杀,尊贤之等"[3]之差别义,而以其客观性普遍性之义,以为人之所当共达之法[4],正为法家平等性客观性与普遍性之法之所自出。

(四)名家

尹文子即是由墨、名两家而入法家的过渡人物。[5]《庄子·天下》篇尹文与宋钘并列,《荀子·非十二子》篇则宋钘与墨翟并列,足见尹文之思想,实为墨家一脉。《天下》篇云:"宋钘尹文见侮不辱,救民之斗,禁攻寝兵,救世之战。"[6]其哲学问题实承墨家之绪。而"不累于俗,不饰于物,不苟于人,不忮于众"[7],又有道家思想的遗风。

---

[1]《墨子间诂》,页二〇九。
[2] 胡适《中国古代哲学史》第三册,页八四。
[3]《中庸·二十章》。《四书集注》,页二七。
[4] 唐君毅《中国哲学原论·原道篇》卷一,页五一六云:"先秦思想中,首重法者为墨家。墨家初以天志为法仪,亦以天志之义为法,而墨家所称义道,即人人所当共遵之以为法者也。法要在有客观性普遍性,与礼要在有种种主观性特殊性者不同。故重客观普遍之义或法,即正为墨家之精神。"
[5] 梁启超《先秦政治思想史》,页一三二云:"尹文子则墨法两家沟通之枢纽。"钱穆《先秦诸子系年》卷三,页三八〇,言尹文子曰:"兼名、墨,启道、法,此自是稷下学风。"钱穆先生所谓之"启道、法",盖以老子为晚出于庄子之说也,此说值得商榷。
[6]《南华真经正义·杂篇》,页六五之一至六六。
[7]《庄子·天下》篇。《南华真经正义》,页六五之一。

其"情欲寡浅"[1]之说,与"上说下教,虽天下不取,强聒而不舍"[2]之行,亦是名家的本色。《韩非子·内储说上》载,尹文与齐宣王论治国当以赏罚为利器[3],则已通向法家。大抵说来,尹文是墨道两家的综合,而转入名学法家一路。

《汉书·艺文志》列尹文于名家,实则名与法盖不可离。尹文子论名与法之关系云:

> 名者,名形者也;形者,应名者也。……今万物具存,不以名正之则乱,万名具列,不以形应之则乖,故形名者不可不正也。善名命善,恶名命恶,故善有善名,恶有恶名。……使善恶尽然有分,虽未能尽物之实,犹不患其差也,故曰名不可不辩也。名称者,别彼此而检虚实者也。自古及今,莫不用此而得,用彼而失。失者由名分混,得者由名分察。今亲贤而疏不肖,赏善而罚恶,贤不肖、善恶之名宜在彼,亲疏、赏罚之称宜属我。[4]

善恶、贤不肖之名,为客观之定位,是为"彼之名";赏罚亲疏之分,为主观之判断,是为"我之分"。善者贤者,宜亲之、赏之;恶者不肖者,宜疏之、罚之,以求名分之相称。此治国得失之关键,已由名之善恶与法之赏罚接通。由名形一致,名分相称,而成一客观之标准,使人人各守其分。故又曰:"名定则物不竞,分明则私不行,物不竞,非无心,由名定,故无所措其心。私不行,非无欲,

---

[1] 《荀子·正名》篇。梁启雄《荀子约注》,页二五一。
[2] 《庄子·天下》篇。《南华真经正义》,页六六。
[3] 陈启天《增订韩非子校释》,页四〇八。
[4] 《尹文子·大道上》篇。《新编诸子集成》第六册,页二。

由分明，故无所措其欲。然则心欲人人有之，而得同于无心无欲者，判之有道也。……彭蒙曰：雉兔在野，众人逐之，分未定也。鸡豕满市，莫有志者，分定故也。"[1] 名定分明，足以制民之心欲；而定名明分，莫若法。故曰："人以度审长短，以量度多少，以衡平轻重，以律均清浊。以名稽虚实，以法定治乱，以简治烦惑，以易御险难，以万事皆归于一，百度皆准于法。归一者简之至，准法者易之极。如此顽嚚聋瞽，可以察慧聪明同其治也。"[2] 以名稽虚实，使万事皆归于一，以法定治乱，百度皆准于法，整齐之而归简易，则聋瞽可以与聪察同治。[3] 消除各人之主观，而趋向客观之法，而名定分明正是其中的桥梁。

事实上，名学之论，各家皆涉及，惟法家专讲刑名而已。孔子治国之首要在正名，首开其端，惟属于伦理价值的意味居多，以名不正，乃是礼乐不兴、刑罚不中的根本原因。此明示正名实为礼治与法治共同的首要前提。《荀子》之《正名》曰："制名以指实，上以明贵贱，下以别同异。"[4] 在名学上"别同异"之外，尚言"别贵贱"的价值衡量。又曰："王者之制名，名定而实辨，道行而志通，则慎率民而一焉。"[5] 由君王制名，统合一国之是非，令万民循行，已渐趋向刑名之法家。墨家名学"中效则是，不中效则非"[6]，国家以法度来齐一百姓，下开法家法的观念。[7] 尹文子的名学，专就名与法之关系立论，故有"名有三科，法有四呈"之说。[8] 其思想由墨、道中来，

---

[1] 《尹文子·大道上》篇。《新编诸子集成》第六册，页四。
[2] 《尹文子·大道上》篇。《新编诸子集成》第六册，页三。
[3] 梁启超《先秦政治思想史》，页一三六。
[4] 《荀子·正名》篇。梁启雄《荀子约注》，页三一二。
[5] 《荀子·正名》篇。梁启雄《荀子约注》，页三一〇。
[6] 《墨子·小取》篇。《墨子间诂》，页二五一。
[7] 胡适《中国古代哲学史》第二册，页八一。
[8] 《尹文子·大道上》篇。《新编诸子集成》第六册，页一。

第三章 思想渊源及其哲学特质

而在名与法中过渡。到了韩非，由因实制名，定名明分，转为循名责实，依言责效之术，而以法定其职之名与责之分。[1]

总之，先秦诸子随着时势的转移与现实的需求，逐渐由理想主义走向现实主义，逐渐抛离价值之追寻，而只求实效之获致。修己治国之方，也逐步由内在之仁与德的体现，转向外在之礼与法的制约；逐步由天道的回归，转向物势的推移。人的主体性渐次消失，法的强制力逐步增长。由内而推向外，由人而推向物。儒家由孔孟而入荀子，由人性论的偏颇，已为法家开导先路；道家由老庄而入慎到，由形上学的堕落，亦转向法家一脉。墨家尚同的权威主义与交利的实用主义，与名家综核名实之说合流，透过尹文子，亦步入法家的门槛。儒墨道名四家，在时势的迫压之下，均逐渐地修正自家的步调，而推向法家一路，这可以说是先秦诸子思想流变的大势。吾人固可谓韩非为各家思想合流孕育的产物，亦可谓韩非集各家思想于一身。当然，更确切地说，是韩非汲取各家思想的血肉，而移植入法家三派哲学的骨架中，有所承，有所舍，亦有所进。[2]

---

[1] 唐君毅《中国哲学原论·原道篇》第二卷，页五九三云："法家之论，则或以'形'易'实'，而有形名之称。然此法家之名，则不同名家之名实，亦不同于儒家有伦理意义之名位、名分之名，其'言'亦非墨家'言义'之言。其所谓'名'，唯是一政治上职位之名；其所谓'言'，唯是言一职务上之事。"

[2] 唐君毅《中国哲学原论》第一卷，页五二二云："韩非之言法术势，对其前之儒、墨、道、申、商、慎之言，皆有所承，有所舍，而亦有所进。"页五〇五云："韩非子之正面的价值理想，固多不足，而远逊于其前之儒墨道诸家之所言者。然自有能面对此种种事实（按：指仁义被假借以为非），而一一加以正视，加以暴露而言之，则以前儒墨道诸家，无能及其刻深。韩非子正面所主张之尚权势、法术之政治，其义又多由对其前儒道家之思想，各引其一端之所成。韩非本人亦有一由其对人之自私自利之计较之心之认识，而更本之以论政治上求国家内政之统一，而致富强、成霸王之业之道。"

第三节　三晋法家传统之集成

先秦各家思想之流变，固为形成韩非政治哲学之血肉的渊源所在，然其骨架，仍得自三晋法家传统之集成。

法家思想，从齐之管仲、郑之子产、魏之李克、楚之吴起、韩之申不害、秦之商鞅之事功积累的导引，与管子书、商君书、慎子书之思想发展的集成，到了韩非，始告成熟，而有其政治哲学体系之建立。

冯友兰先生谓："故尊君权、重法治、禁私学，乃当时现实政治的自然趋势，法家之学，不过将其加以理论化而已！"[1]此说值得商榷，颇有因果倒反之嫌。盖尊君重法与禁百家之学，亦可能为法家思想推展之果。依笔者之见，若不透过法家人物事功的次第展开与思想的长期孕育[2]，哪能扭转时势，改变大局，而扩张法家思想，成为时代的风潮？又哪能形成韩非本末一贯、自成一家的政治哲学体系？以"现实政治的自然趋势"来断定这一长期乱局的过渡与消解的过程，实不免失之武断。时势固然会造就英雄，英雄也自能改造时势，二者是互为因果的。谓"法家不过将其理论化而已"，实低估了法家思想在这一危机时代所扮演的角色与应有的地位，而且使哲学成了彻底的被决定论，为时代所囿，而无以超离时代。

本节拟分两方面来探讨：一是实际事功的导引，一是政治思想的集成。

---

[1]　冯友兰《中国哲学史》上册，页三八七至三八八。
[2]　萧公权《中国政治思想史》，页二二七云："盖先秦法家思想，既非一人所创，尤非一时所成。"

（一）实际事功的导引

春秋时代，齐晋之霸业，皆有赖于法家之富国强兵，始克缔造完成。齐之管仲，在春秋早期，通货积财以富国，作内政寄军令以强兵，固能尊王攘夷，一匡天下，是为法家的开山祖。[1]郑子产著刑书，晋范宣子铸刑鼎以继之。而晋霸业之遗风，一入战国即大放异彩，法家人物几乎全出于三晋。

春秋战国，列国势力的消长，与其封国之文化背景息息相关。凡宗法封建之文化根基深厚的国家，逐次地为宗法封建之文化根基薄弱的国家所征服，故晋代齐，楚代晋，吴越代楚，最后统一于秦。[2]当时传统文化根基最深厚的国家，首推鲁卫，其次为齐，再次为晋，楚秦则自始即以蛮夷见外于诸夏。[3]传统文化束缚深者，其变法维新愈难推进，故鲁卫积弱不振，齐晋则强霸诸侯。惟齐晋犹须透过卿大夫之篡弑，才能转向新军国主义，而秦楚受宗法封建文化之熏陶最浅，传统之束缚力几近没有，故根本无须君统之篡易，即已步向新军国主义矣。[4]

秦楚虽不受传统礼文之束缚，重用法家以图强，然法家人物，何以无有出于秦楚者？[5]可能是秦之开化较晚之故，楚则为隐者与道家思想流布之地。以是三晋独为孕育法家思想之良土[6]，其原因有四：一为晋在鲁昭公二十九年已铸刑鼎，早开任法的风气。[7]二为晋离鲁

---

[1] 陈启天《增订韩非子校释》，页九三二。
[2] 钱穆《国史大纲》，页四四。
[3] 钱穆《国史大纲》，页五〇。
[4] 钱穆《国史大纲》，页五〇。
[5] 李斯楚人，然仍出于荀子门下，而荀子赵人。
[6] 萧公权《中国政治思想史》，页二四云："法家之发源地，似以晋为中心，而卫、郑为附庸。"
[7] 《左传·昭公二十九年》篇。《左传会笺》卷二六，页三三。

较远，而与郑、秦接壤。洙泗之礼俗，自难被及。[1] 三为晋献公由于曲沃篡统，患桓、庄族逼，遂听士蔿之说，尽杀群公子。[2] 骊姬之乱，又诅无畜群公子。[3] 及顷公时，六卿弱公室，又尽灭公族。公族既灭，遂改行郡县之制[4]，而有助于君权的伸张，使得君权渐从宗族集团与亲属关系之束缚下脱离出来。由是志在裁抑贵族、稳固君权之法家思想，于斯土自然较易萌芽滋长。四为魏文侯师事子夏，其弟子有田子方、段干木、吴起、李克之属[5]，一时人才荟萃，群集斯土。文侯在位五十年，武侯在位二十六年，在政治尊崇学术的灌溉培育之下，法家思想遂得以枝叶扶疏开花结果。而孔门的再传弟子，介乎儒法之间的政治家——李克与吴起，即首先崛起于战国初期的政治舞台上，并下开梁惠王的霸局。

李克相魏文侯，作尽地力之教[6]，为重农主义的开端；著《法经》，开成文法典之先河。吴起治楚，商鞅治秦，多承其遗风。

吴起，卫人，或曰魏左氏中人也。先仕鲁，为鲁将大破齐师，以其杀妻表明己志，遂不容于鲁，而奔于魏。[7] 为西河守，令民偾表

---

[1] 萧公权《中国政治思想史》，页二四。
[2] "曲沃篡统"见《左传·隐公五年》及《桓公三年》。《左传会笺》卷一页六三，及卷二页二七。
"患桓、庄族逼"见《左传·庄公二十五年》。《左传会笺》卷三，页六八及七一。
"尽杀群公子"则见其卷三，页七三。
[3] 《左传·僖公四年》篇。《左传会笺》卷五，页二〇至二二。
[4] 钱穆《国史大纲》，页四六。
[5] 《史记·儒林列传》篇云："田子方、段干木、吴起、禽滑釐之属，皆受业于子夏之伦，为王者师。""广文"本，页一二七三。
又《孙子吴起列传》篇云："吴起者，卫人也。好用兵，尝学于曾子。""广文"本，页八六九。《吕氏春秋》亦谓其学于曾子。
[6] 《汉书·食货志》篇。陈启天《中国法家概论》，页四九，中华书局，一九七〇年二月初版。
[7] 《史记·孙子吴起列传》篇。"广文"本，页八六九。法家成于传统文化薄弱之三晋，而不行于鲁，此又一证。

立信，魏文侯以为将，击秦，拔五城。助乐羊将兵而灭中山，称雄诸侯。后见猜忌，又奔楚，为相。"明法审令，捐不急之官，废公族疏远者，以抚养战斗之士，故楚之贵戚尽欲害吴起"。[1] 他又"令贵人往实广虚之地，皆甚苦之"。[2] 迨悼王卒，吴起卒以肢解而死。

魏文侯礼贤下士，蔚为一时盛况，所涵蕴之历史意义，就在于礼隳坏而法代兴。子夏为孔门及身受业弟子，田子方、段干木亦孔门再传弟子，不仅再无鸣鼓攻之、同声声讨的气魄，亦无舍之则藏、有所不为的志节；相反，竟受以大夫身份僭国自立之魏文侯的尊养，与孔子主堕三都的风范已失之远矣；另一方面，晋铸刑鼎，孔子力非之[3]，未料其再传弟子李克竟著《法经》，吴起偾表徙车辕以立信，皆以儒徒而尚法。孔子以礼正贵族之奢僭无效，吴起遂转而以法绳治贵族，礼坏而法立，不待荀子出，儒学已转向入法。此正足以显示其中转变的历程。[4]

商鞅虽卫人，亦仕于魏，后入秦，相秦孝公十八年。钱穆先生以为商鞅之变法，来自李克、吴起之教，云："考其行事，则李克、吴起之遗教为多。……其变法，令民什伍相牧司连坐，此受之于李克之《法经》也；立木南门，此吴起偾表之故智也；开阡陌封疆，此李克尽地力之教也；迁议令者于边城，此吴起令贵人实广虚之地之意也。"[5] 足见其学亦源自三晋。

《史记·商君列传》言其变法云：

---

[1] 《史记·孙子吴起列传》篇。"广文"本，页八七〇。
[2] 《吕氏春秋·贵卒》篇。陈启天《中国法家概论》，页五一。
[3] 萧公权《中国政治思想史》，页二四。
[4] 钱穆《先秦诸子系年》，页一三六云："魏文礼贤……其间有二端，深足以见世局之变者，一为礼之变，一为法之兴。"
[5] 钱穆《先秦诸子系年》，页二二七。

> 卒定变法之令，令民为什伍，而相牧司连坐。不告奸者腰斩，告奸者与斩敌首同赏，匿奸者与降敌同罪。民有二男以上不分异者，倍其赋。有军功者，以率受上爵；为私斗者，各以轻重受刑大小。僇力本业，耕织致粟帛多者，复其身；事末利，及怠而贫者，举以为收孥。宗室非有军功论，不得属籍。明尊卑爵秩等级，各以差次名田宅，臣妾、衣服各以家次。有功者显荣，无功者虽富无所芬华。[1]

此商君首度变法之大要，旨在裁抑贵族豪富，而奖励军功农事。使民勇于公战，而怯于私斗；使民务力本业，而不事末利。令民为什伍，所以加强基层之组织，赏告奸者即加强军事之统治。观其变法，即以农战二事为国家之大本，将人民完全纳入农战之行列，农以求富，战以求强，此即所谓富国强兵之道。治国者惟在一民于农战，以此一重大前提，划一国家赏罚的基准。又曰：

> 令民父子兄弟同室内息者为禁，而集小都乡邑置为县，置令丞，凡三十一县。为田开阡陌封疆，而赋税平。平斗桶权衡丈尺。[2]

此商君第二度变法之主要内容，行郡县制，集权中央，并大开阡陌封疆，以扩大耕地，增加农产，而平赋税之征，仍循富国强兵之本策。

"行之十年，秦民大悦，道不拾遗，山无盗贼，家给人足，民勇

---

[1] 《史记·商君列传》篇。"广文"本，页八九一。
[2] 《史记·商君列传》篇。"广文"本，页八九一至八九二。

于公战，怯于私斗，乡邑大治。"[1] 此其变法之实效，秦因以富强，而奠定吞并六国之初基。[2]

太子犯法，鞅刑太子师傅公子虔，秦人皆趋命；惟孝公卒，遂遭车裂而死，与吴起先后为法治殉身。

商鞅之事功，在先秦法家人物之中，最为显赫。韩非于其书中，屡屡乐道，引述甚详，受其影响至巨。

申不害，与商君同时跃登于战国多变之政局中。《史记·老庄申韩列传》云：

> 申不害，京人也。故郑之贱臣。学术以干韩昭侯，昭侯用为相，内修政教，外应诸侯十五年[3]。终申子之身，国治兵强，无侵韩者。[4]

申不害主用术以御下，与吴起、商鞅之变法图强者有异。韩非乃韩之诸公子，处韩积弱之世，申不害之事功，当予韩非最切身之激发。

上述法家人物事功之展现，有两事值得吾人深思：一为吴起、商鞅之变法图强，最具实效，却在贵族之反击中伤身，此正显示法治派裁抑贵族之强硬立场；二为商鞅死而秦法存，申不害死而韩术亡，足见法家长固之计，在于国法通行，而非君术独用。

---

[1]　《史记·商君列传》篇。"广文"本，页八九一至八九二。

[2]　陈启天《增订韩非子校释》，页九一四云："秦国变法最早，而且最彻底，所以能够兼并六国，而成统一的帝国。"

[3]　钱穆《先秦诸子系年》，页二三八云："则申子相韩，前后当得十九年。《史》谓相韩十五年，亦误。"

[4]　《史记》卷六三。"广文"本，页八六〇。

总之，三晋之政治环境与文化背景，适宜法家思想之播种与结果，前有李、吴，后有申、商，均能在事功上称强一时；韩非为韩之公子，又面对时艰，此辈前贤之业绩，必为其所倾慕向往，而导引他走向法家之路。盖现实事功的建树，比起著之竹帛之思想，对乱世民心来说，较有切身的感受；对讲求实效的政治思想家来说，也更具强烈的说服力。

（二）政治思想的集成

法家思想分由三支发展：一曰法治派，二曰势治派，三曰术治派。法治派以商鞅为代表，势治派以慎到为代表，术治派以申不害为代表。兹就此三人之思想略加解析，并说明韩非对三派思想之深入的批判与重新的整合。

1. 法治派

法家皆言法，商鞅能贯彻之而有功，故为法治派之代表。

商鞅之学，无明确师承，然法治之说，前有《管子》。《管子》虽属伪托，出于后人之纂辑；[1] 然考其立论背景，大略在春秋时代。[2] 与商、韩诸子之以战国为背景者殊异。[3] 故本节之法治派，以《管子》书中之法治思想，为商鞅法治思想之前驱。[4]

管子思想的基点，乃以国家为本位；其思想之最大特色，则在

---

[1] 萧公权《中国政治思想史》，页二一二之注六。

[2] 萧公权《中国政治思想史》，页二一二之注七。另页一九三云："其思想之大体，或非三家分晋、田氏篡齐以后所能有。"

[3] 萧公权《中国政治思想史》，页一九三云："《管子》书中虽主法治，而其观点及内容均与申不害、公孙鞅、韩非、李斯诸家不尽相同。"页一九六云："管子已先倡战国任法之议，而犹未脱封建宗法之影响，于是糅杂人治法治。"

[4] 萧公权《中国政治思想史》，页一九三云："《汉书·艺文志》列之道家，《隋书》始改列法家之首。观分类之不一，亦可想见其内容之不纯。吾人如谓《管子》为商、韩学术之先驱，而非法家开宗之宝典，殆不至于大误。"页二二五又云："考其内容，复多驳杂，不足以为开宗之代表。"

于尊君,与儒家之民本思想殊异。管子曰:"安国在乎尊君。"[1] 盖尊君始能强国。又曰:"夫生法者君也,守法者臣也,法于法者民也。"[2] "人君也,故从而贵之,不敢论其德性之高卑。"[3]

儒家荀子为了崇礼亦尊君[4],然其目的,则在于养民。管子则反之,亦曰顺民心[5],亦曰富民[6],然其目的,则在于笼络民心,为君所用。故曰:"凡牧民者,欲民之可御也。"[7] "计上之所以爱民者,为用之,故爱之也。"[8] 爱民不过其手段,以求"为之用者众也"[9],以达尊君的目的。

法生于君;为了尊君,故重任法。曰:

> 法者,上之所以一民使下也;私者,下之所以侵法乱主也,故圣君置仪设法而固守之。[10]

> 威不两错,政不二门,以法治国,则举措而已。[11]

君王以法为治民之工具。一者在下者不得以侵法乱主,二者在上者却足以一民使下,故设法而固守。

---

[1] 《管子·重令》篇。《新编诸子集成》第五册,页七九。
[2] 《管子·任法》篇。《新编诸子集成》第五册,页二五七。
[3] 《管子·法法》篇。《新编诸子集成》第五册,页九二。
[4] 管子立法治而尚礼教,犹如荀子,均为礼法兼重之思想。惟管子重在法,荀子重在礼,此为过渡之现象。
[5] 《管子·牧民》篇。《新编诸子集成》第五册,页二云:"政之所兴,在顺民心;政之所废,在逆民心。"
[6] 《管子·治国》篇。《新编诸子集成》第五册,页二六一云:"凡治国之道,必先富民,民富则易治也,民贫则难治也。"
[7] 《管子·权修》篇。《新编诸子集成》第五册,页八。
[8] 《管子·法法》篇。《新编诸子集成》第五册,页九。
[9] 《管子·法法》篇。《新编诸子集成》第五册,页九。
[10] 《管子·任法》篇。《新编诸子集成》第五册,页二五六。
[11] 《管子·明法》篇。《新编诸子集成》第五册,页二五九。

任法必先立法，法虽立于君，而立法之根据，首在人情之好恶。管子曰："人主之所以令则行，禁则止者，必令于民之所好，而禁于民之所恶也。"[1]"夫民躁而行僻，则赏不可以不厚，禁不可以不重。故圣人设厚赏非侈也，立重禁非戾也，赏薄则民不利，禁轻则邪人不畏。设人之所不利，欲以使，则民不尽力；立人之所不畏，欲以禁，则邪人不止。"[2]人情有好恶，故因之以赏罚，惟厚赏重禁，始能劝之以厚利，禁之以重刑。

法立而行，必先树立法之普遍性与权威地位。故曰："君臣上下贵贱皆从法，此谓为大治。"[3]由是治国，惟"使法择人，不自举也；使法量功，不自度也"。[4]

其次则在信赏必罚，以求止于无刑。故曰：

不为爱人枉其法，故曰法爱于人；不为重爵禄分其威，故曰威重于爵禄。[5]

以有刑至无刑者，其法易而民全；以无刑至有刑者，其刑烦而奸多。夫先易者后难，先难而后易，万物尽然。[6]

重禁必罚，乃先难而后易，由有刑而止乎无刑。此法家所开出之共同理想。

尊君之道，在任法，而富国之道，则在重农。重农之前提，则在

---

[1]《管子·形势解》篇。《新编诸子集成》第五册，页三二五。
[2]《管子·正世》篇。《新编诸子集成》第五册，页二六〇。
[3]《管子·任法》篇。《新编诸子集成》第五册，页二五七。
[4]《管子·明法》篇。《新编诸子集成》第五册，页二五九。
[5]《管子·七法》篇。《新编诸子集成》第五册，页三〇。
[6]《管子·禁藏》篇。《新编诸子集成》第五册，页二八九。

禁文巧末作之流，曰："夫富国多粟，生于农，故先王贵之。凡为国之急者，必先禁末作文巧。末作文巧禁，则民无所游食。民无所游食，则必事农。民事农则田垦，田垦则粟多，粟多则国富；国富则兵强。"[1] 禁文巧末作，以免农民生浮离游食之心，而不事耕作之本务。

综观上述，管子之法治思想，大要在尊君任法、富国重农两端。这两大纲领，在商君身上，有更进一步的推展。惟管子尚在礼法之间，商鞅则专任法，故严格说来，法治思想必待商鞅而后成立。[2]

《商君书》今传二十四篇，有言商君死后事，故不足以代表商鞅本人之思想。商鞅一如管仲，仅为实行家，而非理论家。《商君书》与《管子》，经考证皆后人伪托，似已成定论。然司马迁谓"尝读商君《开塞》《耕战》书，与其人行事相类"，与"管氏《牧民》《山高》《乘马》《轻重》《九府》"；[3] 韩非又言"藏商、管之法者家有之"[4]，足见《管子》与《商君书》，虽不必为其本人之作，至少可谓代表春秋战国法治一派之思想，且在韩非之先，其书已流传于世。故《商君书》亦有其可信者。

胡适先生以为商鞅乃一位大政治家，主张用严刑重罚来治国，不过是注重刑赏的政策，与法理学没有关系。[5] 胡适先生把法家思想，拘限在法理学之内。事实上，法家思想乃诸子百家之一，均属政治哲学的范畴，惟着重治国之根据，在客观之法而已。若如胡适

---

[1] 《管子·治国》篇。《新编诸子集成》第五册，页二六一。
[2] 萧公权《中国政治思想史》，页二二六云："严格之法治思想必俟商鞅而后成立。……故吾人欲述法家之政治思想，不可不以商、韩为主。"
[3] 《史记·商君列传》篇。"广文"本，页八九四。
　　《史记·管晏列传》篇。"广文"本，页八五六。
[4] 《韩非子·五蠹》篇。陈启天《增订韩非子校释》，页五〇。
[5] 胡适《中国古代哲学史》第三册，页八〇。

先生之说，则法家之正统，惟尹文子一人而已，或加上慎到[1]，而不在商、韩。盖韩非亦非纯粹的法治主义。

《商君书》之法治思想，首在提出变古之主张，以奠立其立论之始基。曰：

> 前世不同教，何古之法？帝王不相复，何礼之循？伏羲神农，教而不诛；黄帝尧舜，诛而不怒。及至文武，各当时而立法，因事而制礼。礼法以时而定，制令各顺其宜。兵甲器备，各便其用。臣故曰：治世不一道，便国不必法古。汤武之王也，不修古而兴；殷夏之灭也，不易礼而亡。然则反古者未必可非，循礼者未足多是也。[2]

> 圣人不法古，不修今。法古则后于时，修今则塞于势，周不法商，夏不法虞，三代异势而皆可以王。[3]

此一反先秦诸子托古立言的倾向，主张不法古，因时而变法，以应现实情势之多变。曰：

> 夫利天下之民者，莫大于治；而治莫康于立君。立君之道，莫广于胜法。胜法之务，莫急于去奸。去奸之本，莫深于严刑。故王者以赏禁，以刑劝，求过不求善，借刑以去刑。[4]

---

[1] 胡适《中国古代哲学史》第三册，页六八云："尹文是中国古代一个法理学大家。"页七一云："从纯粹儒家的名学，一变遂成纯粹的法治主义。"页六二云："慎子最明法的功用。"页六三云："慎到的法治主义，首先要去掉'建己之患，用知之累'：这才是纯粹的法治主义。"

[2] 《商君书·更法》篇。《新编诸子集成》第五册，页二。

[3] 《商君书·开塞》篇。《新编诸子集成》第五册，页一六。

[4] 《商君书·开塞》篇。《新编诸子集成》第五册，页一七至一八。

第三章　思想渊源及其哲学特质

此段话，无异是《商君书》思想之总纲，严刑以去奸，去奸在胜法，如是借刑以去刑，则君立而国治民利矣。其中心则在胜法，胜法始能立君治国，借严刑以去奸。其上之目的在尊君重国，其下之手段在严刑去奸，胜法则其中上下通贯之枢纽，其地位一如儒家《大学》"八条目"之"修身"，内则由格、致、诚、正来，外则往齐、治、平推出。

胜法既为其思想之中心，故治国首重在"立法明分，而不以私害法"。[1] 盖"民众而奸邪生，故立法制，为度量以禁之。……法制明则民畏刑；法制不明，而求民之行令也，不可得也。民不从令，而求君之尊也，虽尧舜之知，不能以治。故明王之治天下也，缘法而治，按功而赏。"[2] 立法以明分，明法制以禁奸，则民从令而君位尊。

立法之本，仍在因人情之好恶而行之以赏罚，故曰："好恶者，赏罚之本也，夫人情好爵禄而恶刑罚，人君设二者以御民之志，而立所欲焉。"[3] 其次使之"明白易知而必行"[4]，则民志可御，而君命可行。

赏罚之运用，商君不同于管子，主张重罚而轻赏。曰：

重罚轻赏则上爱民，民死上；重赏轻罚则上不爱民，民不死上。[5]

刑重者，民不敢犯，故无刑也。而民莫敢为非，是一国皆善也，故不赏善而民善。赏善之不可也，犹赏不盗。故善治者，

---

[1]《商君书·修权》篇。《新编诸子集成》第五册，页二四。
[2]《商君书·君臣》篇。《新编诸子集成》第五册，页三八。
[3]《商君书·错法》篇。《新编诸子集成》第五册，页二〇。
[4]《商君书·定分》篇。《新编诸子集成》第五册，页四三。
[5]《商君书·去疆》篇。《新编诸子集成》第五册，页九。

使跖可信，而况伯夷乎？不能治者，使伯夷可疑，而况跖乎！[1]

重罚则民惧而死上；重赏则反多欲而不死上。刑重则民不敢犯，一国可使皆善，虽跖可信，劝赏反成多余！且所谓之善，不过守分不犯法而已，若重赏之，犹赏不盗，如是则何以赏有功之人？故赏唯用之于告奸与斩首之功者。曰："赏施于告奸，则细过不失。"[2] 又曰："所谓壹赏者，利禄官爵抟出于兵，无有异施也。"[3] 使"民闻战而相贺也，起居饮食所歌谣者，战也"。[4] 赏告奸以制民，赏战功以强国，使全民相互监视，结合无间，而成一战斗的总体，此堪称为极端尚武之思想。

农战不可分，故强兵之外，仍必重农。重农战，首在反对学者。曰："农战之民千人，而有诗书辩慧者一人焉，千人者皆怠于农战矣。"[5] 管子禁文巧末作，以免农民生浮离游食之心；商君则根本不使有知，而生游食之心，使"愚农无知，不好学问，则务疾农"。[6] 以免"农者寡而游食者众"。[7] 此不仅是狭窄的功利观，直走上愚民之路矣。

农战政策与法治结合，务求"利出于地，则民尽力；名出于战，则民致死。入使民尽力，则草不荒；出使民致死，则胜敌。胜敌而草不荒，富强之功，可坐而致也"[8]。使"边利尽归于兵，市利尽归于

---

[1] 《商君书·画策》篇。《新编诸子集成》第五册，页三二。
[2] 《商君书·开塞》篇。《新编诸子集成》第五册，页一七。
[3] 《商君书·赏刑》篇。《新编诸子集成》第五册，页二八。
[4] 《商君书·赏刑》篇。《新编诸子集成》第五册，页三〇。
[5] 《商君书·农战》篇。《新编诸子集成》第五册，页六。
[6] 《商君书·垦令》篇。《新编诸子集成》第五册，页四。
[7] 《商君书·农战》篇。《新编诸子集成》第五册，页六。
[8] 《商君书·算地》篇。《新编诸子集成》第五册，页一三。

农"[1]，使民无知之外，再以利诱之，人民自乐于投入其所苦之农与所危之战中。[2] 富国强兵之功，即可坐而致。

凡此见解，与《史记·商君列传》所载者，大略相符。韩非之政治思想，如不法古之历史演化观，一民于农战之偏狭功利观，以及禁抑学者以愚民、信赏必罚以御民之治道，显然均承自商君。

《韩非子》书中引述商君之思想，曰：

> 公孙鞅之法也，重轻罪。重罪者人之所难犯也，而小过者人之所易去也。使人去其所易，无离其所难，此治之道。夫小过不生，大罪不至，是人无罪而乱不生也。
>
> 一曰：公孙鞅曰："行刑，重其轻者，轻者不至，重者不来，此谓以刑去刑。"[3]
>
> 古秦之俗，君臣废法而服私，是以国乱兵弱而主卑。商君说秦孝公以变法易俗，而明公道，赏告奸，困末作而利本事。当此之时，秦民习故俗之有罪可以得免，无功可以得尊显也，故轻犯新法。于是犯之者，其诛重而必；告之者，其赏厚而信。故奸莫不得，而被刑者众，民疾怨而众过日闻。孝公不听，遂行商君之法，民后知有罪之必诛，而告奸者众也，故民莫犯，其刑无所加。是以国治而兵强，地广而主尊。此其所以然者，匿罪之罚重，而告奸之赏厚也。此亦使天下必为己视听之道也。[4]

---

[1]《商君书·外内》篇。《新编诸子集成》第五册，页三八。
[2]《商君书·算地》篇云："夫农，民之所苦；而战，民之所危也。"《新编诸子集成》第五册，页一三。
[3]《韩非子·内储说上》篇。陈启天《增订韩非子校释》，页四〇二。
[4]《韩非子·奸劫弑臣》篇。陈启天《增订韩非子校释》，页二一七。

此皆明商君治国之法，在于罚匿罪、赏告奸、重轻罪而以刑去刑。故严格说来，商鞅之法，惟重刑治之效果而已，根本少有法治的价值意味，韩非之法则转出其标准规范之理想性。又曰：

> 公孙鞅之治秦也，设告坐而责其实，连什伍而同其罪，赏厚而信，刑重而必。是以其民用力劳而不休，逐敌危而不却。故其国富而兵强。[1]

此言商君治秦，赏厚而信，刑重而必，使人民归于农战的本务，农以富国，战以强兵，故国富兵强。

然商君之法，在韩非眼中看来，仍属不足，曰：

> 然而无术以知奸，则以其富强也资人臣而已矣。……故战胜则大臣尊，益地则私封立，主无术以知奸也。商君虽十饰其法，人臣反用其资。故乘强秦之资，数十年而不至于帝王者，法虽勤饰于官，主无术于上之患也。[2]

商君任法治国，虽国富而兵强，惟无术以知奸，则国之富强，尽利在权臣重人。此韩非所不同意于商君者一也。

商君之法曰："斩一首者爵一级，欲为官者，为五十石之官；斩二首者爵二级，欲为官者，为百石之官。"官爵之迁，与斩首之功相称也。今有法曰："斩首者，令为医匠。"则屋不成，而病

---

[1]《韩非子·定法》篇。陈启天《增订韩非子校释》，页七八。
[2]《韩非子·定法》篇。陈启天《增订韩非子校释》，页八一。

不已。夫匠者手巧也，而医者剂药也。而以斩首之功为之，则不当其能。今治官者，智能也，今斩首者，勇力也。以勇力之所加，而治智能之官，是以斩首之功为医匠也。[1]

商君以官职作为斩首之赏，殊为不当。将斩首之勇力与治民之智能，混而不分，如是职不当其能。固有助于战功之劝进，而必败于内政之推动。此韩非所不同意于商君者二也。

韩非承商君之法，而以为不足，故加之以术，令法与术结合，则国强而君尊，以裁制权臣重人之自为用私。此韩非有取于商君之法，亦有所不取而有所进者。

2. 势治派

慎到之思想，由道家转入，前已言之。其政治思想，志在取消人心有知之偏颇[2]，而以客观无心之法，为齐一万民的标准。问题在，"至公大定之制"[3]的法，在"大君任法而弗躬"[4]之下，如何能"一人心"与"齐天下之动"？[5]故由自然之物势，转而推出一政治势位的观念。惟有诉之于君位固有之势，始能令不一之人心，遵从客观之法，达到均平齐一的要求。慎子曰：

故腾蛇游雾，飞龙乘云，云罢雾霁，与蚯蚓同，则失其所乘也。故贤而屈于不肖，权轻也；不肖而服于贤者，位尊也。

---

[1]《韩非子·定法》篇。陈启天《增订韩非子校释》，页八一。
[2]《慎子·逸文》篇曰："法之功，莫大使私不行；君之功，莫大使民不争。"《新编诸子集成》第五册，页七。
[3]《慎子·逸文》篇。《新编诸子集成》第五册，页一三。
[4]《慎子·君人》篇。《新编诸子集成》第五册，页六。
[5]《韩非子·定法》篇。陈启天《增订韩非子校释》，页八一。

尧为匹夫，不能使其邻家，至南面而王，则令行禁止。由此观之，贤不足以服不肖，而势位足以屈贤矣。故无名而断者，权重也；弩弱而矰高者，乘于风也；身不肖而令行者，得助于众也。[1]

此段话为慎子势治说之大要，《韩非子·难势》篇引述慎子之言[2]，文辞略异而涵义实同。慎子既以为人在自然世界中，要听任物理之势的推移，在政治社会中，自要接受政治权力的安排。君位之势，代表一国之主权[3]，只有将歧异有偏之众人，纳入这一政治权力的自然规范中，而不加入任何人为的因素，才能保有政治社会的自然和谐与齐一均平。

慎子不信任人心，亦反抗君王之私意自为，故其势治之说，并无意强化君王之权势，以宰制天下，迫压万民。故曰："立天子以为天下，非立天下以为天子也。立国君以为国，非立国以为君也。"[4] 又曰："古者，立天子而贵之者，非以利一人也。"[5] 他又以为："天道因则大，化则细。因也者，因人之情也，人莫不自为也；化而使之为我，则莫可得而用矣。"[6] 立天下非为利天子一人，治天下当因人情之自为，足见其法实为因人情之自然法，而非讲求实效之实证法；其

---

[1] 《慎子·威德》篇。《新编诸子集成》第五册，页一至二。
[2] 《韩非子·难势》篇。陈启天《增订韩非子校释》，页六三。
[3] 陈启天《增订韩非子校释》，页六三《难势》篇释题云："势，犹今言主权或统治权。"
[4] 《慎子·威德》篇。《新编诸子集成》第五册，页二。
[5] 《慎子·威德》篇。《新编诸子集成》第五册，页二。
[6] 《慎子·因循》篇。《新编诸子集成》第五册，页三。

势亦一自然之势位[1]，而非控御万民之威势。故君王之予智自雄，与圣人贤智之教化有为，皆在其否定排除之列。

问题在，这一如同自然律之标准法，不透过人心的自觉，何由浮显而出？这一君王之虚位，不透过政治权势的运作，又何能令行禁止？他似乎以为君王之位，凌驾在众民之上，在众民推尊之助下，自会形成一齐一众民的权力，君王"弃知去己"，不有作为，惟乘此由众人之力汇归而成之势，自可将自然均平之法，行之天下，以"一人心"与"齐天下之动"。

慎子之法治与势治之说，其本质仍留在道家"圣人无常心，以百姓心为心"与"无为而无不为"的政治思想之中，自非韩非子所能接受。韩非曰：

> 夫势者，名一而变无数者也。势必于自然，则无为言于势矣，吾所为言势者，言人之所设也。[2]

盖慎子自然之势，无以自解于儒者之辩难。韩非设儒者之难曰：

> 夫有盛云醲雾之势，而能乘游之者，龙蛇之材美也。夫云盛而螾弗能乘也，雾醲而螘不能游也。夫有盛云醲雾之势而不能乘游者，螾螘之材薄也。……夫势者，非能使贤者用己，而不肖者不用己也。贤者用之，则天下治；不肖者用之，则天下

---

[1] 胡适《中国古代哲学史》第三册，页六四云："法的自身虽不能施行，但行法的并不必是君主，乃是政权，乃是势位。……慎子的意思要使政权（势位）全在法度，使君主'弃知去己'，做一种'虚君立宪'制度。君主成了'虚君'，故不必一定要有贤智的君王。"

[2] 《韩非子·难势》篇。陈启天《增订韩非子校释》，页六九。

乱。人之情性，贤者寡，而不肖者众。而以威势之利，济乱世之不肖人，则是以势乱天下者多矣，以势治天下者寡矣。夫势者，便治而不利乱者也。[1]

儒者言贤者在位，君位之势，始能便治而不利乱；若不肖者在位，则君位之势，惟利乱而无以便治矣。慎子之"飞龙乘云，腾蛇游雾"，由于其否定主体之心知，故只抓住其外在客体之云雾；儒者不否定云雾之势的必要性，然以为仅恃势位，仍是不足的，更重要的，要有龙蛇之美材，而强调人之主体性的材质。惟有材美之龙蛇，始能乘此云雾，而飞腾于天；螾螘之材薄，即使有盛云醲雾之势，亦不能乘之而上游。也就是说，势为中立，贤者可乘之而治天下，不肖者亦可乘之而乱天下，且贤者寡而不肖者众，故只言自然之势，不足以言治，而以贤者在位，救其可治可乱之弊。

韩非为了消除此一"便治而利乱"之势的困结，故转而以人设之势，取代慎到自然之势。韩非以为势之可治可乱，其症结不在是否贤者在位，而是势之孤立，与法相离，故其治乱，端由在位者是贤或不肖而定。若势与法相结，法之标准，有其规范性能，使国有定向，君势亦不得背法乱为。如是不必待君王之贤，而中人之主亦可治矣。故曰："世之治者，不绝于中，吾所以为言势者，中也。中者，上不及尧舜，而下亦不为桀纣，抱法处势则治，背法去势则乱。"[2] 盖韩非以为贤者固寡，不肖者亦寡，皆千世而一出，众者为中人，故其人设之势，专为中人之主而言。若一如儒家之待贤，而不知抱法处势，则成"千世乱而一治"之局。若一如法家之法势相结，

---

[1] 《韩非子·难势》篇。陈启天《增订韩非子校释》，页六五。
[2] 《韩非子·难势》篇。陈启天《增订韩非子校释》，页七〇。

第三章 思想渊源及其哲学特质

尽管不肖在位，亦不过"千世治而一乱"而已！[1] 相形之下，儒家之贤治，似乎是绝望的，而法家之势治，才是大有可为的。韩非并不反对儒家贤者在位之说，而是贤者不可必，亦不可期，故以人设之法势相结以救之，不必待贤，而天下亦可治。

由上述之分析，慎到之法与势，尚属于自然之本有，而非人为有心之制定与运用，且二者各自独立，两不相接，故其势治说，不过一虚位而已。韩非承其说，将自然之无为，转为人心之大有为，自然之势，在与法结合之下，而成人设之势，使孤立虚悬之势位，成为执赏罚二柄之法势，扭转慎到不知用法以助长势位之弊。此韩非有取于慎到之说，亦有所不取而有所进者。

3. 术治派

术治之说，流行较晚。慎到之势，旨在凭借君之势位以齐一万民；管、商之法，旨在以赏罚之法壹民于农战。然君位之尊，赏罚之柄，每为权臣重人所窃夺，此一原因即在于君王御臣之无术。且彼时游仕日盛，周旋于列国间，若君王无术以判臣之能否，无术以知臣之忠奸[2]，则有违用人惟能之旨，且无以控御臣下之心。故术治之说，端在"陪臣执国命"与"处士横议"之际大兴。其代表人物则为申不害。

司马迁将老、庄与申、韩同列一传，谓"申子之学，本于黄老，而主刑名"。[3] 刑名，即形名，也就是名与实。故又曰："申子卑卑，施之于名实。"[4] 此刘向《别录》所谓"刑名者，循名以责实"之意。

---

[1]《韩非子·难势》篇。陈启天《增订韩非子校释》，页七〇。
[2] 钱穆《先秦诸子系年》，页二三九云："殆由游仕既渐盛，争以投上所好，而渔权钓势，在上者乃不得不明术以相应。"
[3]《史记·老庄申韩列传》篇。"广文"本，页八六〇。
[4]《史记·老庄申韩列传》篇。"广文"本，页八六三。

然则商鞅亦"少好刑名之学"[1]，何以自立一传，而不与老、庄同列？此实一耐人寻味的问题。

钱穆先生云："人尽谓法家原于道德，顾不知实渊源于儒者。其守法奉公，即孔子正名复礼之精神，随时势而一转移耳。道家乃从其后而加之诽议，岂得谓其同条贯者耶？"[2]此一看法，固出于彼庄前老后之设定，显然仅得一边之真相。李克、吴起、商鞅，与道家固非同其条贯，然申、韩则深得老子之术矣。司马迁以申、韩，而不以商鞅与老、庄合传，乃是一代史家的敏锐眼光。梁启超先生"史公以老、韩合传最得真相"[3]之说是也，然犹未说明何以庄子亦同列一传。司马迁若仅基于政治权谋之术，将老子与申、韩合传，则庄子之哲学，根本远离权术之旨，又何可同列一传？《史记》谓庄子"作《渔父》《盗跖》《胠箧》，以诋孔子之徒，以明老子之术"。[4]此说则非。[5]近人江瑔《读子卮言》因其说，而谓庄子实为由老转为申、韩之枢纽[6]，更属大误。依个人之见，太史公将老、庄、申、韩合传，其意则是也，其说则非也。老子开出道家一脉，形上形下通贯兼有，而其流波则转为两路。形上一路衍为庄子与慎到，形下一路则流为申、韩。庄子把握其形上之精神，透过生命历程的亲切体验，与精神人格的修养提升，打开人间世之价值层次的新天地，扬弃世俗，脱拔飞扬于逍遥境界之中；慎到亦由其形上哲学出发，却

---

[1]《史记·商君列传》篇。"广文"本，页八九〇。
[2] 钱穆《先秦诸子系年》，页二二八。
[3] 梁启超《中国学术思想变迁之大势》，页二〇。
章太炎《国学略说》，页一六一亦云："太史公以老子、韩非合传，于学术源流，最为明了。韩非解老喻老而成法家，然则法家者，道家之别子耳。"
[4]《史记·老庄申韩列传》篇。"广文"本，页八五九。
[5] 最足以代表庄子思想为《内七篇》，或《外篇》之《秋水》篇，与《杂篇》之《天下》篇。此三篇皆庄学末流之作，已开魏晋颓风。故不宜据以论庄子之思想。
[6] 江瑔《读子卮言》，页一〇一至一〇二。

把握不住其超越奔放之精神，而落在自然物势之固着中，转入法家的门槛。申、韩则抓住其形下处世自全之术，转为政治御臣制民之术。将老子顺应道体自然之无为，转为君王任法术之主观的大有为；将老子谦退含藏之旨，转为神秘不可知之术。故四人同列一传，而商鞅不与焉。[1] 此说或较合理。

老子之思想，转入法家，至此已可概括说之。老子云："我有三宝：一曰慈，二曰俭，三曰不敢为天下先。"[2] 其哲学精神在慈，故崇尚母德；其哲学智慧在俭，故执古之道，以御今之有，图大于其细，图难于其易；其处世之方在不敢为天下先，以求后其身而身先，外其身而身存。申、韩得其俭约之智，慎到得其不敢为天下先之方，而俱失其首要之慈，人间成了无情世界，人心皆不足信，故流为刻薄寡恩之治术。

申子著书两篇，今已不传。惟《韩非子》书中所引，尚可探索申子术治派之思想大要。韩非子曰：

韩昭侯谓申子曰："法度不易行也。"申子曰："法者见功而与赏，因能而授官。今君设法度，而听左右之请，此所以难行也。"[3]

此"见功而与赏，因能而授官"，即循名以责实之术。又曰：

申子曰："上明见，人备之；其不明见，人惑之。其知见，

---

[1] 《老子·六十七章》。"王弼注"本下篇，页一八。
[2] 商鞅之"刑名"，可能自儒家正名复礼之说而来，转为法家明分守法之说。故申不害之形名在术，商鞅之形名在法。
[3] 《韩非子·外储说左上》篇。陈启天《增订韩非子校释》，页五一五。

人饰之；不知见，人匿之。其无欲见，人司之；其有欲见，人饵之。故曰：吾无从知之，惟无为可以规之。"

一曰：申子曰："慎而言也，人且和女；慎而行也，人且随女。而有知见也，人且匿女；而无知见也，人且意女。女有知也，人且臧女；女无知也，人且行女。故曰：惟无为可以规之。"[1]

此无为而不可知之术，使臣下无以窥我之心意，以免其投己之所好，以矫饰自进；而只得各竭其诚，在上者乃可因材而器使，见功而定赏。

再就《内储说上》，举二例以明其运用之梗概：

韩昭侯使骑于县，使者报，昭侯问曰："何见也？"对曰："无所见也。"昭侯曰："虽然，何见？"曰："南门之外，有黄犊食苗道左者。"昭侯谓使者："毋敢泄吾所问于女。"乃下令曰："当苗时，禁牛马入人田中，固有令，而吏不以为事，牛马甚多入人田中，亟举其数上之，不得，将重其罪。"于是三乡举而上之。昭侯曰："未尽也。"复往审之，乃得南门之外黄犊。吏以昭侯为明察，皆悚惧其所，而不敢为非。[2]

韩昭侯使人藏弊裤，侍者曰："君亦不仁矣。弊裤不以赐左右而藏之。"昭侯曰："非子之所知也。吾闻之，明主爱一嚬一笑，嚬有为嚬，而笑有为笑。今夫裤，岂特嚬笑哉！裤之与嚬

---

[1] 《韩非子·外储说右上》篇。陈启天《增订韩非子校释》，页五六九。
[2] 《韩非子·内储说上》篇。陈启天《增订韩非子校释》，页四二二。

笑，相去远矣，吾必待有功者，故藏之未有予也。"[1]

以上二则之例，前者即深不可测之秘术；后者即见功而与赏，循名而责实之说也。其归在于用术以御下，并使臣下无以窥上。

对于申不害之术治思想，韩非子评之曰：

申不害，韩昭侯之佐也。韩者，晋之别国也。晋之故法未息，而韩之新法又生；先君之令未收，而后君之令又下。申不害不擅其法，不一其宪令，则奸多。故利在故法前令，则道之；利在新法后令，则道之。新故相反，前后相悖，则申不害虽十使昭侯用术，而奸臣犹有所谲其辞矣。故托万乘之劲韩，十七年而不至于霸王者，虽用术于上，法不勤饰于官之患也。[2]

此明言申不害任术，却不一其法，徒有其术，只能守成于不坠，而无以开创新业，故事功难成。[3] 此韩非之所不同意于申不害之术者一也。又曰：

申子言：治不逾官，虽知弗言。治不逾官，谓之守职也可，知而弗言，是不谒过也。人主以一国目视，故视莫明焉；以一国耳听，故听莫聪焉。今知而弗言，则人主尚安假借矣。[4]

---

[1]《韩非子·内储说上》篇。陈启天《增订韩非子校释》，页四一三。
[2]《韩非子·定法》篇。陈启天《增订韩非子校释》，页七八。
[3] 陈启天《增订韩非子校释》，页九一九云："这是说申子只会任术，不会任法。所以申子一死，便不会像商鞅在秦永久立定了一种新法的基础。"
[4]《韩非子·定法》篇。陈启天《增订韩非子校释》，页八一。

此言人臣固当依官职之名，尽其职责之实，故治不逾官可；然若知而弗言，是臣下未尽其言责，君则蔽于上而无以知下用人，故不可。此韩非不同意于申子之术者二也。

韩非接受申不害之术，而以为未尽善，故加之以法，令法与术相结[1]，则国有定法，君用其术，群臣无以私为自用矣。抑有进者，术之用乃筑基于臣下子民之视听，使有所见闻者，皆进言于君，莫敢无端妄言，又不敢默然不言。[2] 如是，术之运用始不落于困穷之境，君可尊而国可治强。此韩非有取于申不害，亦有所不取而有所进者。

综上言之，韩非法家政治哲学之形成，实有赖于法家实际事功之导引。此即胡适先生"有了他们那种用刑罚的政治，方才有学理的法家"之说。[3] 其理论之结构，则得自法家三派的集成。韩非引述三家之说，加以深入的批判与重新的整合，商鞅任法而不知用术，慎到任势而未与法相结，申不害任术而不知立法，韩非则将法、势、术三者结成一体，统合运用，去其本有一偏之弊，而得其未有统合之功。

总结全章，韩非思想的渊源有三：其哲学论点的偏狭倾向，来自其国情与身世的激发；其政治哲学理论根基之血肉，得自先秦诸子的共同归趋；其政治哲学形式结构之骨架，则为三晋法家传统的

---

[1] 《史记·老庄申韩列传》篇言，申不害"主刑名"，而谓韩非"喜刑名法术之学"，足见申子惟形名之术，韩非则法术兼合。"广文"本，页八六。

[2] 《韩非子·南面》篇云："主道者，使人臣必有言之责，又有不言之责。言无端末，辩无所验者，此言之责也。以不言避责，持重位者，此不言之责也。人主使人臣言者，必知其端末，以责其实，不言者，必问其取舍，以为之责，则人臣莫敢妄言矣，又不敢默然矣。言、默皆有责也。"陈启天《增订韩非子校释》，页一二七。

[3] 胡适《中国古代哲学史》第三册，页八〇。

综合。[1]

　　由此一思想渊源的全程回溯，始可为其哲学特质下一论断：

　　一为他是现实主义的哲学家，儒道两家之形上学及人性论，透过慎到及荀子，到他的身上完全归于消失没落，先秦诸子的哲学思想，成为他解决现实政治问题的智慧，而失去其本有的价值理想，完全以实证功利的观点，去建构他政治哲学的体系。就由于他的哲学仅着眼于现实问题的解决，遂为现实之有限存在所拘限，开不出高远或深厚的哲学思想，故他的哲学，由各家而来；他的哲学，也僵化了各家哲学的慧命。

　　二为他是综合性的哲学家，各家思想齐集在他的身上，交叠出现。他并不急于另辟新说，而只是汲取各家的哲学智慧，以丰富其自身哲学思想的内涵，在传统哲学里，寻觅其哲学根基，并做一番奇妙的结合，而以崭新的姿态，出现于战国末期的学术思想界。

　　三为他是独创性的哲学家，法家三派各偏于一端，虽各擅胜场，却也具见不足。在他的独具慧心的综合重组之下，而能面目一新，成一家之言，构成了属于个人的哲学体系。法家思想在他的身上始告完全成熟。[2]

　　上述之任一端，或不足以显现韩非哲学之特质，而三者之兼有，则已烘托出其哲学独具之特色矣。

　　由是而言，真正的法家学派的思想，应以韩非为其代表人物。

---

　　[1]　陈启天《增订韩非子校释》，页九四〇云："韩非的学说，是以管仲以来的法家思想为主要渊源，其次要渊源，则首为兵家，次为道家，次为儒家，次为名家，次为墨家。"此一轻重之排列，实难断定，依个人之见解，其政治哲学的理论根基，来自儒墨道三家；其政治哲学的形式结构，始来自法家三派之传统，而不必臆断其孰轻孰重。

　　[2]　萧公权《中国政治思想史》，页二二七云："韩非为法家之殿，而实集前人之大成，其思想中法术势之三主要观念，皆为历史的产物，孕育长养，至非而达其最后成熟的状态。"

管子、慎到尚在儒法、道法之间过渡徘徊，申、商之法术犹各偏一端，体系未立；韩非则自成体系，建立了纯正法家本色的哲学。其政治哲学的理论根基与形式结构，虽多有儒、墨、道三家的遗留与法家三派的传承，然透过他的修正与统合，仍是属于他个人独创的哲学。[1]

---

[1] 唐君毅《中国哲学原论·原道篇》第一卷，页五二二云："韩非之言法术势，对其前之儒、墨、道、申、商、慎之言，皆有所承，有所舍，而亦有所进。"

第四章　韩非政治哲学的理论根基

在演绎三段论式中，大前提的内涵，必决定了他的结论，只因为结论的命题，乃涵蕴于大前提的命题之中，由大前提推演而来。[1] 每一家的哲学体系，也有其某些大前提的基本设定，再逐次推扩出去，以建构其哲学的体系。也就是说，每一家哲学的大厦，必由其理论基石建构而成。此是研究任何一家哲学，最根本的所在，一切的智慧与偏见，均筑基于此，一切的批判与论断，也必就此而加以剖析，才有意义，也才能抓住问题的关结。盖吾人欲肯定或否定一个人的结论，必先检验或推翻他的大前提，才是有效的，也才能直透问题的核心。[2]

韩非政治哲学的体系，亦建立在其理论根基上。吾人在探讨他政治哲学的体系架构之先，必先追究他政治哲学的理论根基，才能有明确的了解与真切的把握。

依个人之见，韩非政治哲学的理论根基有三：其一为人性论，

---

[1] 谢师幼伟《现代哲学名著述评》，页九三云："演绎是分析的。所谓分析者，指演绎之结论，乃从其前提分析而得，结论之所含，决不多于前提之所蕴。"新天地书局，一九七四年一月初版。

[2] 谢师幼伟《现代哲学名著述评》，页九四云："由演绎所得之结论，不容吾人有犹疑之余地。盖吾人可怀疑其前提，绝不能怀疑其结论。结论如误，误必在前提。"

其二为价值观,其三为历史观。此三者,实为韩非政治哲学的大前提,其形式架构皆以此为基推演而得。

第一节 人性论

大体说来,中国的哲学专重人生哲学与政治哲学,而其特质,则在于生命价值的建立,以求人之情性的安顿。然只有透过政治的设计与运作,生命价值的建立,与人之情性的安顿,才有普遍展现与完成的可能。政治的主持者与其治理之对象均为人,且中国之政治与伦理早已结合不分[1],故人之本质之性的探讨与设定,成为中国哲学的重心所在。中国的形上学,并不是凌空的理念架构,而是直贯宇宙生命的整体,在天人之际去设想而展开的。人之性与物之德皆来自形上本体的天与道,天在人之中,道在物之中,人之内在本性既属完足,故知在内而不在外,不必向外去寻觅生命的依托,惟把握自身内在之性与德,求其展现显露而已。故人性论取代了形上学的地位,成为生命价值的根源,与政治伦理的始基,也消解了知识方法论的必要性,而开出了道德修养论,以求人性的展露。依个人之见,这是西方专讲形上学及知识方法,而中国独重人性论及道德修养的原因所在,也形成了中国哲学特有的领域与独具的特质。

先秦诸子除名家而外,儒墨道法的人性论,实是其政治哲学的根本前提。也就是说,人之情性的考察,实是决定了各家政治思想的大方向。先秦之人性论,由孔子开宗,虽"性与天道不可得而闻

---

[1] 周之礼制,即由宗法之亲亲,而有封建之尊尊。又梁启超《先秦政治思想史》,页三六云:"政治与伦理之结合,形成一种伦理的政治。"

也"[1],然"性相近,习相远"[2],重礼文之教化,开出子夏、荀子一路;而"我欲仁,斯仁至矣"[3],重仁性之推扩,开出曾子、孟子一路,故儒家的政治思想,完全由人性论推扩而出,是十分明显的事实。至于道墨两家,从其著述中考察,似未有人性论的探讨与确立;而实质上二家之学说思想,亦不得不有人性论的基本设定。道家之道,是无乎不在、遍及万物的,道把自身表现在宇宙万物之中,万物所得自道者即为德。此德就是人的本质之性,生命的价值就在于此一真性的呈显,而真性的呈显,只有在向道的回归中才能完成。故德的存在,就是道赋予万物展现其自身与回归其自身的可能性。道既为最高价值的存在,得自于道的德,也不得不予善的设定。否则,"复归于朴""尊道而贵德"的生命哲学,与"圣人无常心,以百姓心为心"的政治哲学,即失去其依凭与意义。其中老子之"德",犹谓归于"道",始可保有道之滋养,而得德之本全;庄子则不言回归,顺德之本[4],即可合乎道,与道为一。故庄子对人性的肯定,实超过孟子。孟子言人性含善端而未全善[5],尚待人为之一番存养与扩充的实践历程,才能完成;[6]庄子则以为人之真性的本身,就是完美,曰:"不离于真,谓之至人。"[7]又曰:"才全而德不形。"[8]且不以德之外现为必要,故人为之教化不仅不必有,甚至反成束缚破坏。故曰:"德

---

[1] 《论语·公冶长》篇。《四书集注》,页六八。
[2] 《论语·阳货》篇。《四书集注》,页一四一。
[3] 《论语·述而》篇。《四书集注》,页八四。
[4] 《庄子·天下》篇云:"以德为本。"《南华真经正义·杂篇》,页六二。
[5] 萧公权《中国政治思想史》,页一七九。
[6] 《孟子·告子上》篇云:"苟得其养,无物不长。"存养成为其必要条件。《四书集注》,页二七八至二七九。
[7] 《庄子·天下》篇。《南华真经正义·杂篇》,页六二。
[8] 《庄子·德充符》篇。《南华真经正义·内篇》,页四二之一。

荡乎名，知出乎争。"[1] 孟子之人性论，意谓人性有善的可能[2]，庄子则直谓人性的本身就是善。假如孟子的人性论是性善说的话[3]，那么庄子已可说是绝对性善说了。故庄近乎孟，二者皆就个人之存在价值而立论，着重在人内在本然真性之体现。

墨子学说以兼爱为中心，兼爱则由天志而来。墨子虽未明述天志与人心是否存有上下相通之关联，然观其政治思想，主尚同之权威主义，显然忽略了个人自力为善的可能，故惟有透过天子的壹同天下之义，人人才会去私利而急公义，故不得不落于人之性恶的设定。荀子谓性含恶端而未全恶，故立礼法以矫正之，尚可化而为善。[4] 由此一端，足见墨近于荀，二者均站在群体社会之功利立场而立论，墨子上下未通，荀子内外已隔，故皆重人为外在的规范与强制力，荀子为外在之礼，墨子为在上之义。

至于法家，慎到切断了道家形上母道与形下子德之间的脐带，只重外在自然之物势，转而对人心不信任，故不贵内在之德，而专任外在之势；荀子阻塞了儒家由内在之仁发为外在之礼的通道，故只重外在之礼法，而否定了人之道德自觉心。然荀子虽主人之性恶，犹可以为善，以人心之能虑能择，若教之以仁义法正，犹可学而致。慎子无"心"，而荀子有"心"，韩非将荀子之"有心"，安在君王一身，以控御天下臣民，而将慎子之"无心"抛在众民身上，惟循国法以行，以人心之恒自为，判定人性之恶，根本无以化而为善，故

---

[1] 《庄子·人间世》篇。《南华真经正义·内篇》，页二六之一。
[2] 陈大齐《浅见续集》，页一四四云："仁之端，不过是仁的萌芽，尚未成为现实的仁；亦即只是善端，不是现实的善。"中华书局，一九七三年三月初版。
[3] 陈大齐《浅见续集》，页一四四云："孟子的人性思想，只可谓为人性可善说，未可谓为性善说。"
[4] 《荀子·儒效》篇云："性也者，吾所不能为也，然而可化也。"梁启雄《荀子约注》，页九五。

不言礼，而专任法势。故荀子之人性论是性恶说的话[1]，那么韩非的人性论，就落在极端性恶说了。

若以上之分析不误的话，则孔孟与老庄的政治立场是相近的，皆以个人的主体价值为目的。孔子的恕道，即老子的常善救人；孟子之尽心知性以知天，即庄子的由真人真知而入于寥天一。[2]而荀子与墨子的政治立场也是相近的，皆以群体的客体价值为目的，荀子圣王之礼，即墨子天子之义。至于法家韩非，则超乎荀墨，更推向极端了。

孟荀人性论之异说所造成的争论，已困扰了两千年的学术思想界。其症结在于两家所谓之性，名同而实异。荀子之人性论，着眼在人之情欲争夺心的存在[3]，与孟子之着眼在人之道德自觉心的存在，实大有不同。一为生理之情性，一为价值之心性，前者指人与禽兽所共有者[4]，后者指人与禽兽所别异者[5]，故二家在"性"字所指之内涵，显然有异。如辞让之心，孟子取以为人性的内容，荀子则舍诸性外，而直以争夺之心列于人性之中；是非之心，孟子收诸性内，荀子则置诸性外；感官之欲，孟子所排诸性外的，荀子则收入

---

[1] 陈大齐《浅见续集》，页一四五云："荀子人性学说的本质，非无类似人性可恶说之嫌。"

[2] 《庄子·大宗师》篇云："有真人而后有真知。"又曰："安排而去化，乃入于寥天一。"《南华真经正义·内篇》，页四六及五六之一。

[3] 徐复观《中国人性论史》，页二三四云："荀子性论的特色，在以欲为性。"

[4] 《荀子·正名》篇云："生之所以然者谓之性。"又云："性者，天之就也。"然天既失去其形上意味，而心与性又离而为二，故转成生理层次而言。梁启雄《荀子约注》，页三〇九与三二二。此说与告子"生之谓性"之说，甚为接近。《性恶》篇"其善者伪也"，亦类同告子以仁义为后起之桎梏，而不列于杞柳本有之性中。

[5] 《孟子·离娄下》篇云："人之所以异于禽兽者几希。"《四书集注》，页二四四。又《尽心下》篇云："口之于味也，目之于色也，耳之于声也，鼻之于臭也，四肢之于安佚也，性也；有命焉，君子不谓性也。仁之于父子也，义之于君臣也，礼之于宾主也，智之于贤者也，圣人之于天道也，命也，有性焉，君子不谓命也。"《四书集注》，页三一二。耳目官觉生理之性，禽兽亦皆有之，故列命之中，排除在性之外；仁义礼智为人所独有，故谓之性。

85

性内。[1] 故荀子之性恶说，若针对孟子而立说的话，实在是未能把握住孟子人性之所指。而后起学者不明乎此，徒然卷入双方辩议，在性善、性恶、性无善无不善及善恶混之间打转，遂愈推愈远。也就是说，不在名言上界定其所指之外延的话，双方的异说永不可能有碰触的焦点，也不会有彼此认同的结论。[2]

荀子曰："性者，天之就也；情者，性之质也；欲者，情之应也。"[3] 然其上之天为自然之天，天就之性，亦落于生理自然而言，无道德价值之意涵，故惟基于其下之情与欲而言。故曰："夫好利而欲得者，此人之情性也。"[4] 孟子之性，与心统合为一，故曰："君子所性，仁义礼智根于心。"[5] 故一重情性，一重心性。孟子之情，亦统之于心，心善故所发之情亦善，故曰："乃若其情，则可以为善矣，乃所谓善也。"[6] 荀子之心，非道德自觉心，而为认知虚静心，与性相离为二，故情出乎性，性恶而所发之情亦恶。情来自性，其外发则为欲，欲不加节制则争，故曰："从人之性，顺人之情，必出于争夺。"[7] 终归于暴乱，荀子实由此而言性恶。然吾人若略加分析的话，其性恶之论断，实非就人之情性本身说，盖人之情与欲，皆得自生理之本然，无善恶之可言，而是就群体社会之中，人欲之好利求得所引发之无可避免的流弊而言。[8] 故只要透过教育师法的转化，或政治权力的制约，尚足以化性起伪，节制人欲。

---

[1] 陈大齐《浅见集》，页二四六至二五〇。
[2] 陈大齐《浅见集》，页二五四云："孟子性善说与荀子性恶说的歧异，只是用名上的歧异，不是义理上的歧异。"
[3] 《荀子·正名》篇。梁启雄《荀子约注》，页三二二。
[4] 《荀子·性恶》篇。梁启雄《荀子约注》，页二三〇。
[5] 《孟子·尽心上》篇。《四书集注》，页三〇〇。
[6] 《孟子·告子上》篇。《四书集注》，页二七六。
[7] 《荀子·性恶》篇。梁启雄《荀子约注》，页三二七。
[8] 徐复观《中国人性论史》，页二三五云："是从官能的流弊方面而来说明性恶。"

韩非的人性论，虽师承荀子，顺着荀子由人之情欲来观察人性的路子，却不以人之欲求在群体社会所引起之暴乱的流弊言性恶，转而落在人心深处说。荀子之性恶说，出乎自然之本能，且以其流弊而言；韩非之性恶，则直就其本身说，且出乎人心所刻意为之者。性既自利，心又为成其私之利害的计量[1]，二者相结，人之内在遂漆黑一片，不似荀子尚有一虚静认知之心，透出一线光明，可作为由恶转善的桥梁。韩非心性俱恶，道德规范与教育师法两路皆断，已无以扭转这一心性的沉落。惟有诉之于赏罚之法，与君势之威权了。这就是韩非师承荀子，而背乎荀子的转关所在，也是韩非否定道德，又否定学术之可能的根本原因。

　　韩非言人性之内涵曰：

　　　　夫智，性也；寿，命也。性命者，非所学于人也。[2]

　　性命来自天生之固有，非学于人而得。智愚谓之性，寿夭谓之命。智之主体在心，然智属于性之中，故韩非之性与心一也。荀子认知之心，独立于性之外，为知仁义法正之具，足以师法礼义，化性起伪者；韩非之智，则端在人之自为计算心。荀子之心亦能虑能择之计量，然所计量者乃着眼于群体之未来，思有所建构者；韩非之智，则只计当前之自利。故韩非对人心之考察，近乎慎到，而远离荀子。故曰：

---

　　[1] 唐君毅《中国哲学原论·原道篇》卷一，页五二四云："韩非言'人心之计虑'，与'性之自利'恒相结，以成其私的利害之计虑者。此私的利害之计虑，藏于人心之深密之地者。"

　　[2]《韩非子·五蠹》篇。陈启天《增订韩非子校释》，页一八。

> 人为婴儿也，父母养之简，子长而怨，子盛壮成人，其供养薄，父母怒而诮之。子父至亲也，而或谯或怨者，皆挟相为，而不周于为己也。夫买庸而播耕者，主人费家而美食，调钱布而求易者，非爱庸客也。曰：如是，耕者且深，耨者且熟耘也。庸客致力而疾耘耕，尽功而正畦陌者，非爱主人也。曰：如是，羹且美，钱布且易云也。此其养功力，有父子之泽矣，而必周于用者，皆挟自为心也。故人行事施予，以利之为心，则越人易和；以害之为心，则父子离且怨。[1]

此为韩非对于现实众生相的具体观察，而获致其性恶的必然结论。主人与佣客，绝无道义情感存于其中，彼此相处之厚，皆出乎利之相为。即人之应世待人，皆挟其自为之心。甚至父子至亲，亦计及相养之厚薄。利则越人易和，害则父子离且怨。性智之动，就在此自为心；是人之自为心，即性恶的根源。人人皆自图己利，不仅因私而废公，且因利而背亲，这真是极端的性恶说了。墨子言乱起于不相爱，然尚言人皆爱己亲、爱己家、爱己国，韩非则更推尚极端，全加否定，人惟爱己身而已。又曰：

> 人主之患，在于信人，信人则制于人。人臣之于其君，非有骨肉之亲也，缚于势而不得不事也。故为人臣者，窥觇其君心也，无须臾之休，而人主怠傲处其上，此世所以有劫君弑臣也。为人主而大信其子，则奸臣得乘于子以成其私，故李克傅赵王而饿主父。为人主而大信其妻，则奸臣得乘于妻以成其私，

---

[1]《韩非子·外储左上》篇。陈启天《增订韩非子校释》，页四九三至四九四。

故优施傅骊姬，杀申生而立奚齐。夫以妻之近与子之亲，而犹不可信，则其余无可信者矣。且万乘之主，千乘之君，后妃夫人，适子为太子者，或有欲其君之蚤死者。何以知其然，夫妻者，非有骨肉之亲者，爱则亲，不爱则疏。语曰："其母好者，其子抱。"然则其为之反也，其母恶者，其子释。丈夫年五十，而好色未解也，妇人年三十，而美色衰矣。以衰矣之妇人，事好色之丈夫，则身疑见疏贱，而子疑不为后。此后妃夫人之所以冀其君之死者也。唯母为后，而子为主，则令无不行，禁无不止，男女之乐，不减于先君，而擅万乘不疑，此鸩毒扼昧之所以用也。故《桃兀春秋》曰："人主之疾死者，不能处半。人主不知，则乱多资。"故曰：利君死者众，则人主危。故王良爱马，越王勾践爱人，为战与驰。医善吮人之伤，含人之血，非骨肉之亲也，利所加也。舆人成舆，则欲人之富贵；匠人成棺，则欲人之夭死也。非舆人仁，而匠人贼也。人不贵，则舆不售；人不死，则棺不买。情非憎人也，利在人之死也。故后妃夫人太子之党成，而欲君之死也。君不死则势不重，情非憎君也，利在君之死也。[1]

此段暴露出在政治权势之争下，人人自为心推之于外的极端丑陋的世态。身为君王之尊，竟成为父子家人谋之而后快的对象。夫妻之情，父子之亲，皆在权势之诱引，与自为心之计算下，消逝无踪。心主计量，而所计量者惟己利一端，利在人心之中的分量，远超过情与爱。墨子之功利主义，至此已逼入死角，再也找不到出路，

---

[1] 《韩非子·备内》篇。陈启天《增订韩非子校释》，页一九五至一九六。

人间之是非善恶，在利己之争逐下，已失去其道德上应有的价值判断，而仅落在利害上，作相对的衡量。欲人夭死与欲人富贵之分，只在人我异利的自然倾向，并未有爱憎的歧异。也就是说，各图己利，人人自为，本是人性的真相，由利害之计算心，所决定之人类行为，也就没有是非善恶之可言了。利是唯一可能有的价值，利也主宰一切，不再有情爱的奉献、道德的自觉与价值的寻求。而何其不幸，吾人在群体社会中，又不得不扮演一个特定的角色，而无可避免地与他人形成相对待的关系，如君臣、父子、夫妻、兄弟、主佣等多种不同而相对的身份，就会有多种不同而冲突的利害立场，在人人皆挟自为心的前提下，就不得不构成人际关系多边的尖锐对立，其中尤以君臣之对垒更为鲜明：

> 臣尽死力，以与君市；君垂爵禄，以与臣市。君臣之际，非父子之亲也，计数之所出也。[1]
>
> 君以计畜臣，臣以计事君，君臣之交，计也。害身而利国，臣弗为也，害国而利臣，君不行也。臣之情，害身无利；君之情，害国无亲。君臣也者，以计合者也。[2]
>
> 君臣之利异，故人臣莫忠，故臣利立，而主利灭。是以奸臣者，召敌兵以内除，举外事以眩主；苟成其私利，不顾国患。[3]

此数节言君臣立场既异，各以自为心为其行为之基点，当然彼此间出以利害之计数，而以计相合，根本就没有道义的结合与情操

---

[1] 《韩非子·难一》篇。陈启天《增订韩非子校释》，页三一九。
[2] 《韩非子·饰邪》篇。陈启天《增订韩非子校释》，页二一二。
[3] 《韩非子·内储说下》篇。陈启天《增订韩非子校释》，页四二八。

的坚守，更谈不上理想的规划与事功的创建了。

不仅君臣之合"出以计数"，即父子之亲，亦用计算之心以相待，曰：

> 且父母之于子也，产男则相贺，产女则杀之。此俱出父母之怀衽，然男子相贺，女子杀之者，虑其后便，计之长利也。故父母之于子也，犹用计算之心以相待也，而况无父母之泽乎！[1]

前谓父子夫妇之各挟自为心，犹为君王权势的诱引，今则推至天下父母心，亦皆以利害计算之心，不仅因养薄而两相怨怼，甚至有"产男则相贺，产女则杀之"的极端表现。只因为前者虑其有后便，后者计之无长利之故。人间最根深最普遍最无条件的父母之爱，为儒家所存养扩充以为一切人伦道德之根基者[2]竟遭否定，韩非性恶论，至此已趋向极端而告确立。

> 夫民之性，喜其乱而不亲其法。故明主之治国也，明赏则民劝功，严刑则民亲法；劝功则公事不犯，亲法则奸无所萌。[3]
> 夫民之性，恶劳而乐佚。佚则荒，荒则不治，不治则乱，而赏刑不行于下者必塞。[4]

---

[1] 《韩非子·六反》篇。陈启天《增订韩非子校释》，页九一。
[2] 《论语·学而》篇云："君子务本，本立而道生。孝弟也者，其为仁之本与！"《四书集注》，页四三。
《孟子·尽心上》篇云："亲亲，仁也；敬长，义也。无他，达之天下也。"《四书集注》，页二九八。
[3] 《韩非子·心度》篇。陈启天《增订韩非子校释》，页八一三。
[4] 《韩非子·心度》篇。陈启天《增订韩非子校释》，页八一四。

此一民性所呈现的政治行为，则为"喜其乱而不亲其法""恶劳而乐佚"。此亦出于民智之利害计算心，与君国之利不免相互冲突之故。国乱而无法，才能逞其私心，致其己利，故治国以法，治民以刑赏，皆指向这一人性的制约与诱导。使民奸无所萌，国才能治而不乱。由是而有其重刑赏以劝功止奸的治策，故曰："法者，王之本也；刑者，爱之自也。"[1]

韩非既以智属于性的内涵，智的外发，又在人人以自我为中心之"趋利避害"的计量，故性之内涵，实为治国者不得不面对的客观事实。

> 民之故计，皆就安利如辟危穷。[2]
> 夫安利者就之，危害者去之，此人之情也。[3]
> 好利恶害，夫人之所有也……喜利畏罪，民莫不然。[4]

天下人心之自为好利，是一般治国者不得不加以制限的，然对韩非说来，反而是以赏罚劝禁、以法治民之所以成为可能的基本凭借。不仅不必一如荀子思以化解或加以节制，相反的，要善加助长、妥为运用，令天下臣民尽入君王之彀中而不自知。此亦为荀、韩，儒、法之大分野，对于人性之弱点，荀子思以化解，韩非则加以利用。故曰：

> 夫耕之用力也劳，而民为之者，曰："可得以富也。"战之事

---

[1] 《韩非子·心度》篇。陈启天《增订韩非子校释》，页八一三。
[2] 《韩非子·五蠹》篇。陈启天《增订韩非子校释》，页五八。
[3] 《韩非子·奸劫弑臣》篇。陈启天《增订韩非子校释》，页二一四。
[4] 《韩非子·难二》篇。陈启天《增订韩非子校释》，页三四四。

也危，而民为之者，曰："可得以贵也。"[1]

赏厚而信，人轻敌矣；刑重而必，人不北矣。[2]

凡人之有为也，非名之，则利之也。[3]

利之所在，民归之；名之所彰，士死之。[4]

厚赏利也，名位亦利也；重刑害也，贫贱亦害也；而生死尤为利害之大者。人君把握人民趋利避害之情，操生杀之大权，执赏罚之二柄，以利害驱使人民，以名位笼络臣吏，则民可治而臣可用。

民智既发为自为之利害计量心，故民智不可用。曰：

民智不可用，犹婴儿之心也，夫婴儿不剔首则腹痛，不揊痤则寖益。剔首揊痤，必一人抱之，慈母治之，然犹啼哭不止。婴儿不知犯其所小苦，致其所大利也。[5]

民智虽能计量利害，人人自为，奈何立场狭窄，眼光短浅，不知犯其小苦，致其大利，且公私异利，民智有见一己之私利，而无见君国之公利。故诱之以利，威之以刑，并出以愚民之策，"无书简之文，以法为教；无先王之语，以吏为师"。[6]在法之规范下，使人人之异利归于君国之公利。

民智不可用，智士更不足信，曰：

---

[1]《韩非子·五蠹》篇。陈启天《增订韩非子校释》，页五〇。
[2]《韩非子·难二》篇。陈启天《增订韩非子校释》，页三四四。
[3]《韩非子·内储说上》篇。陈启天《增订韩非子校释》，页四〇六。
[4]《韩非子·外储左上》篇。陈启天《增订韩非子校释》，页四七三。
[5]《韩非子·显学》篇。陈启天《增订韩非子校释》，页二二。
[6]《韩非子·五蠹》篇。陈启天《增订韩非子校释》，页五〇。

> 智士者，未必信也；为其多智，因惑其信也，以智士之计，处乘势之资，而为其私急，则君必欺焉。[1]

一者由于君臣异利，出于计数，故智士不足信。二者智士之计，其为害有甚于民智者，彼以多智善谋之身，而出以私急之计数，若人君轻信之，得处君势之资，必欺君自为，危国自立。故智士更不可信，惟有以君术御之，不使其窥觇君心，矫饰自进，而窃柄自为。曰：

> 当涂之人擅事要，则外内为之用矣。是以诸侯不因，则事不应，故敌国为之讼。百官不因，则业不进，故群臣为之用。郎中不因，则不得近主，故左右为之匿。学士不因，则禄薄礼卑，故学士为之谈也。此四助者，邪臣所以自饰也。[2]

智士得宠信擅事要，内则朋党比周以蔽主，外则挟外权以自重，亏法耗国以利便私家。如是，必人主孤立于上，而群臣结党于下，卒致"国地削而私家富，主上卑而大臣重，故主失势而臣得国"。[3]

惟有知术能法之士，明察劲直，"烛重人之阴情""矫重人之奸行"[4]，才是忠贞可信之士。

基于这一人性的论断，韩非所面对的世界，乃是一"君臣交计"与"父子相为"之无情世界。他将人性自利的这一赤裸裸的事实，加以揭穿，使为政者正视此一事实，并转而把握此一事实，作为其治道的基点。以为在法有定准、信赏必罚之下，则人性之自为，非

---

[1] 《韩非子·八说》篇。陈启天《增订韩非子校释》，页一三四。
[2] 《韩非子·孤愤》篇。陈启天《增订韩非子校释》，页二八三。
[3] 《韩非子·孤愤》篇。陈启天《增订韩非子校释》，页二九〇。
[4] 《韩非子·孤愤》篇。陈启天《增订韩非子校释》，页二八二。

但无害于国之治强，且成为国之治强的有力凭借。明君惟"设利害之道，以示天下"[1]，则人人自会本其自为心，尽己之本职，以趋国之功利；盖非此，亦不得遂其己私。此即圣人治国，"固有使人不得不为我之道"。[2]诱之以利，则人人必争相来效，而有其必然之功。如是，个人之私与君国之公，在"利"上相接而得两全。此韩非师承荀子"礼以养人之欲，给人之求"之意，与孔孟寡欲，道之无欲，墨之节用之说皆异。

　　由是可见，韩非对人性极端否定，对人心极端不信任，实出于法家尊君重国的根本立场。既认定公私异利，君臣异利，在两相冲突对抗之下，民智不可用，智士不足信，自属必然结论。但此一人性的自为，加以制约之道，不在阻遏消除，而在诱导利用，曰："圣人之所以为治道者三：一曰利……夫利者，所以得民也。"[3]只有在利计之下，君臣才能相合。故曰："今学者之说人主也，皆去求利之心，出相爱之道，是求人主之过于父母也，此不熟于论恩，诈而诋也。"[4]由是反对儒家以仁恩治国之道。唯一可听用者，为以君国为重的法术之士。术以御臣，以防止重人近习之危害人主；法以治民，以驱使游士浮萌趋于农战。故曰："主用术，则大臣不得擅断，近习不敢卖重；官行法，则浮萌趋于耕农，而游士危于战阵。"[5]如是，天下臣民在赏刑之劝禁下，安于本职，劳于农战。

　　在此一人性论的前提下，人治不如法治，任贤亦不如任术。治国之道惟任法术，才能将臣民之自为，纳入君国之公利。由是遂开

---

[1] 《韩非子·奸劫弒臣》篇。陈启天《增订韩非子校释》，页二一六。
[2] 《韩非子·奸劫弒臣》篇。陈启天《增订韩非子校释》，页二一六。
[3] 《韩非子·诡使》篇。陈启天《增订韩非子校释》，页一〇四。
[4] 《韩非子·六反》篇。陈启天《增订韩非子校释》，页九一至九二。
[5] 《韩非子·和氏》篇。陈启天《增订韩非子校释》，页二九五至二九六。

出韩非的价值观。人性既无父子之爱，夫妻之情，亦无君臣之义，呈显出来的唯有一计量利害之心，故利成为整个群体社会的价值基准，也成为君臣上下相结的唯一媒介。治国之道，以此为前提，亦由此而开展。

人人皆挟自为心，各图己利，而相互间的利害立场又不免互异，故利的价值，落在个人的身上去求其实现，实为不可能；只有群体的利、君国的利，才是价值实现的主体，也才有实现的可能。问题是如何消解此一冲突，如何结合此一歧异。只有透过政治的设计与权力的运作，才有可能。法就是消解与结合此一异利的标准，术就是其推动的方法，而势就是其支撑的力量。由此而展开韩非的政治哲学，故人性论实韩非政治哲学的首要根基。

第二节　价值观

人性论是韩非政治哲学的首要前提，由是而开出韩非政治哲学的另一根基，那就是韩非的价值观。韩非曰："民之性，有生之实，有生之名。"[1] 生之实，即人性之智的好利自为；生之名，即在这一人性之下，所寻求的功利价值。前者尚在人性本根处探索，后者已转入价值的评估。

中国哲学的特质，在于生命价值的体现，以求人之情性的安顿。而价值观的确立，实由人性论而来。由"生之实"的内在本有，寻觅价值的根源，再推至"生之名"，确立价值的目的。每一家哲学的

---

[1]《韩非子·八经》篇。陈启天《增订韩非子校释》，页一六八。又陈启天先生注之曰："性，本性之要求也。生之实，谓所以为生之具；生之名，为何而生之的。此二者，皆人性所要求者。"同书，页一七〇。

价值观，均涉及这两方面的问题。吾人探索韩非的价值观，也得明示这两个问题：一是价值实现的可能根源，是来自人性之内，或来自人性之外；二是价值实现的目的所在，到底是在个人之身，还是在整个群体上。而二者之间，后者价值目的之所在，必根据前者之价值根源而定。盖生之名的价值评估，必由生之实的人性根处流出。

孔孟与道家，肯定了人性之善，故价值实现的可能根源，内在于人性之中；价值实现的目的所在，就在于每一存在的个体。荀子与墨家，否定了人性之善，故价值实现的可能根源，不能由人性流出，而来自外铄的礼与义；价值实现的目的所在，也不能落在每一存在的个体，而落在超乎个体存在的天下群体。

韩非对人性的考察，既以为仅是各挟自为心的利害计量，故父子之爱、夫妇之情与君臣之义，同告失落，都是不可能存在的价值理想。唯一可能实现的价值，就是外在功利实效的获致。而人人的好利自为，立场互异，势必引起冲突对抗，故此一功利之价值，必不可能也不应该落在个人私利上去求得实现，唯一可能而应该实现的价值，就在于君国群体的公利。

韩非在其私利自为的人性观之下，彼以为人主为政之道所能抓住也亟待把握的，就是人民的趋利之心，在法定赏罚的牵引之下，使实现君国群体的公利成为可能。故其治道的确立，首在因人情之好恶。曰："治天下，必因人情。人情有好恶，故赏罚可用；赏罚可用，则禁令可立，而治道具矣。"[1] 就由于人情之好利恶害，故劝之以赏、禁之以罚的治道，遂成为可能，且具必然之效，而非仅或然之功。由是可知，在韩非的人性论之下，所能肯定的价值就是外在的

---

[1]《韩非子·八经》篇。陈启天《增订韩非子校释》，页一五○。

功利，且仅有在整体的君国，才有实现的可能。

问题在，这一君国的公利，在人人自利之下，又如何有其实现的可能？各人之社会角色不同，立场亦相异，若人人自为，各图己利，无可避免地必导致彼此间利害的尖锐对立。且民智如婴儿，不知犯小苦而致长利，顺乎各人自为之性，岂非陷国家于混乱之局？故惟有透过君王之政治权力，将这一人人异利的冲突加以消除，并统合于国家公利之中，然后才能汇归众流，结合为一，朝着群体的公利、君臣上下共有的价值目标前进。这一价值目标，就在国之治强，与代表一国公利之君势的固立。[1] 韩非重国轻民的国家至上主义，与崇上抑下的尊君思想，即基于此一价值观而来。

盖内在人性既极端自私，实不可能成为价值的根源；而外在功利的价值，在人人异利之对立下，也不可能落在个人身上付之实现。这一价值的根源，应该是超乎个人私心而统合君臣异利的"法"；这一价值的目的，也仅能归属于超乎个人私利而代表群体公利的君国上。故一切政治结构的设计与政治权力的运作，皆落在"大臣有行则尊君，百姓有功则利上"[2] 的归趋上。

由上观之，韩非的价值观，乃是现实功利的价值观。价值的内涵，不落在人心自觉应该如何的理想上，而落在现实情境可能如何的实效上。故其价值观，已无异是实效论。凡有助于君尊国强者，就有价值。故曰："夫言者，以功用为之的彀者也。"[3] 又曰："明主举实事，去无用，不道仁义者故，不听学者之言。"[4] 是韩非即基于此一

---

[1]《韩非子·八说》篇云："匹夫有私便，人主有公利。"陈启天《增订韩非子校释》，页一三六。

[2]《韩非子·八经》篇。陈启天《增订韩非子校释》，页一七六。

[3]《韩非子·问辩》篇。陈启天《增订韩非子校释》，页八五。

[4]《韩非子·显学》篇。陈启天《增订韩非子校释》，页二〇。

实效之价值观，反对儒者仁义之说，以其治道仅有适然之善，而无必然之功。韩非的法理，就建立在这一功利主义的价值观之上。[1] 治国之法，惟因人情之好恶。由于顺乎人情之"法"，有其必然之实效，而并无理想寄寓于其中。故曰："立法，非所以备曾、史也，所以使庸主能止盗跖也。"[2] 立法旨在止奸，而无意养善，以法能齐一社会原本不一的价值基准与行为模式，"赏必出乎公利，名必在乎为上"[3]，使全民本其自为之心，而归向于尊君重国的新价值观，统合于以农战本职的新模式。如是，人人必废私而从公，不自为而为上；君国之功利，由是而得以实现完成。

韩非分析列国政治的病情，就在于一般世俗的毁誉评价，竟与国家之赏罚两相对反。韩非云：

> 畏死、远难，降北之民也，而世尊之曰："贵生之士。"学道、立方，离法之民也，而世尊之曰："文学之士。"游居、厚养，牟食之民也，而世尊之曰："有能之士。"语曲、牟知，诈伪之民也，而世尊之曰："辩智之士。"行剑、攻杀，暴憿之民也，而世尊之曰："磏勇之士。"活贼、匿奸，当死之民也，而世尊之曰："任誉之士。"此六民者，世之所誉也。赴险、殉诚，死节之民也，而世少之曰："失计之民也。"寡闻、从令，全法之民也，而世少之曰："朴陋之士也。"力作而食，生利之民也，而世少之曰："寡能之士也。"嘉厚、纯粹，整谷之民也，而世少之曰："愚戆之民也。"重命、畏事，尊上之民也，而世少之曰："怯慑之民

---

[1] 杨日然《韩非法思想的特色及其历史意义》，《台湾大学法学论丛》第一卷第二期，页二八六，一九七二年四月出版。
[2] 《韩非子·守道》篇。陈启天《增订韩非子校释》，页七九九。
[3] 《韩非子·八经》篇。陈启天《增订韩非子校释》，页一七四。

也。"挫贼、遏奸，明上之民也，而世少之曰："谄谗之民也。"此六民者，世之所毁也。奸伪无益之民六，而世誉之如彼；耕战有益之民六，而世毁之如此：此之谓六反。[1]

夫立名号，所以为尊也，今有贼名轻实者，世谓之"高"。设爵位，所以为贱贵基也，而简上不求见者，世谓之"贤"。威利，所以行令也，而无利轻威者，世谓之"重"。法令，所以为治也，而不从法令为私善者，世谓之"忠"。官爵，所以劝民也，而好名义不进仕者，世谓之"烈士"。刑罚，所以擅威也，而轻法不避刑戮死亡之罪者，世谓之"勇夫"。[2]

此一世俗之毁誉，乃先秦各家思想的流风所及，而形成的社会价值基准，已为人人所接受者。[3] 其毁誉之价值判断，与法家以赏罚劝禁、驱民于农战之"法"，适成一对抗之情势。虽"人情有好恶，故赏罚可用"，然"民之重名，与其重利也均"[4]"民之急名也，甚其求利也如此"[5]。名虽无形却有久长崇高之美誉，故毁誉之名，在决定人类的行为上，比诸赏罚之利，实具有等同的分量，甚至凌驾其上。故这一世俗毁誉的颠倒，不仅违反了讲求尊君重国的实效本策，甚至打消了国家立名号、设爵位，与立法令、设刑威的权威性，使官爵之利、刑罚之威，顿形同虚设，失去其齐一全民的本有功能。

加上君王不明治道，不知先消除此一既存的社会价值体系，驱

---

[1] 《韩非子·六反》篇。陈启天《增订韩非子校释》，页八八至八九。

[2] 《韩非子·诡使》篇。陈启天《增订韩非子校释》，页一〇五。

[3] 唐君毅《中国哲学原论·原道篇》第一卷，页五一八云："此韩非所言之世所尚之高、贤、重、忠、烈、勇，盖多原于当时儒墨道思想之流行于社会，亦未尝不可为一价值之标准。"

[4] 《韩非子·八经》篇。陈启天《增订韩非子校释》，页一七四。

[5] 《韩非子·八经》篇。陈启天《增订韩非子校释》，页一七四。

第四章 韩非政治哲学的理论根基

民于农战的赏罚之法，才能行之有功，以致对于奸伪无益之民，反而依世俗评价之虚声而礼之利之；对于耕战有益之民，反而依世俗评价之误断而贱之害之。遂由世俗毁誉的颠倒，透过君王之手，而造成国家赏罚的颠倒。故"常贵其所以乱，而贱其所以治"[1]，使"名赏在乎私恶当罪之民，而毁害在乎公善宜赏之士"[2]，造成了"下之所欲，常与上之所以为治相诡"[3]的错失现象。故曰：

> 今有人于此，义不入危城，不处军旅，不以天下大利，易其胫一毛，世主必从而礼之，贵其智而高其行，以为轻物重生之士也。夫上陈良田大宅，设爵禄，所以易民死命也，今上尊轻物重生之士，而索民之出死而重殉上事，不可得也。藏书策，习谈说，聚徒役，服文学而议说，世主必从而礼之，曰："敬贤士，先王之道也。"夫吏之所税，耕者也，上之所养，学士也。耕者则重税，学士则多赏，而索民之疾作而少言谈，不可得也。立节参名，执操不侵，怨言过于耳，必随之以剑，世主必从而礼之，以为自好之士。夫斩首之劳不赏，而家斗之勇尊显，而索民之疾战拒敌，而无私斗，不可得也。国平则用儒侠，难至则用介士。所养非所用，所用非所养，此所以乱也。且夫人主之听于学也，若是其言，宜布之官而用其身；若非其言，宜去其身而息其端。今以为是也，而弗布于官；以为非也，而不息其端。是而不用，非而不息，乱亡之道也。[4]

> 今则不然，以其有功也爵之，而卑其士官也。以其耕作也

---
[1]《韩非子·八经》篇。陈启天《增订韩非子校释》，页一七四。
[2]《韩非子·六反》篇。陈启天《增订韩非子校释》，页八九。
[3]《韩非子·六反》篇。陈启天《增订韩非子校释》，页八九。
[4]《韩非子·显学》篇。陈启天《增订韩非子校释》，页一〇。

赏之，而少其家业也。以其不收也外之，而高其轻世也。以其犯禁也罪之，而多其有勇也。毁誉赏罚之所加者，相与悖缪也，故法禁坏，而民愈乱。今兄弟被侵，必攻者，廉也。知友被辱，随仇者，贞也。廉贞之行成，而君上之法犯矣。人主尊贞廉之行，而忘犯禁之罪，故民程于勇，而吏不能胜也。不事力而衣食，则谓之能。不战功而尊，则谓之贤。贤能之行成，而兵弱地荒矣。人主说贤能之行，而忘兵弱地荒之祸，则私行立而公利灭矣。[1]

儒以文乱法，侠以武乱禁，而人主兼礼之，此所以乱也。夫离法者罪，而诸先生以文学取；犯罪者诛，而群侠以私剑养。故法之所非，君之所取；吏之所诛，上之所养也。法、取、上、下，四相反也，而无所定，虽有十黄帝，不能治也。故行仁义者非所誉，誉之则害功。工文学者非所用，用之则乱法。楚有"直躬"，其父窃羊而谒之吏。令尹曰："杀之。"以直于君而曲于父，报而罪之。以是观之，夫君之直臣，父之暴子也。鲁人从君战，三战三北。仲尼问其故，对曰："吾有老父，身死莫之养也。"仲尼以为孝，举而上之。以是观之，夫父之孝子，君之背臣也。故令尹诛而楚奸不上闻，仲尼赏而鲁民易降北，上下之利若是其异也。……然则无功而受事，无爵而显荣，为政如此，则国必乱，主必危矣。故不相容之事，不可两立也。斩敌者受赏，而高慈惠之行；拔城者受爵禄，而信兼爱之说；坚甲厉兵以备难，而美荐绅之饰；富国以农，拒敌恃卒，而贵文学之士。废敬上畏法之民，而养游侠私剑之属。举行如此，治强不可得

---

[1] 《韩非子·五蠹》篇。陈启天《增订韩非子校释》，页四一至四二。

也。国平养儒侠，难至用介士，所利非所用，所用非所利。是故服事者简其业，而游学者众，是世之所以乱也。[1]

> 错法，以道民也，而又贵文学，则民之师法也疑；赏功，以劝民也，而又尊行修，则民之产利也惰。[2]

以上数节，分析君王自毁立场，而有"上之所贵，常与其所以为治相反"[3]的矛盾与谬失，言之最为详尽深切。

韩非功利主义的价值观，不同于墨家。墨家兼爱、交利之旨归，乃为了天下人民之大利。韩非禁抑儒侠，奖励农战，却仅为了君国之利。而君国之利，端在富民强兵；富民强兵的根基，又惟在农战而已！故凡有背于农战之国本者，均为韩非所否定。举凡儒家之"学者"，纵横家之"言谈者"，墨家集团之"带剑者"，游仕之"串御者"（近习），及浮萌之"工商之民"，皆韩非所谓无用之学，或愚诬之学与杂反之行者，统称曰国之"五蠹"[4]，均在排除之列。在韩非的心目中，此辈之言行，一者本身远离农战，无利于国之富强，故曰："博闻辩智如孔、墨，孔、墨不耕耨，则国何得焉？修孝寡欲如曾、史，曾、史不战攻，则国何利焉？"[5] 二者其形成之世俗价值之毁誉，与国法之赏罚相抗，而有害于法禁的威权；甚至以仁义之美名惑主，反使君王优礼之，有碍于耕战政策的推动。故曰："自愚诬之学、杂反之辞争，而人主俱听之，故海内之士，言无定术，行无常议。"[6] 三

---

[1] 《韩非子·五蠹》篇。陈启天《增订韩非子校释》，页四三至四四。
[2] 《韩非子·八说》篇。陈启天《增订韩非子校释》，页一三六。
[3] 《韩非子·诡使》篇。陈启天《增订韩非子校释》，页一〇四。
[4] 《韩非子·五蠹》篇。陈启天《增订韩非子校释》，页五八至五九。
[5] 《韩非子·八说》篇。陈启天《增订韩非子校释》，页一三六。
[6] 《韩非子·显学》篇。陈启天《增订韩非子校释》，页五至六。

者犹恐其流风所及，使原本安于农战之耕夫士卒，其心亦为之浮动，反使举国之民，皆从儒侠之"务为辩而不周于用"[1]，以致动摇了国本。故曰："今境内之民皆言治，藏商、管之法者家有之，而国愈贫，言耕者众，执耒者寡也。境内皆言兵，藏孙、吴之书者家有之，而兵愈弱，言战者多，被甲者少也。……是以百人事智，而一人用力。事智者众则法败，用力者寡则国贫。此世之所以乱也。"[2] 四者儒侠游仕为求其仕进之路，常托身私门，与重人相结，曰："学士不因，则禄薄、礼卑，故学士为之谈也。"[3] 又曰："蔽主上而趋于私门……故主上愈卑，私门愈尊。"[4] 如是，则危及君国。基于以上数端，故韩非力斥儒侠、游仕、言谈者之言行。

然探讨其原因所在，就在于君王治国之不得其法，自陷于赏罚与毁誉的矛盾中，直接助长了儒侠、言谈者、游仕与浮萌的气势，反而削弱了农战的根基。故大肆抨击君王尊礼儒侠，而厚其养、高其行的谬误，故曰："非下之罪，上失其道也。"[5] 在"耕者则重税，学士则多赏"与"斩首之功不赏，而家斗之勇尊显"之下，而求民之疾作力耕、疾战斩敌，实为完全不可得之数。君王"国平养儒侠，难至用介士"之自失立场，造成"所用非所养，所养非所用""所利非所用，所用非所利"的矛盾现象，而有"利"之赏罚与"名"之毁誉的对反，"君"之赏罚与"世"之毁誉的背离，把不相容之两套价值体系与行为规范，使其并立于同一群体社会之中，而有"君之直臣，父之暴子"与"父之孝子，君之背臣"的两难，必破坏了

---

[1]《韩非子·五蠹》篇。陈启天《增订韩非子校释》，页五〇。
[2]《韩非子·五蠹》篇。陈启天《增订韩非子校释》，页五〇。
[3]《韩非子·孤愤》篇。陈启天《增订韩非子校释》，页二八三。
[4]《韩非子·孤愤》篇。陈启天《增订韩非子校释》，页二八六。
[5]《韩非子·诡使》篇。陈启天《增订韩非子校释》，页一〇五。

"法"的价值基准,扰乱了"农战"的行为模式,使民疑于师法,惰于产利,立私行而灭公利,诚如孔子所谓的"刑罚不中,则人民无所措手足",其终必落为兵弱地荒的乱局。

韩非以为君之所是,必布之官而用之;君之所非,必息其端而去之。农战有利于国,故君必是之而用其身,并布之官而赏之誉之;儒侠有害于国,故君必非之而去其身,并息其端而罚之毁之。禁抑儒侠,为奖励农战的必要条件;然禁抑儒侠,则非改变既有的尊贞廉、高慈惠的价值观不可。以君国之利为法之赏罚的唯一根据,并以法之赏罚取代世之毁誉,使其成为群体社会共有的且是唯一的价值规范。[1]惟有"功名所生,必出官法"[2],才能统合全民,使归于农战的本业,而合乎尊君重国的价值目标。

否则,若听任世之毁誉与国之赏罚,一直存有裂痕而两造分歧的话,人民虽受国之刑罚,却获致世俗极高的评价;虽受国之赏利,却为群体社会所贬抑,在所失者小所得者大,与所得者小所失者大之下,则国之赏罚必失去其劝禁的效力。故曰:"誉所罪,毁所赏,虽尧不治。"[3]"功外于法,而赏加焉,则上不能得所利于下;名外于法,而誉加焉,则士劝名而不畜之于君。"[4]"赏者有诽焉,不足以劝;罚者有誉焉,不足以禁。"[5]补救之道,就在把世之毁誉的社会评价,统合于国之赏罚的法律规范之中,在"赏誉同轨,非诛俱行"[6]与"誉

---

[1] 唐君毅《中国哲学原论・原道篇》第一卷,页五一八云:"故必君主以政府之法令,统一一切是非毁誉之标准,而以法令之所在,即公义之所在。……然后为臣民者,不得以其所誉者为标准,不得以私术比周而相结,以倾君权害及国家之统一而乱政。"
[2] 《韩非子・八经》篇。陈启天《增订韩非子校释》,页一七六。
[3] 《韩非子・外储左下》篇。陈启天《增订韩非子校释》,页五二二。
[4] 《韩非子・外储左上》篇。陈启天《增订韩非子校释》,页四七三。
[5] 《韩非子・八经》篇。陈启天《增订韩非子校释》,页一七四。
[6] 《韩非子・八经》篇。陈启天《增订韩非子校释》,页一七四。

辅其赏，毁随其罚"[1]之下，使"民重所以赏""民畏所以禁"[2]，则"贤不肖俱尽其力矣"[3]。如是才能劝功畏禁，一民于农战之列，而禁抑儒侠之风。

在此一偏狭的价值观之下，其归结必走上"无书简之文，以法为教；无先王之语，以吏为师"的统一思想之路，以免上与下、公与私的价值产生分歧而相抗。为了君国之目的，韩非断然地采取强硬的手段，以政治的权力，压抑学术思想的自由伸展，并消除由道德文化所形成的社会价值体系，而直以赏罚之法取代，使成为尊君重国的新价值观。

总之，韩非的价值观，在人性论的自限下，流不出生命内存的价值根源，故所能呈显浮现的价值，惟有来自外在现实的功利衡量。这一现实功利的价值，又只能落在君国，去求其实现完成，而天下臣民仅成为实现君国功利的工具。基于此一实效的价值观，韩非否定了道德与学术可能有的长远价值，而仅计现前君国的农战之利。他选择的是"用法之相忍"之"前苦而长利"的法术势结合兼运之法治，而弃"仁人之相怜"之"偷乐而后穷"的仁恩德化之人治。[4]

人性之私，是无以转化为善的；人心自为，也不足寄予信任。故功利之价值，内在已失其源，惟有向外寻求其依托。故转出韩非政治哲学的另一根基，外在之物质条件，决定人类行为的历史观。

---

[1]《韩非子·五蠹》篇。陈启天《增订韩非子校释》，页四○。
[2]《韩非子·八经》篇。陈启天《增订韩非子校释》，页一七四。
[3]《韩非子·五蠹》篇。陈启天《增订韩非子校释》，页四○。
[4]《韩非子·六反》篇。陈启天《增订韩非子校释》，页九六。

第四章　韩非政治哲学的理论根基

第三节　历史观

韩非的价值观，由人性论推出，其历史观则由二者之统合而有。

历史的主体诚然是人，然人性皆好利自为，不免彼此冲突，两相对抗，故功利之价值，由人之内在主体显然开不出来，而只得取决于外在客体的自然环境，此说已近乎慎子"与物推移"之意。故历史的演化，恒视外在之物质条件以为定。此一历史观，已步入唯物论的领域。人在历史的长流中，已失去其砥柱中流的应有地位，惟随波逐浪，顺应时代环境之流变而已！基于此一观点，治国之道，理应随着时空背景的不断转移，而有今古不同的应变对策，才能因时制宜，在外在客观情势的动变中，永立于不败之地。

韩非之价值观，旨在禁抑儒侠，奖励农战，以尊君重国为旨标，其历史观亦重在批驳儒墨法古之主张，以为其变古以治今的理论根据。

韩非这一历史观的形成，固是其偏颇的人性论与狭窄的价值观，所必有的结论，然亦有其时代背景之逼进与其思想渊源之师承。他所面对的是一个史无前例的大变动时代，整个政治秩序、社会结构与经济制度，均全面动摇崩溃，传统的桥梁，到了他的时代，突告中断。虽说诸子兴起，皆思托古改制以救之，一时蔚为百家齐鸣的空前盛况，然各是其所是，各非其所非，为这一分崩离析的政局，更平添了无边的困扰。[1]旧有的权威已倒下去了，新生的体制尚在孕

---

[1]　此从《荀子·非十二子》篇与《庄子·天下》篇之评述各家思想中，可见其时思想界各据一端以立说之偏颇与迷乱。荀子思以论正统一之，而有《正论》《解蔽》之作；庄子思以消解趋离之，而有《齐物论》之作。

107

育之中。这固然是学术思想飞扬的开放时代，也是传统信仰解体的怀疑时代，置身在这一转型期的过渡社会之中，新旧之间不免存在着矛盾，令人有不知该何去何从的迷惘。此中浮现着未来新生的光明，也激荡着现实幻灭的暗潮。传统的价值体系与行为模式已遥遥远去，现代的却迟迟不来，韩非在这样思想迷乱、权威失落的时代背景下，针对现实的需求，意图设计与建构一个新的秩序，传统的遗留、先王的治道，似乎反成为他的负荷与障碍，很自然地走向抛离传统的变古革新之路。他的历史观，就是在这一背景下而形成的。

至于此一历史观的思想渊源，则来自荀子与商君。荀子重认知师法，已有经验主义的性格倾向[1]，故不推尊先王，而另主"法后王"之说，曰："欲观圣王之迹，则于其粲然者矣，后王是也。彼后王者，天下之君也。舍后王而道上古，譬之是犹舍己之君而事人之君也。"[2] 盖先王之政，传世已久，久而略而不详，终至灭绝不传。故曰："五帝之外无传人，非无贤人也，久故也。五帝之中无传政，非无善政也，久故也。禹汤有传政，而不若周之察也，非无善政，久故也。传者久则论略，近则论详。……是以文久而灭，节族久而绝。"[3] 其评子思、孟轲之言曰："略法先王而不知其统。"[4] 荀子并不否定先王之足法，惟法先王只得其略，而不知其通贯古今之统。也就是说，古不与今接，则法亦无由而法，抑有进者，后王之道，藏有先王之迹，得上下古今粲然之大备。故曰："百王之道，后王是也。"[5] 以后王必

---

[1] 徐复观《中国人性论史》，页二二四云："欲了解荀子的思想，须先了解其经验的性格。即是他一切的论据，皆立足于感官所能经验得到的范围之内。为感官经验所不及的，便不寄与以信任。"
[2] 《荀子·非相》篇。梁启雄《荀子约注》，页五二至五三。
[3] 《荀子·非相》篇。梁启雄《荀子约注》，页五四。
[4] 《荀子·非十二子》篇。梁启雄《荀子约注》，页六二。
[5] 《荀子·不苟》篇。梁启雄《荀子约注》，页三一。

第四章　韩非政治哲学的理论根基

积聚先王之治道,而集其统类之大成,不仅可知其详,亦可得其统。[1]故法先王不仅不可能,亦属不必要。韩非批判儒墨法先王之治道,其理由亦在传世长久而无可证验一端。足见其变古之治道的理论基础承自师说,然精神大异,结论亦大有不同。而其唯物史观,则承自商君之说。《商君书》云:

> 天地设而民生之。当此之时也,民知其母而不知其父,其道亲亲而爱私。亲亲则别,爱私则险,民众而以别险为务,则民乱。当此时也,民务胜而力征。务胜则争,力征则讼,讼而无正,则莫得其性也。故贤者主中正,设无私,而民说仁。当此时也,亲亲废,上贤立矣。凡仁者以爱利为务,而贤者以相出为道。民众而无制,久而相出为道,则有乱。故圣人承之,作为土地货财男女之分。分定而无制,不可,故立禁。禁立而莫之司,不可,故立官。官设而莫之一,不可,故立君。既立君,则上贤废,而贵贵立矣。然则上世亲亲而爱私,中世上贤而悦仁,下世贵贵而尊官。上贤者,以赢相出也;而立君者,使贤无用也。亲亲,以私为道也,而中正者,使私无行也。此三者非事相反也,民道弊而所重易也,世事变而行道异也。[2]

此节言天地是人类生命展露的客观情境,而天地是变动的,人类之行为亦应因之而变动,才能适应。不同之世代,有不同之情境;既有不同的情境,则治民之法,亦当随之而变革。故曰:"世事变而

---

[1] 陈大齐《荀子学说》,页一八○云:"所以后代的法度中,藏有前代法度的遗迹,后代的法度是前代法度的集大成。"中华文化出版事业社,一九六六年八月三版。
[2] 《商君书·开塞》篇。《新校正》,页一五至一六。

109

行道异。"然此中并未涵蕴社会进化之价值判断的意义。故曰:"此三者非事相反也,民道弊而所重易也。"而民道之弊,乃由于客观情境已变,而人类一时尚未能充分适应所致。故归根究底,行道之所以必须异者,乃由于世事已变;世事所以会变者,乃由于民之所重已易;民之所重所以易者,则来自外在情境的变动。故外在情境的变动,实为此一历史观的枢纽。

冯友兰先生以为此段历史观,实春秋战国时代之写照。他说:

> 春秋之初期,为贵族政治时期,其时即"上世亲亲而爱私"之时也。及后平民阶级得势,儒墨皆主"尊贤使能""泛爱众而亲仁",其时即"中世上贤,而悦仁"之时也。国君或国中之一二贵族,以尚贤之故,得贤能之辅,削异己而定一尊。而"贤者"又复以材智互争雄长,"以相出为道"。"久而相出为道则有乱",君王恶而又制裁之。战国之末期,即"下世贵贵而尊官"之时也。"立君者,使贤无用也",此为尚贤之弊之反动,而战国末期之现实政治,即依此趋势进行也。[1]

此段解析,正显示由周道亲亲之爱私,至儒墨尚贤之悦仁,而至法家贵贵之尊官,均顺应外在情势之变易,而治道不得不有因应的变革。

《商君书》又云:

> 前世不同教,何古之法?帝王不相复,何礼之循?伏羲、

---

[1] 冯友兰《中国哲学史》上册,页三八七。

神农，教而不诛；黄帝、尧、舜，诛而不怒；及至文武，各当时而立法，因事而制礼。礼法以时而定，制令各顺其宜，兵甲器备，各便其用。臣故曰："治世不一道，便国不必法古。"汤武之王也，不修古而兴；殷夏之灭也，不易礼而亡。然则反古者，未必可非，循礼者，未必多是也。[1]

此一变古之主张，一扫自孔子以来各家托古立言之习惯。[2]前节所引，言世事既变，治道亦易，以外在情境不同故也。此节所引，则退一步言，伏羲、神农、黄帝、尧、舜、文、武，皆各"当时而立法，因事而制礼"，治道不一，即使吾人欲法古循礼，亦难以取舍，不仅为事实上的不可能，且违反历代圣王因时制宜的精神，而失去法古循礼的本意。由是，他提出"礼法以时而定，制令各顺其宜"的主张，而获致"治世不一道，便国不必法古"的结论。也就是说，法古以立治道，是不智的，也是不可能的。

韩非的历史观，虽师承荀子"法后王"之说，及其重经验之性格，然大体上接受了商君的论点，而有其进一步的发挥。韩非云：

上古之世，人民少而禽兽众，人民不胜禽兽虫蛇，有圣人作，构木为巢，以避群害，而人民悦之，使王天下，号之曰"有巢氏"。民食果蓏蚌蛤腥臊恶臭，而伤害腹胃，民多疾病，有圣人作，钻燧取火，以化腥臊，而民说之，使王天下，号之曰"燧人氏"。中古之世，天下大水，而鲧、禹决渎。近古之世，桀纣暴乱，而汤、武征伐。今有构木钻燧于夏后氏之世者，必为鲧、

---

[1]《商君书·更法》篇。《新校正》，页二。
[2] 冯友兰《中国哲学史》上册，页三八八。

禹笑矣；有决渎于殷周之世者，必为汤、武笑矣。然则今有美尧、舜、汤、武、禹之道于今之世者，必为新圣笑矣。是以圣人不期循古，不法常行，论世之事，因为之备。宋人有耕者，田中有株，兔走触株，折颈而死，因释其耒而守株，冀复得兔，兔不可复得，而身为宋国笑。今欲以先王之政，治当世之民，皆守株之类也。[1]

此言时代不同，自然情境亦随之而异，每一代的君王，所面对的现实挑战，也就不同。故治国之道，每代皆有所变革，以解决不同的时代问题。而问题之不同，却由于外在环境的变化。此一说法，无异是商鞅之说的翻版。二者均由此一历史观而立其治道，而此一历史观的枢纽，仅在客观情境的更移。故无古之可循，亦无常法之可法，惟"论世之事，因为之备"而已！盖环境不断变迁，问题亦时有不同，若"欲以先王之政，治当世之民"，必为历代圣王所笑，亦属宋人守株待兔一类之愚行。

再进而言之："孔子、墨子俱道尧舜，而取舍不同，皆自谓真尧舜。尧舜不复生，将使谁定儒墨之诚乎？殷周七百余岁，虞夏二千余岁，而不能定儒墨之真，今乃欲审尧舜之道于三千岁之前，意者其不可必乎？无参验而必之者，愚也；弗能必而据之者，诬也。故明据先王，必定尧舜者，非愚即诬也。"[2] 此节言儒墨各分支别派，取舍已自不同，何者为儒墨之真？而儒墨俱道尧舜，取舍亦不同，何者为尧舜之真？前者言儒墨之杂，后者言儒墨之反，是为"杂反之行"。而儒墨之年代距今不过数百年，尚不能定其真，况尧舜之年代

---

[1]《韩非子·五蠹》篇。陈启天《增订韩非子校释》，页二五至二六。
[2]《韩非子·显学》篇。陈启天《增订韩非子校释》，页二。

距今已二千余岁，又何能定其真乎？无可参验而加以肯定者，是为愚；不能肯定而据之以为治者，是为诬，故称道先王尧舜以言治者，非愚即诬也。此即谓"愚诬之学"。此批判儒墨法古之说，其实证路线来自荀子，比商鞅之说理，更推进一步。破儒墨法先王之说，以为既不可必，当不足据。韩非又泛论古今民情之异，云：

> 古者，丈夫不耕，草木之实足食也；妇人不织，禽兽之皮足衣也。不事力而养足，人民少而财有余，故民不争。是以厚赏不行，重罚不用，而民自治。今人有五子不为多，子又有五子，大父未死而有二十五孙。是以人民众而货财寡，事力劳而供养薄，故民争。虽倍赏累罚，而不免于乱。[1]

民情之争与不争，世事之治与乱，均决定于财货之余与寡，与人民之多与少；而赏罚之用与不用、行与不行，亦视此而定。盖人民少而养足，不必赏罚而民自治；反之，人民众而养薄，倍赏累罚亦不免于乱。而其关键，则在财货之多寡。

> 禹之王天下也，身执耒臿以为民先，股无胈，胫不生毛，虽臣虏之劳，不苦于此矣。以是言之，夫古之让天子者，是去监门之养，而离臣虏之劳也，故传天下而不足多也。今之县令，一日身死，子孙百世絜驾，故人重之，是以人之于让也，轻辞古之天子，难去今之县令者，薄厚之实异也。……故饥岁之春，幼弟不饷；穰岁之秋，疏客必食。非疏骨肉，爱过客也，多少

---

[1] 《韩非子·五蠹》篇。陈启天《增订韩非子校释》，页二八至二九。

之实异也。是以古之易财，非仁也，财多也；今之争夺，非鄙也，财寡也。轻辞天子，非高也，势薄也，重争士橐，非下也，权重也。故圣人议多少，论厚薄而为之政。故罚薄不为慈，诛严不为戾，称俗而行也。故事因于世，而备适于事。[1]

人之行为或爱或疏地取舍，此中并未涵蕴仁鄙高下之道德意味，而完全由财货与权势之多少厚薄而定；圣人之为政，或严诛或薄罚的行废，亦与君德之慈与戾无涉，而完全衡之于物质之多少与厚薄以为断。把骨肉亲情与道德人格完全摒弃在个人行为与治国之政的门外，人的主体性根本不显，惟视外在物质条件的功利衡量，以为行事治国的判准。政之备为了适于事之变，此即所谓"事异则备变"；又事之变，亦由世之异而有，此即所谓"世异则事异"。而世之异，即外在之客观环境之变迁。故为政之道，依然落在外在情境之物质条件上。由此而主张变古易常以治今，故曰："不知治者，必曰：无变古，毋易常。……伊尹毋变殷，太公毋变周，则汤武不王矣。管仲勿易齐，郭偃勿更晋，则桓文不霸矣。"[2] 又曰："夫古今异俗，新故异备，如欲以宽缓之政，治急世之民，犹无辔策而御駻马，此不知之患也。"[3]

时代已不同，物质条件既异，民情亦自不同，若仍以相应于昔日民情不争、竞于道德之宽缓之政，以治今民情好乱、争于气力的急世之民，乃绝不可能之事。此即儒墨不知时移事易，以为行于古者，必可通于今之过。如是，治国之道必泥于古，而失去其因应转

---

[1] 《韩非子·五蠹》篇。陈启天《增订韩非子校释》，页二九。
[2] 《韩非子·南面》篇。陈启天《增订韩非子校释》，页一二九。
[3] 《韩非子·五蠹》篇。陈启天《增订韩非子校释》，页三六。

第四章　韩非政治哲学的理论根基

化之功。

依韩非之观察，在历史的演化上，各不同阶段由于客观情势之变易，而有各当其时的治道。他的概括论断是："上古竞于道德，中世逐于智谋，当今争于气力。"[1]此一结论，与近代人类学社会学的观点，恰恰相反。[2]人类之原始社会，由于道德之光与心智之明犹未展露，故争于气力乃不争之事实，政权之升降，完全由战力之多寡以为定，尧舜之禅让，亦部落政治势力消长之必然趋势[3]，何可谓竞于道德！当代前辈学者好以进化的历史观，来说明商、韩对历史的基本见解。[4]依个人之见，此一说法实大有商榷之余地。事实上，韩非从未有"历史是进化的"一类之命题出现，而只是建立了历史由外在物质条件所决定的观点。也就是说，他以为外在的客观情势决定了历史的步伐，而不是由人的主观心态，选择了历史的动向。试看，由竞于道德之仁恩，一落而为逐于智谋之险诈，再下降而为争于气力之搏杀，简直是每况愈下，逐步退化，哪能说是进化？更不幸的是，韩非之"当今争于气力"，不仅泛指人之生存竞争，惟气力是赖，且由对外的斗争，推至对内的统御上，而以威势迫压人民，曰："仁义用于古而不用于今。"[5]排斥道德规范行于今的可能性。在人类有了

---

[1]《韩非子·五蠹》篇。陈启天《增订韩非子校释》，页三三。另《八说》篇云："古人亟于德，中世逐于智，当今争于力。"

[2] 冯友兰《中国哲学史》上册，页三八七云："此所说上世、中世、下世，自人类学及社会学之观点观之，虽不必尽当。"

[3] 钱穆《国史大纲》，页七云："大抵尧舜禹之禅让，只是古代一种君位推选制，经后人之传述而理想化。……当时尚未有国家之组织，各部落间互推一酋长为诸部落之共主。"

[4] 胡适《中国古代哲学史》第三册，页九六云："韩非是一个极信历史进化的人。"另，研究法家之权威学者陈启天先生在其《增订韩非子校释》，页九四二亦云："又一大派以为历史是进化的，要改革现状，只有创新。这派以法家为代表。"另，页二六释《五蠹》篇提要云："本篇主旨乃由一种进化的历史观，推出一种法治论。"

[5]《韩非子·五蠹》篇。陈启天《增订韩非子校释》，页三二。

115

才学智慧，有了道德自觉之后，尚言争于气力，简直是学术的贬值，与道德的破产。此实为历史的大悲观，哪有进化之可言？故韩非的历史观，无所谓进化与退化，而只言演化；而其演化，完全由外在环境与物质条件所决定。此一说法，与马克思之生产工具的变易，决定社会形态与历史动向的唯物史观，已极为相近。故马克思的结论，在于斗争，与韩非之争于气力，亦无二致。

总之，韩非为了顺应时代之政治趋势，又志在解决现实的诸多问题，自不能一如儒墨道各家托古改制，而自失其变法革新的立场。故其"世异则事异，事异则备变"，与"论世之事，因为之备"的主张，实为反驳守旧者之言论的利器。[1] 这一"法与时转则治，治与世宜则有功"[2]的变古观点，在理论上应该是可以成立的，也是独具眼光的。相当可以补救各家专谈理想与现实苦乱人生距离太远，而无力挽回颓局的弊端。问题在，他的理论根基竟然否定了人类在历史舞台上的主体性，而筑基在物质环境的客体上，把亲情、才智与道德全盘否定，流为物质决定论的贫乏而不自知。时代不同，客观情势变易，人类所面对的问题自然不同，解决问题的方法亦当因之而异；然透过人类知识的运作、道德的自觉与爱心的推扩，才是解决问题的根本之道，非仅争于气力、斗于权谋而已。这该是一切变中之不变者。奈何韩非竟无视于人类亲情的存在，摒弃仁义道德与学术才力，自陷绝望的深渊，而徒言争于气力，落于法禁高压。韩非虽能自是，其奈天下人心何！

荀子"法后王"之说，并不是为了先王之法因时而有，不适于

---

[1] 冯友兰《中国哲学史》上册，页三八九云："法家为当时现实政治趋势加以理论的根据，其反驳当时守旧者之言论，多根据于此历史观也。"

[2]《韩非子·心度》篇。陈启天《增订韩非子校释》，页八一四。

今；而是基于先王之政，文久而灭，已不可考，无以知其详，得其统。荀子反对"古今异情，其所以治乱者异道"[1]之说，以为此乃妄人之见，而以为"古今一也""虽久同理"[2]。韩非上承乃师之说，而反其道而行，由相同的论证出发，却获致相反的结论，失之远矣。在这一方面，韩非实近于商君，而远离荀子。

此一历史观，为韩非变古说之所本，为其变法革新的理论根基；亦由此一历史观抨击儒墨两家显学。由"仁义用于古，而不用于今"之相对论点，推至"民固服于势，寡能怀于义"的绝对论断，毋宁是其历史观最不良的偏见。

总结全章，韩非政治哲学之体系，实筑基于其人性论、价值观与历史观的三大柱石上。此三者并非各自孤立，而是通贯为一的。有了各挟自为心的人性论，才有其功利主义的价值观；有了功利主义的价值观，才有其外在情势与物质环境决定人类行为的历史观。也就是说，人各挟自为心，而落于利害的计量。故人间世所能浮显的价值，仅有外在的功利；且人人异利，不相统属，故此一功利价值的实现，在个人遂成为不可能。只有超乎个人利害的国家，与代表国家公利的君王，才是价值实现的可能对象。为了尊君重国的必然实效，将人人之异利，统合于超乎个人利害的国"法"之中，才能建构一套群体社会共有的价值基准与行为模式。为了划一社会的价值体系与行为模式，消除存在于世之毁誉与法之赏罚之间的矛盾，禁抑儒侠与奖励农战，乃成为其根本前提。就由于人性恒趋利避害，故因人情之好恶，以赏罚之威利，一民于农战以富国强兵，乃成为可能之事，且有其必然之功。以智士重人之亏法利私，耗国便家，

---

[1]《荀子·非相》篇。梁启雄《荀子约注》，页五三。
[2]《荀子·非相》篇。梁启雄《荀子约注》，页五四。

故御之以术，以洞烛其阴情，制之以势，以矫正其奸行；以游士浮萌之祸国，故治之以法，而归之于农战。此三者实为尊君重国之必要条件。

其次，有其专重实效的价值观，自然也就有其"当今争于气力"的历史观了。同时，有了物质环境决定人类行为的历史观，才有其"仁义用于古而不用于今"，排斥道德学术于政治之外的变古之主张。由尊君重国的价值观，加上当今争于气力的历史观，富国强兵自然成为其最迫切最直接的目标。

这三大理论根基，实已决定了韩非政治哲学的内容与指向。故以法为其标准，以势为其推动的力量，以术为其运用之方法，以君国为其目的，以富国强兵为其最迫切的需求，皆可于其人性论、价值观与历史观之中，寻觅其推演之迹。而这三大根基，亦有其共通的精神，旨在对抗儒墨两家的政治思想，消除两家对战国政局所形成的实际影响力，以建立一套新的价值基准与行为模式，为其自身政治哲学树立坚实的理论根基。

总之，这三大柱石是韩非政治哲学的大前提，其体系之建立，不过是此一大前提推演而得的结论而已。

第五章　韩非政治哲学体系之建立与其实际之发用

第一节　法势术三者之界域与其性能

韩非政治哲学之大厦，乃由法、势、术三种基料，综合叠架而成。吾人若试图展示其哲学体系的整体结构，首先就要厘清此三者之界域与性能，以免个人主观之见掺入其中，而扭曲了韩非政治哲学的本来面貌。故本节首就韩非书中有关法、势与术之陈述，加以分析展露，以明其界域及其性能。

（一）法

韩非云："治也者，治常者也。"[1]立法之本义，即在建立一国上下臣民共守的法制，以为治国恒常之道。在群体社会之中，人人所扮演之角色不同，其利害立场亦因之而异，若不立齐一万民之常法，以谋求群体价值之实现的可能，必然会导致人民步调不一、官吏私心自用的争端乱祸。曰："夫国事务先而一民心，专举公而私不从，

---

[1]《韩非子·忠孝》篇。陈启天《增订韩非子校释》，页八二三。

赏告而奸不生，明法而治不烦。"[1] 故治国之道，首在立法以为定准，以去公私之相背，与君臣之异利，使君王臣民有所遵循，将群体社会的每一个成员，具纳入国法的同一轨道中，才能上下相结，统合众人之私利，而归于一国之公利。故曰："息文学而明法度，塞私便而一功劳，此公利也。"[2]

韩非之法治，主要针对儒家之人治而言。儒家政治哲学之理论根基，与韩非适为两相对反。儒家主人性皆善，由是治国之道，重内发之道德自觉，而非外铄之法制规约，故"道之以德，齐之以礼"，在根本上即可致"有耻且格"之效。儒家之价值论，其根源在人心之仁，其主体在人之自身，其完成在于德性的呈显与情志的安顿，由是而有"百姓足，君孰与不足"[3] 与"民为贵，社稷次之，君为轻"[4] 之以人民为政治主体之说，肯定每一个人的生命本身，都是目的，而非国家权力或君主利益的工具。故"政者，正也"。为政之道，首在君王之修己立德，树立"克己复礼"之人格典范，则"子帅以正，孰敢不正"[5]？"其身正，不令而行"[6]。因而直趋"天下归仁"[7]之事功。此即伦理与政治合而不分之德化之人治，治国不必待政治权力的构作，惟德性之化育而已。儒家之历史观，惟在托古以改制，其"祖述尧舜，宪章文武"[8]，皆透过前古治道之理想化，而言"吾从

---

[1]《韩非子·心度》篇。陈启天《增订韩非子校释》，页八一三。
[2]《韩非子·八说》篇。陈启天《增订韩非子校释》，页一三六。
[3]《论语·颜渊》篇。《四书集注》，页一一二。
[4]《孟子·尽心下》篇。《四书集注》，页三一〇。
[5]《论语·颜渊》篇。《四书集注》，页一一二。
[6]《论语·子路》篇。《四书集注》，页一一七。
[7]《论语·颜渊》篇。《四书集注》，页一〇八。
[8]《中庸·第二十章》。《四书集注》，页三六。

第五章　韩非政治哲学体系之建立与其实际之发用

周"[1]与"率由旧章,遵先王之法"[2]。盖人性之善千古如一,政治之目的既在"富之、教之"[3],使民有恒产而归之于有恒心[4],建构有助于道德实现的人文环境,故为政之道,端在以道德教化,去陶冶其性情,培养其人格。不在以智治事,以力治人,而在以德化人[5],自然趋向"无变古,毋易常"之路。

韩非政治哲学之理论根基,则殊异于是。其立法之根据,亦在人性论、价值观与历史观之三大柱石上。韩非言人性,惟在自为之计算心,人际关系亦恒建立在利害原则上,而人人之利害基点又彼此对立,故如何消除利害之冲突,乃成为绝对必要之举。法因人情而定赏罚,利用人类趋利避害之心,故民易行,而足以劝功禁邪。故曰:"喜利畏罪,人莫不然。将众者不出乎莫不然之数,而道乎百无失人之行,人未知用众之道也。"[6]又曰:"凡治天下,必因人情。人情有好恶,故赏罚可用;赏罚可用,则禁令可立,而治道具矣。"[7]因人情之好恶,则赏罚可用,法可行,此谓法之不背人情。其价值观以为,人人皆挟自为心,出乎利害之计数,故利之价值不可能在个人身上完成,只有君国之利,才能成为功利价值实现的对象。而为了统合众人之异利,使归于一国之公利,惟有以代表一国公利之法,将世之毁誉之社会价值体系,归属于法之赏罚的新价值规范之

---

[1] 《论语·八佾》篇。《四书集注》,页五七。又《阳货》篇云:"如有用我者,吾其为东周乎?"《四书集注》,页一四二。

[2] 《孟子·离娄上》篇。《四书集注》,页二二九。

[3] 《论语·子路》篇。《四书集注》,页一一八。

[4] 《孟子·梁惠王上》篇云:"无恒产而有恒心者,惟士为能。若民,则无恒产,因无恒心。"

[5] 萧公权《中国政治思想史》,页六二云:"近代论政治之功用者不外治人与治事之二端。孔子则持'政者正也'之主张,认定政治之主要工作乃在化人,非以治人,更非治事。故政治与教育同功……而政治社会之本身实不异一培养人格之伟大组织。"

[6] 《韩非子·难二》篇。陈启天《增订韩非子校释》,页三四四。

[7] 《韩非子·八经》篇。陈启天《增订韩非子校释》,页一五〇。

中，成为治国唯一的客观标准。故曰："圣人之治也，审于法禁，法禁明著则官治；必于赏罚，赏罚不阿则民用。民用官治则国富，国富则兵强，而霸王之业成矣。"[1] 法禁明，赏罚必，则官治民用，而国富兵强。此言法之效用。其历史观言历史之演化，恒由外在情境而定。故时代不同，治道必因之而异。故曰："夫仁义、辩智，非所以持国也。"[2] 上古竞于道德，故仁义可治；中世逐于智谋，故辩智可治；当今争于气力，则仁义、辩智已失其治国之效能。故曰："故治民无常，唯法为治。法与时转则治，治与世宜则有功。故民朴而禁之以名则治，世智而维之以刑则从。时移而法不易者乱，世变而禁不变者削。故圣人之治民也，法与时移，而禁与世变。"[3] 治国之法，因物质条件与时代问题之不同而异，才能适应环境，解决问题。此言法之时代性。

《韩非子》书中，关于法之性质与功能的陈述，其中最重要者有二：

> 法者，宪令著于官府，刑罚必于民心，赏存乎慎法，而罚加乎奸令者也：此人臣之所师也。[4]

> 法者，编著之图籍，设之于官府，而布之于百姓者也。[5]

基于这两条的界定，吾人可借以分析法所具备的性质。其一，"宪令著于官府""编著之图籍"，是为成文法，而具固定恒常性。法为明文之规章，为人臣之所师，以为执法之依据，不同于人治之出

---

[1] 《韩非子·六反》篇。陈启天《增订韩非子校释》，页九二。
[2] 《韩非子·五蠹》篇。陈启天《增订韩非子校释》，页三三。
[3] 《韩非子·心度》篇。陈启天《增订韩非子校释》，页八一四至八一五。
[4] 《韩非子·定法》篇。陈启天《增订韩非子校释》，页七八。
[5] 《韩非子·难三》篇。陈启天《增订韩非子校释》，页三六四。

第五章　韩非政治哲学体系之建立与其实际之发用

乎一己之私意，了无客观之定准，不免有神秘独断的倾向。故曰："释法术而任心治，尧不能正一国。去规矩而妄意度，奚仲不能成一轮。废尺寸而差长短，王尔不能半中。使中主守法术，拙匠执规矩尺寸，则万不失矣。"[1]若容许人臣私心自用，实难期于公正，且无以服民之心，令民无所措手足。故曰："立法令者，所以废私也。法令行，则私道废矣。私者，所以乱法也。……上无其道，则智者有私词，贤者有私意，上有私惠，下有私欲。"[2]此言立法出于大公之精神，使贤智无私意私词，上下无私惠私欲，皆废私而从公，以法为最高之则。其二，"设之于官府，而布之于百姓"，是为公布法，而具客观性与普遍性。法不仅明文规定，且颁布天下，使民知所遵行适从。故曰："明主立可为之赏，设可避之罚。……明主之表易见，故约立；其教易知，故言用；其法易为，故令行。三者立，而上无私心，则下得循法而治，望表而动，随绳而断，因攒而缝，如此则上无私威之毒，而下无愚拙之诛。"[3]法为成文，且遍告天下臣民，使其表易见，其教易知，其法易为，臣可循法而治，民可依法而行，则其赏可为，其罚可避。故上无私威之毒，下无愚拙之诛。韩非"以法为教，以吏为师"，固在统一思想，树立法之权威，然仍深具教育之精神，使民先知而后行，且易知而易行，以免流为不教而杀之暴行。韩非立法，一者曰因人情，二者曰使民易知易行，皆立足于广大人民的基础上，因人情，故可能；民易知易行，故可为。二者为立法之根本前提。否则，既不可能，又不可行，则失去立法以治国之本旨。故曰："微妙之言，上智之所难知也。今为众人法，而以上

---

[1]《韩非子·用人》篇。陈启天《增订韩非子校释》，页七九一至七九二。
[2]《韩非子·诡使》篇。陈启天《增订韩非子校释》，页一一三至一一四。
[3]《韩非子·用人》篇。陈启天《增订韩非子校释》，页七九二。

123

智之所难知，则民无从识之矣。……今所治之政，民间之事，夫妇所明知者不用，而慕上智之论，则其于治反矣。"[1] 又曰："察士然后能知之，不可以为令，夫民不尽察。贤者然后能行之，不可以为法，夫民不尽贤。"[2] 此言法之平易性，人人可知可行，其客观性与普遍性才能成立。其三，"刑罚必于民心"，是为强制性，亦具权威性。立法因人情，使民易知而行，然民心不可必，故须树立其权威性，以赏罚之强制力，使法不仅为可行之列，且为必行之数。故曰："明主之治国也，众其守而重其罪，使民以法禁，而不以廉止。"[3] 又曰："明其法禁，必其赏罚。"[4] 法为成文公布之法，故法禁明，然仍有待赏罚之必，始有其必然之实效。盖法为著于图籍之条文，虽由君王颁布，若不借着赏罚之威利，以求必于民心，使法之权威根植于人心深处，广大人民皆承认法之权威，以为行为之准则，法始能成其为法。否则，法不过是一套虚文条款而已！故法之权威，端在民心之必，而民心之必，则非赏罚之强制推动不能建立。故曰："圣王之立法也，其赏足以劝善，其威足以胜暴，其备足以完法。"[5] 完法之备，则在赏罚之足以劝善胜暴。其四，"赏存乎慎（守）法，而罚加乎奸（犯）令"，此为标准性，亦为规范性。前者言其权威性，系法以赏罚为强制之手段；此者言规范性，系赏罚以法为其依据之标准。故曰："明主之国，令者，言最贵者也，法者，事最适者也。言无二贵，法不两适，故言行而不轨于法者必禁。"[6] 言无二贵，其贵惟在令；法不两

---

[1] 《韩非子·五蠹》篇。陈启天《增订韩非子校释》，页四八。
[2] 《韩非子·八说》篇。陈启天《增订韩非子校释》，页一三六。
[3] 《韩非子·六反》篇。陈启天《增订韩非子校释》，页九四。
[4] 《韩非子·五蠹》篇。陈启天《增订韩非子校释》，页五四。
[5] 《韩非子·守道》篇。陈启天《增订韩非子校释》，页七九七。
[6] 《韩非子·问辩》篇。陈启天《增订韩非子校释》，页八四。

适，其适仅在法。此言法令为治道之标准，为一国政事之最高法则，且为唯一的行为规范。举凡言行有不轨于法者，必禁，故曰："明主之国，官不敢枉法，吏不敢为私，货赂不行，境内之事，尽如衡石也。"[1] 法如衡石，其标准性高悬一国，即使官吏亦不得为私枉法，而行于货赂。"以事遇于法则行，不遇于法则止。"[2] 是以法为治道之标准与行为之规范。故曰："至治之国，有赏罚而无喜怒。"[3] "爱多者，则法不立。"[4]

上述之分析，前二者成文公布之恒常性与客观性，偏向形式之界定；后二者行以赏罚之权威性与规范性，则偏向实质的探讨。也可以说，前二者重在其立法的精神，后二者则重在其行法之要道。

依个人之见，韩非之法的第一要义，在于其标准性与规范性。韩非对列国政情的分析，以为国乱政败的原因，就在于君国之赏罚与世俗之毁誉的对反，故其哲学问题首要在如何消除二者之矛盾，加以统一，使毁誉出乎赏罚，而赏罚皆依于法。故法之第一功能，在于其标准性与规范性，使国家固着在一定的轨道上运行，使法成为群体社会的唯一规范。故曰："明主使其群臣，不游意于法之外，不为惠于法之内，动无非法。"[5] 又曰："一民之轨，莫如法。"[6] 赏罚依乎法之标准而定，使群臣无私意私惠，人民亦必随之，循法之轨道而行，故无分上下，动无非法。韩非之法的第二要义，在于其强制性与权威性。法之标准性与规范性，有待于赏罚之制裁力，始能确

---

[1]《韩非子·八说》篇。陈启天《增订韩非子校释》，页一三九。
[2]《韩非子·难二》篇。陈启天《增订韩非子校释》，页三三八。
[3]《韩非子·用人》篇。陈启天《增订韩非子校释》，页七九五。
[4]《韩非子·内储说上》篇。陈启天《增订韩非子校释》，页三八二。
[5]《韩非子·有度》篇。陈启天《增订韩非子校释》，页二六一。
[6]《韩非子·有度》篇。陈启天《增订韩非子校释》，页二六二。

立其无上之权威性，而在实际政治上展开其应有的效能，故曰："赏罚不信，则禁令不行。"[1] 又曰："法不阿贵，绳不挠曲。法之所加，智者弗能辞，勇者弗能争。"[2] 此即言其权威性与强制性。韩非之法的第三要义，在于其为公布法之普遍性与客观性。法之权威性与强制性必涵概全体，使君臣上下俱在法的制约之中，不有逃离于法的规范之外，成为普遍性的客观法则。否则，容许少数特权存在，则其标准规范性与强制权威性，必同归消失不存。盖执法者官吏也，守法者人民也，故法必设之于官府，使人臣有所师，有其客观的依据；亦布之于百姓，使人民明其所必守，知其所必禁，而有普遍的规范效能。故曰："明主言法，则境内卑贱莫不闻知也。"[3] 如是，则法始有其普遍性与客观性。韩非之法的第四要义，在于其为成文法之恒常不变性。法必设之于官府，布之于百姓，使治者与被治者之间，皆以法为定准，然法之公布，必以"宪令著于官府"之成文法典的编著为其前提。成文法之产生，固当因时制宜，切合时代之社会结构与政治体制之要求。故曰："法与时转则治。治与世宜则有功。"[4] 然法一经编定而公布之后，法之标准性即告生效，其权威性亦随之而建立了，即使君王亦不宜随意更改。故曰："法莫如一而固，使民知之。"[5] 一而固，上下臣民之间，才能依法而治，循法而行。否则，立法等于无法，官吏固失去其治民的标准，百姓亦将逸出法之行为规范的轨道，官吏固得以私心自用，人民亦无所措手足。故曰："好

---

[1]《韩非子·外储左上》篇。陈启天《增订韩非子校释》，页四七七。
[2]《韩非子·有度》篇。陈启天《增订韩非子校释》，页二六二。
[3]《韩非子·难三》篇。陈启天《增订韩非子校释》，页三六四。
[4]《韩非子·心度》篇。陈启天《增订韩非子校释》，页八一四。
[5]《韩非子·五蠹》篇。陈启天《增订韩非子校释》，页四〇。

第五章　韩非政治哲学体系之建立与其实际之发用

以智矫法，时以私心杂公，法禁变易，号令数下者，可亡也。"[1]

综上言之，可知韩非之法理，几乎全出于功利主义的实用观点。法之产生，基于君王治理臣民的现实需求，在公私相背、君臣异利之下，实有制定一上下共守之标准法的必要，以为政治运作的准绳与社会行为的规范，使国有定向，上下相结。而标准法之规范效能，必先树立其强制的权威性，始有其必然之功。法之强制的权威性，亦必先为臣民所共知共行，才能产生普遍的强制力与客观的权威性，故须设之于官府，布之于百姓，使成为客观而普遍的存在。为了法之公布，以明示天下，成文法之编定，乃成为其首要之举。如是，法始为定常之法，足以为治国之最高准则。反之，法之发用，则始于成文法的编著。其次，再设之于官府，使官吏执法，有其客观的标准；布之于百姓，使人人知之行之，成为普遍的行为规范。为了求法治之贯彻，再以赏罚为其后盾，以强制力建立法之无上权威。权威一受承认，则上下莫不遵法。如是，以法为社会行为的唯一规范与政治运作的唯一标准，才可望达成。

由以上法之四类性质与功能的结合，就显现法之公正与平等的实质精神。试看，法既为成文明定之法，既为普遍客观之法，既为强制权威之法，既为标准规范之法，则人人皆知所当为，行所能为，赏罚功罪在乎己，是为公正，亦为平等。儒家"礼不下庶人，刑不上大夫"[2]，尚存有周文遗留的阶级色彩，是为上下的分歧向，治道的

---

[1]《韩非子·亡征》篇。陈启天《增订韩非子校释》，页一一七。《解老》篇亦云："凡法令更，则利害易；利害易，则民务变；民务变，谓之变业。故以理观之……治大国而数变法，则民苦之。是以有道之君，贵虚静而重变法。"同书，页七四〇至七四一。

[2]《小戴礼记·曲礼上》篇。《十三经注疏》第七册《礼记》卷三，页六。艺文印书馆，一九六〇年一月再版。

不平一。韩非"刑过不避大臣,赏善不遗匹夫"[1],上下臣民同在法的制约之中。百姓之所行在法,人臣之所师在法,而君王之所重亦在法。不仅"人主使人臣虽有智能,不得背法而专制"[2],且"明主使法择人,不自举也;使法量功,不自度也。"[3]"人主者,守法责成以立功者也"。[4]法代表君国之公,任法即在废私,故不容私意私惠存于其中,君王亦不例外。故曰:"明主之道,必明公私之分,明法制,去私恩。"[5]由是观之,君王亦在法的规范之中,其为公正与平等,实至为明显。

故《韩非子》书中,对君王背法以治国之悖谬,屡加责难曰:

> 圣人之所以为治道者三:一曰利,二曰威,三曰名。夫利者,所以得民也;威者,所以行令也;名者,上下之所同道也。非此三者,虽有,不急矣。今利非无有也,而民不化上;威非不存也,而下不听从;官非无法也,而治不当名。三者,非不存也,而世一治一乱者,何也?夫上之所贵,常与其所以为治相反也。[6]

> 圣智成群,造作言辞,以非法措于上。上不禁塞,又从而尊之,是教下不听上,不从法也。[7]

威利即赏罚,名即法之规范,而非世之毁誉,法定之赏罚及其

---

[1] 《韩非子·有度》篇。陈启天《增订韩非子校释》,页二六二。
[2] 《韩非子·南面》篇。陈启天《增订韩非子校释》,页一二六。
[3] 《韩非子·有度》篇。陈启天《增订韩非子校释》,页二五三。
[4] 《韩非子·外储右下》篇。陈启天《增订韩非子校释》,页五九〇。
[5] 《韩非子·饰邪》篇。陈启天《增订韩非子校释》,页二一一。
[6] 《韩非子·诡使》篇。陈启天《增订韩非子校释》,页一〇四。
[7] 《韩非子·诡使》篇。陈启天《增订韩非子校释》,页一一四。

第五章　韩非政治哲学体系之建立与其实际之发用

毁誉，皆为人类行为的驱策力。君王自失立场，其所贵之名，常与所以为治之法相反，而不知循法之名以责其实，是为治不当名。如此，无异是教下不听上，民不从法。卒使赏罚与毁誉不同轨，不从法令者，反而尊贵之，法即失去其行为规范的权威性，故利非无有，威非不存，而民不化上，下不听从，此实君王背法而治之过也。法之效能不显，国政亦因之陷于一治一乱之不可必之局。故曰："民之重名，与其重赏也均。赏者有诽焉，不足以劝；罚者有誉焉，不足以禁。"[1] 曰："夫赏所以劝之，而毁存焉；罚所以禁之，而誉加焉。民中立而不知所由，此亦圣人之所为泣也。"[2] 故法之劝禁的效能能否达成，其关键端在君王一身。只有君王不尊礼抗法拒令之贤智，令赏罚毁誉同轨，人民始不致中立于二者之间，徘徊犹疑而不知所从。

君王治国以法，除抑制儒侠，求其赏罚毁誉同轨之外，由于人民莫不喜利畏罪、趋利避害，故一者在内容上宜厚赏重罚，以强化其趋避之心；二者在执行上宜信赏必罚，以坚定其喜畏之行。如是，权威性才能确立。故曰：

> 惠之为政，无功者受赏，而有罪者免，此法之所以败也。法败而政乱，以乱政治败民，未见其可也。[3]

> 赏莫如厚而信，使民利之；罚莫如重而必，使民畏之；法莫如一而固，使民知之。故主施赏不迁，行诛无赦。誉辅其赏，毁随其罚，则贤不肖俱尽其力矣。[4]

> 凡赏罚之必者，劝禁也。赏厚则所欲之得也疾，罚重则所

---

[1]《韩非子·八经》篇。陈启天《增订韩非子校释》，页一七四。
[2]《韩非子·外储右下》篇。陈启天《增订韩非子校释》，页六一一。
[3]《韩非子·难三》篇。陈启天《增订韩非子校释》，页三五三。
[4]《韩非子·五蠹》篇。陈启天《增订韩非子校释》，页四〇。

恶之禁也急。……是故欲治甚者，其赏必厚矣；其恶乱甚者，其罚必重矣。今取于轻刑者，其恶乱不甚也，其欲治又不甚也。此非特无术也，又乃无行。是故决贤不肖、愚知之策，在赏罚之轻重。[1]

信赏必罚，即赏罚完全依乎法之衡定，凡有利于君国而合乎法者，必赏；凡有害于君国而反乎法者，必罚。法为决定赏罚轻重的唯一标准与最高原则，不容许有无功者受赏、有罪者得免之是非颠倒的事象发生。否则，法败而政乱，国无以为治矣。

赏罚之必，固在维护法之权威，然若赏薄罚轻，犹不足以劝善禁暴，故赏先厚而后求其信，使民利之；罚先重而后求其必，使民畏之。"信赏以尽能，必罚以禁邪。"[2]天下臣民在趋利避害之心的驱使下，自会循法而行，同趋君国之公利。故欲治甚者，其赏必厚；恶乱甚者，其罚必重。取轻刑之说者，其恶乱固不甚，其欲治亦不甚。故信赏必罚，惟于"厚赏重罚"之下，始有其劝禁之效能。厚赏重罚由法之明文规定，信赏必罚则由势之强制执行。此二者之分野，不可不辨。故此下专分析其主张厚赏重罚之理由。

且夫重刑者，非为罪人也。明主之法，揆也。治贼，非治所揆也。治所揆也者，是治死人也。刑盗，非治所刑也。治所刑也者，是治胥靡也，故曰：重一奸之罪，而止境内之邪，此所以为治也。重罚者，盗贼也，而悼惧者良民也，欲治者奚疑于重刑？若夫厚赏者，非独赏功也，又劝一国，受赏者甘利，

---

[1] 《韩非子·六反》篇。陈启天《增订韩非子校释》，页九六。
[2] 《韩非子·外储左下》篇。陈启天《增订韩非子校释》，页五二一。

未赏者慕业,是报一人之功,而劝境内之民也,欲治者奚疑于厚赏。[1]

足见韩非之重罚厚赏,并非针对赏功罚罪之本身,仅重一奸之罪,报一人之功,而是重在止境内之邪,劝一国之功。韩非之重刑,非报复罪者之所应得,而在恐吓足以止奸。故韩非之法理,建立在功利主义的基础上,由此又得一证。

重罚重刑之说,并非刻薄寡恩以伤民,实寓"以刑去刑"之教育性。韩非子曰:

公孙鞅之法也,重轻罪。重罪者,人之所难犯也。而小过者,人之所易去也。使人主去其所易,而无离其所难。此治之道,夫小过不生,大罪不至,是人无罪,而乱不生也。[2]

且夫重罚,人之所恶也;而无弃灰,人之所易也。使人行之所易,而无离(犯)其所难,此治之道也。[3]

今不知治者,皆曰:"重刑伤民,轻刑可以止奸,何必于重哉!"此不察于治者也。夫以重止者,未必以轻止也;以轻止者,必以重止矣。是以上设重刑而奸尽止,奸尽止,则此奚伤于民也?所谓重刑者,奸之所利者细,而上之所加焉者大也。民不以小利蒙大害,故奸必止也。所谓轻刑者,奸之所利者大,上之所加焉者小也;民慕其利而傲其罪,故奸不止也。故先贤有谚曰:"不踬于山,而踬于垤。"山者大,故人慎之;垤微小,

---

[1] 《韩非子·六反》篇。陈启天《增订韩非子校释》,页九六。
[2] 《韩非子·内储说上》篇。陈启天《增订韩非子校释》,页四〇二。
[3] 《韩非子·内储说上》篇。陈启天《增订韩非子校释》,页四〇〇。

故人易之也。今轻刑罚，民必易之，犯而不诛，是驱国而弃之也；犯而诛之，是为民设陷也。是故轻罪者，民之垤也。是以轻罪之为民道也，非乱国也，则设民陷也，此则可谓伤民矣。[1]

此言在利害之计量下，重刑则奸伪者之所害者大，所利者小；轻刑则其所害者小，所利者大，故重刑足以止奸，轻刑反而傲罪。重刑之残忍，足以有奸尽止之结果；而奸既已尽止，又于民何伤？此即所谓"前苦而长利"。轻刑之仁慈，必有奸不止之终局；奸既不止，无异为民设陷，此即所谓"偷乐而后穷"。故重刑者始为爱民，轻刑者反为伤民。由是可知，法虽禁于已然之后，若用之得当，刑罚必于民心，亦有其防患于未然之功。重轻罪，则小过易去；小过不生，则大罪不至。是以重刑之后效，乃人无罪，乱亦不生。此即"以刑去刑"的教育功能。

韩非立法，一曰因人情，二曰使民易知易行，皆以广大人民为基底。而法之社会功能，亦在利民萌，便众庶。韩非云：

> 今天下无一伯夷，而奸人不绝世，故立法度量。度量信，则伯夷不失是，而盗跖不得非。法分明，则贤不得夺不肖，强不得凌弱，众不得暴寡。[2]

> 而圣人者，审于是非之实，察于治乱之情也。故其治国也，正明法，陈严刑，将以救群生之乱，去天下之祸，使强不凌弱，众不暴寡，耆老得遂，幼孤得长，边境不侵，君臣相亲，父子

---

[1]《韩非子·六反》篇。陈启天《增订韩非子校释》，页九六。
[2]《韩非子·守道》篇。陈启天《增订韩非子校释》，页七九八。

第五章　韩非政治哲学体系之建立与其实际之发用

相保，而无死亡系虏之患，此亦功之至厚者也。[1]

立法术，设度数，所以利民萌、便众庶之道也。故不惮乱主闇上之患祸，而必思以齐民萌之资利者，仁智之行也。[2]

韩非之法，固为现实政治之需求，以法为治国之定准，以求国之治强，然此中亦开出其法治的理想精神。以法裁制重人，并制约君主，以限定统治者的权势，求得百姓众民在法律上的平等地位，使强不得凌弱，众不得暴寡。故立法术、设度数，是为人民立法，为弱者立法，此即利民萌、便众庶之道。正明法，陈严刑，亦用以救群生之乱，去天下之祸，是为功之至厚，仁智之行。问题在此一理想，其实际之发用能否一如预期，得以付诸实现。此实为韩非政治哲学是否成立的大问题。

总结本节。其一，韩非之法理：一在于好利自为之人性论，因人情之好恶，而以赏罚诱导人民；二在于以君国为首要的价值观，使天下臣民俱在法的规范之中，而求君国之公利；三在于变古以治今的历史观，当今争于气力，才智与道德只有适然之善，而无必然之功，故不尚贤智之行，而治之以法，以强制力绳治臣民，以求因时制宜，穷变求通。由是以法治国，始有其可能，有其必要，亦有其实效。其二，法之性能：一必为成文之法典，有其恒常不变性；二必颁布天下，有其客观普遍性；三必施之以赏罚，有其强制权威性；四必为治国之唯一基准，有其标准规范性。由是而呈显出其公正平等之实质精神。其三，法之内容，在厚赏重罚，求以刑止刑，寓有防患于未然之教育功能。其四，法之理想，在便众庶、利民萌，

---

[1]《韩非子·奸劫弑臣》篇。陈启天《增订韩非子校释》，页二一九。
[2]《韩非子·问田》篇。陈启天《增订韩非子校释》，页三一〇。

133

以限定统治者之权势。

综上言之，法是韩非政治哲学的中心，在顺人情之好恶与尊君重国之价值观间，搭建沟通的桥梁，从天下臣民好利自为心出发，透过法之赏罚的诱导，使直趋君国之公利。法亦为其政治理想之所在，在"礼"随宗法大坏而失去其效能之时，客观平等之标准法，遂应运而生，取代礼维系政治秩序之地位。萧公权先生云："韩非综合三家，以君势为体，以法术为用，复参以黄老之无为，遂创成法家思想最完备之系统。"[1] 依个人之见，韩非乃以君国为目的，以法为体，以势、术为用，而将黄老之无为，融入其术治之内。因韩非之势，乃与法相结之法势，固以势助长法之标准权威性，同时亦受法之制约限定；且韩非恒以君王代表国家之利益，故以君国为目的，以法为体，以势、术为用，较为切当。问题在法代表君国之公利，然法为君所立，亦为势所执运，遂造成其法理想的堕落，而势为之抬头，此当即萧公权先生"以君势为体，以法术为用"之说的由来。然吾人研究其政治哲学之体系架构，当就其原有之理想而言，至于其实际发用，法之地位不得不有的下落，乃其政治哲学最大的困局。

（二）势

韩非政治思想，以尊君重国为其最大特征，然君国之公利，常为臣民之私利所拒斥，故以赏罚之威利，来劝善禁暴，使臣民上下之所为在法之规范中，合于君国公利之要求。法即代表君国之公利，为赏罚之标准，亦为臣民行为之规范。惟韩非亦深知"徒法不能以自行"，故以势为其强制的力量，以术为其运用的方法。惟君若失势，则君术之运用亦成为不可能，故先言其势。

韩非之势治说，主要亦针对儒家之德治而言，而主张任贤不如

---

[1] 萧公权《中国政治思想史》，页三二九。

第五章　韩非政治哲学体系之建立与其实际之发用

任势。云：

> 夫有材而无势，虽贤不能制不肖，故立尺材于高山之上，下临千仞之溪，材非长也，位高也。桀为天子，能制天下，非贤也，势重也。尧为匹夫，不能正三家，非不肖也，位卑也。千钧得船则浮，锱铢失船则沉，非千钧轻而锱铢重也，有势之与无势也。故短之临高也以位，不肖之制贤也以势。……圣人德若尧舜，行若伯夷，而位不载于势，则功不立，名不遂。[1]

此言政治之枢纽，在权力而不在道德。此一权力之所本，在于君之位，故桀为天子，能制天下；尧为匹夫，不能正三家。桀非贤，尧非不肖，在于位之尊、势之重也。势位为权力之源，故主乘势。其势治说，实主张"权力政治"。故曰：

> 夫尧舜生而在上位，虽有十桀纣不能乱者，则势治也。桀纣亦生而在上位，虽有十尧舜而亦不能治者，则势乱也。[2]

此亦言国之治乱，亦由统治权力而定，人之贤德完全无能为力。尧舜在位，十桀纣固不能乱；反之，桀纣在位，十尧舜亦不能治。又曰：

> 仲尼，天下圣人也，修行明道以游海内，海内说其仁，美其义，而为服役者七十人。盖贵仁者寡，能义者难也。故以天

---

[1] 《韩非子·功名》篇。陈启天《增订韩非子校释》，页八〇五至八〇六。
[2] 《韩非子·难势》篇。陈启天《增订韩非子校释》，页六九。

135

下之大，而为服役者七十人，而仁义者一人。鲁哀公，下主也，南面君国，境内之民，莫敢不臣。民者固服于势，势诚易以服人。故仲尼反为臣，哀公顾为君，仲尼非怀其义，服其势也。故以义，则仲尼不服于哀公；乘势，则哀公臣仲尼。[1]

以仲尼之圣明，海内悦服者不过七十弟子而已；而哀公一下主，境内之民，莫敢不从。一贤一势，仲尼反为臣，哀公顾为君。由是可知，势诚易以服人，而贵仁能义者实寡，德治之不如势治，明显可见。

其抨击儒家之德治，仍出乎自利之人性论、实效之价值观与治道因时而变易的历史观，亦由此而建立其势治说。

盖人性既自私，行为完全出乎利害之计量，仁恩慈惠之德治，实不足以治民。韩非云：

夫严家无悍虏，而慈母有败子，吾以此知威势之可以禁暴，而德厚之不足以止乱也。夫圣人之治国，不恃人之为吾善也，而用其不得为非也。恃人之为吾善也，境内不什数，用人不得为非，一国可使齐。为治者用众而舍寡，故不务德而务法。夫必恃自直之箭，百世无矢；恃自圜之木，千世无轮矣。自直之箭，自圜之木，百世无有一；然而世皆乘车射禽者何也？隐括之道用也。虽有不恃隐括而有自直之箭、自圜之木，良工弗贵也，何则？乘者非一人，射者非一发也。不恃赏罚而恃自善之民，明主弗贵也，何则？国法不可失，而所治非一人也。故有

---

[1] 《韩非子・五蠹》篇。陈启天《增订韩非子校释》，页三六。

第五章　韩非政治哲学体系之建立与其实际之发用

术之君，不随适然之善，而行必然之道。[1]

人性皆趋利自为，恃民之自善，一如恃自直之箭、自圜之木，皆百世无有一。即使偶有之，亦不足贵。盖为政之道，在用众而舍寡，所治非一人之故。恃赏罚之威势，用隐括之道，才足以使人不得为非，且一国可使齐；若恃德厚仁恩，则不足以止暴。故曰："民者固服于势，寡能怀于义。"[2] 就人性之自私而言，德治实违人情之好恶，实不足打动人心，而失去其以利害制衡或矫正人性之效力。有如药不对症，难起治病之功，故曰："明主知之，故不养恩爱之心，而增威严之势。"[3] 而就实效论说来，德治惟适然之善，不如势治有必然之功。韩非又云：

明主之治国也，众其守而重其罪，使民以法禁，而不以廉止。母之爱子也倍父，父令之行于子者十母，吏之于民无爱，令之行于民也万父。母积爱而令穷，吏威严而民听从，严爱之策亦可决矣。[4]

今有不才之子，父母怒之弗为改，乡人谯之弗为动，师长教之弗为变。夫以父母之爱、乡人之行、师长之智，三美加焉而终不动，其胫毛不改。州部之吏，操官兵，推公法；而求索奸人，然后恐惧，变其节，易其行矣。故父母之爱，不足以教子，必待州部之严刑者，民固骄于爱，听于威矣。[5]

---

[1]《韩非子·显学》篇。陈启天《增订韩非子校释》，页一六。
[2]《韩非子·五蠹》篇。陈启天《增订韩非子校释》，页三六。
[3]《韩非子·六反》篇。陈启天《增订韩非子校释》，页九四。
[4]《韩非子·六反》篇。陈启天《增订韩非子校释》，页九四。
[5]《韩非子·五蠹》篇。陈启天《增订韩非子校释》，页三九。

慈母之于弱子也，爱不可为前。然而弱子有僻行，使之随师；有恶病，使之事医。不随师，则陷于刑；不事医，则疑于死。慈母虽爱，无益于振刑救死，则存子者非爱也。子母之性，爱也；臣主之权，策也。母不能以爱存家，君安能以爱持国？[1]

母之爱子倍于父之爱，而父令行于子者却十倍于母；吏之于民无所爱，而其令行于民者却万倍于父。人子不才，父母之慈爱、乡人之美行、师长之才智，三者汇聚加乎其身，终不足以改变其不肖之行；而在州吏严刑求索之下，始感恐惧，立即变其节改其行。由是可知，慈母不可为前之爱，不仅无力矫正其子私为自利之行，且适足以助长其骄狂恃恩之念。故曰："民固骄于爱，听于威矣。"又曰："母不能以爱存家，君安能以爱持国？"故严与爱之间的权衡，基于实效论而言，自然倾向严刑以治民之道。曰：

夫施与贫困者，此世之所谓仁义；哀怜百姓，不忍诛罚者，此世之所谓惠爱也。夫施与贫困，则无功者得赏；不忍诛罚，则暴乱者不止。国有无功得赏者，则民不外务当敌斩首，内不急力田疾作；皆欲行货财，事富贵，为私善，立名誉，以取尊官厚俸。故奸私之臣愈众，而暴乱之徒愈胜，不亡何待？夫严刑者，民之所畏也；重罚者，民之所恶也。故圣人陈其所畏，以禁其邪；设其所恶，以防其奸。是以国安，而暴乱不起。吾以是明仁义爱惠之不足用，而严刑重罚之可以治国也。[2]

仁者，慈惠而轻财者也；暴者，心毅而易诛也。慈惠，则

---

[1]《韩非子·八说》篇。陈启天《增订韩非子校释》，页一四四。
[2]《韩非子·奸劫弑臣》篇。陈启天《增订韩非子校释》，页二二四。

不忍，轻财，则好与；心毅，则憎心见于下，易诛，则妄杀加于人。不忍，则罚多宥赦，好与，则赏多无功；憎心见，则下怨其上，妄诛，则民将背叛。故仁人在位，下肆而轻犯禁法，偷幸而望于上；暴人在位，则法令妄而臣主乖，民怨而乱心生。故曰："仁暴者，皆亡国者也。"[1]

此言以仁恩治民，不仅不足以服民之心，反而引发人民妄图侥幸之想，是以轻犯禁法，而陷民于刑。不如临民以威刑，则民听从，反足以振刑救死，才是存民持国之道。且仁义惠爱以治国，破坏了国法之标准性，使其规范效能与权威地位同归消失。故仁人在位之背法滥赦，与暴人在位之乖法妄诛，其害等同，皆所以自陷败亡之道。故曰：

> 无威严之势，赏罚之法，虽尧舜不能以为治。……故善为主者，明赏设利以劝之，使民以功赏，而不以仁义赐；严刑重罚以禁之，使民以罪诛，而不以爱惠免。是以无功者不望，而有罪者不幸矣。[2]

法明赏设利以劝善，严刑重罚以禁暴，然仍待势之强制力，依法以行赏罚，始足以有其劝禁之效。赏诛惟来自功罪，而非仁义之所得赐，与爱惠之所得免，人民才不会有骄狂恃恩之心与妄图侥幸之想。如是，以法治国始能成立。故曰：

---

[1] 《韩非子·八说》篇。陈启天《增订韩非子校释》，页一四五。
[2] 《韩非子·奸劫弑臣》篇。陈启天《增订韩非子校释》，页二二四。

> 今学者之说人主也，不乘必胜之势，而曰"务行仁义，则可以王"，是求人主之必及仲尼，而以世之凡民皆如列徒，此必不得之数也。[1]

人主既非仲尼，世之凡民亦不及列徒，空说仁义，不乘必胜之势，由是以论治国，实为完全不可得之数。又曰：

> 法之为道，前苦而长利；仁之为道，偷乐而后穷。圣人权其轻重，出其大利，故用法之相忍，而弃仁人之相怜也。[2]
>
> 夫垂泣不欲刑者，仁也；然而不可不刑者，法也。先王胜其法，不听其泣，则仁之不可为治亦明矣。[3]

此处"法"，当指刑罚而言。盖法以刑罚为其制裁力，借君势之威以强制执行，当刑者不可不刑，此即法之相忍。仁者垂泣，当刑而不刑，此仁人之相怜，势必违反治国之常法。以实效言之，势之信赏必罚，相忍以刑，虽前苦而有长利；仁之慈恩惠爱，垂泣不欲刑，虽偷乐而后必穷。故权其轻重，而出其大利，自当用法之相忍，而弃仁人之相怜。韩非是实效论者，故其言治，自然以结果之利害轻重，来衡定其治国之道的确当与否。为了获致出其大利的实效，相忍之前苦是必要的，可收"禁奸于未萌"[4]之效，以免"威寡者，则下侵上"[5]，而不愿求相怜一时之偷乐，而自陷于往后无尽之困穷。

---

[1]《韩非子·五蠹》篇。陈启天《增订韩非子校释》，页三六至三七。
[2]《韩非子·六反》篇。陈启天《增订韩非子校释》，页九五至九六。
[3]《韩非子·五蠹》篇。陈启天《增订韩非子校释》，页三六。
[4]《韩非子·心度》篇。陈启天《增订韩非子校释》，页八一三。
[5]《韩非子·内储说上》篇。陈启天《增订韩非子校释》，页三八二。

以治道言之，儒家仁治之不欲刑，固出乎爱，然以结果之陷民于刑而论，则适为不爱，以其"赏繁而奸生"[1]及"爱多者，则法不立"[2]之故。法家反之，由势治必刑之治道言之，似为不爱，而由其期于无刑之结果而论，则适为爱。故曰："其与之刑，非所以恶民，爱之本也。"[3]

再就其历史观而言，今古情境不同，治道亦当因之而异。韩非曰：

> 古者，丈夫不耕，草木之实足食也；妇人不织，禽兽之皮足衣也。不事力而养足，人民少而财有余，故民不争。是以厚赏不行，重罚不用，而民自治。今人有五子不为多，子又有五子，大父未死而有二十五孙。是以人民众而财货寡，事力劳而供养薄，故民争。虽倍赏累罚，而不免于乱。[4]

> 处多事之时，用寡事之器，非智者之备也。当大争之世，而循揖让之轨，非圣人之治也。[5]

时移世易，物质条件之多寡既不同，民情反应之争与不争亦不同，故治国之道亦当有异。上古竞于道德，时势使然也；当今争于气力，亦客观环境之必然趋势。处天下多事之秋，民情大争之世，仍持寡事之器，循揖让之轨，不知因时应变，自不免于乱，是仁义用于古而不用于今。故仁恩慈惠之治，对今世而言，已失去其时效，而难期有功。

---

[1]《韩非子·心度》篇。陈启天《增订韩非子校释》，页八一三。
[2]《韩非子·内储说上》篇。陈启天《增订韩非子校释》，页三八二。
[3]《韩非子·心度》篇。陈启天《增订韩非子校释》，页八一三。
[4]《韩非子·五蠹》篇。陈启天《增订韩非子校释》，页二八至二九。
[5]《韩非子·八说》篇。陈启天《增订韩非子校释》，页一三八。

上述之人性论、价值观与历史观所言任贤之不如任势，皆就被统治之人民而言，而就统治者本身言之，若必行仁政，虽圣贤如尧舜，亦身苦而难为。曰：

且舜救败，期年已一过，三年已三过。舜寿有尽，天下过无已者，以有尽逐无已，所止者寡矣。赏罚使天下必行之，令曰："中程者赏，弗中程者诛。"令朝至暮变，暮至朝变，十日而海内毕矣，奚待期年？舜犹不以此说尧令从己，乃躬亲，不亦无术乎？且夫以身为苦而后化民者，尧舜之所难也；处势而骄下者，庸主之所易也。将治天下，释庸主之所易，道尧舜之所难，未可与为政也。[1]

仁治即使圣人自苦而为，亦难以有成，不如势治，虽庸主亦可使天下毕行之，而易于有成。抑有进者，尧舜之圣德，亦非每代皆有。以政治之常轨而言，圣人不常有，而言仁治必落于人亡政息之困局。故曰：

且夫尧舜桀纣，千世而一出，是比肩随踵而生也。世之治者不绝于中，吾所以为言势者，中也。中者，上不及尧舜，而下亦不为桀纣。抱法处势则治，背法去势则乱。今废势背法而待尧舜，尧舜至乃治，是千世乱而一治也。抱法处势而待桀纣，桀纣至乃乱，是千世治而一乱也。[2]

---

[1]《韩非子·难一》篇。陈启天《增订韩非子校释》，页三一七。
[2]《韩非子·难势》篇。陈启天《增订韩非子校释》，页七〇。

第五章　韩非政治哲学体系之建立与其实际之发用

韩非之势，不同于慎子自然之势，非单指势位的承袭而言，亦非赤裸裸的政治权力，其人设之势，乃指威势的运用，必与国法相结。在法有定制常轨之下，对绝大多数的中主而言，势不可乱而可治，此即所谓"抱法处势则治"的法势。"贤者在位"之人治，实为不可待；抱法处势，则中主亦可治，自不必待贤。故韩非所言治，乃中人之治。至若尧舜之圣，或可不待法势相结，即可化民国治。然圣德不可待，千世而一出，惟适然之善，乏必然之功；桀纣之暴，即使抱法处势，亦不免于乱。然贤者寡，不肖者亦寡，亦千世而一出，故自历史之全局而言，实不足构成大害。由是而观，儒家之仁政，非中主之所能，惟圣人可为，而圣人千世而一出，故仁政待贤之结果，必千世乱而一治；韩非法势之治，为中主之所能，惟暴人可乱，而暴人亦千世而一出，故法势之治不必待贤之结果，为千世治而一乱。故就统治者而言，权其轻重，取其大利，则仍以法势之治，才是可行之治道。

《韩非子》书中，言势之性能，其要有二：

> 君执柄以处势，故令行禁止。柄者，杀生之制也；势者，胜众之资也。[1]

> 夫国之所以强者，政也；主之所以尊者，权也。……故明君操权而上重，一政而国治。[2]

势为胜众之资，故势为统治权力。法家思想以尊君重国为目的，而尊君所以重国，故统治权力完全操之于君王的手中，故曰："主之

---
[1] 《韩非子·八经》篇。陈启天《增订韩非子校释》，页一五〇。
[2] 《韩非子·心度》篇。陈启天《增订韩非子校释》，页八一三。

所以尊者，权也。"权即势重之因，势之威在于操权，始能上重。君王之处势，操权就是执柄。柄即生杀予夺之权，故操权即执赏罚刑德之二柄。云：

> 明主之所道制其臣者，二柄而已矣。二柄者，刑德也。何谓刑德？曰：杀戮之谓刑，庆赏之谓德。为人臣者，畏诛罚而利庆赏，故人主自用其刑德，则群臣畏其威而归其利矣。[1]

故势之威权，重在君王自用其刑德，执赏罚生杀之二柄，此即君王实有之统治权力。此一权力的掌握与运用，才能令行禁止，使群臣畏其威而归其利。又曰：

> 国者，君之车也；势者，君之马也。夫不处势以禁诛擅爱之臣，而必德厚以与天下齐行以争名，是皆不乘君之车，不因马之利，舍车而下走者也。[2]
>
> 彼民之所以为我用者，非以吾爱之为我用者也，以吾势之为我用者也。[3]

国为君之车，即国为君之本；势为君之马，即势为君之威。君乘势以治国，始具胜众之资，若舍车下马而走，则失去其不可乱之凭借，而不足以用天下之民。

惟君势赏罚之执持，必有其根据之标准，才能赏罚无私，使民

---

[1]《韩非子·二柄》篇。陈启天《增订韩非子校释》，页一七九。
[2]《韩非子·外储右上》篇。陈启天《增订韩非子校释》，页五六二。
[3]《韩非子·外储右下》篇。陈启天《增订韩非子校释》，页五九七。

第五章　韩非政治哲学体系之建立与其实际之发用

尽死力，以免"用赏过者失民，用刑过者民不畏，有赏不足以劝，有刑不足以禁"。[1] 故必依法行之，使民知所遵循。《韩非子》书中，赏罚时与法并论，亦时与势兼言，非其观念不明晰，盖势之用，在执赏罚之二柄，行使统治的权力；而赏罚之基准则在法，以法为人主治国的唯一标准。法为厚赏重罚，势则求其信赏必罚，以是之故，法与势在赏罚之运用下，实为不可离。此即韩非之人设之势，处势尚须抱法的原因。

"一政而国治"之"一政"，即法之齐万民，在共同的行为规范与价值旨标之下，国始能趋于治强；然亦必待"君操权而上重"，执持权柄，以赏罚制御群臣与驱使众民，国之常法始可必行。故曰："势之为道也，无不禁。"[2]

由上观之，韩非言势，其性质有二：其一，势本为一君位，必执柄操权，运用赏罚之威利，才足以形成强制的统治权力，故曰："君执柄以处势。"其二，势本为一中性之权力，便治而利乱，必与法结合，始成可治而不可乱。故曰："抱法处势则治。"在执柄与抱法之后，势所呈现之功能则为无不禁，足为禁众之资，亦为行法之强制力。

然君势之患在于旁落，赏罚之二柄一转于大臣之手，则君之尊势之威亦失而不存。韩非曰：

> 权势不可借人，上失其一，下以为百。故臣得借则力多，力多则内外为用，内外为用则人主壅。[3]

---

[1] 《韩非子·饰邪》篇。陈启天《增订韩非子校释》，页二〇七。
[2] 《韩非子·难势》篇。陈启天《增订韩非子校释》，页七〇。
[3] 《韩非子·内储说下》篇。陈启天《增订韩非子校释》，页四二七。

韩非子的哲学

> 万乘之主、千乘之君，所以制天下而征诸侯者，以其威势也。威势者，人主之筋力也。今大臣得威，左右擅势，是人主失力；人主失力而能有国者，千无一人。[1]

> 有主名而无实，臣专法而行之，周天子是也。偏借其权势，则上下易位矣。此言人臣之不可借权势也。[2]

势之重，端在权力的掌握。故大权一旁落，则君必失去其上重之尊位。处势而失其权柄，即有主之名，而无主之实，则势在权臣，上下易位矣。势为统治的权力，赏罚是其权力的外发，赏罚二柄转于重人臣下之手，其统治权力必随之转移，而君势顿成无实权之虚位。盖当今争于气力，民固服于势，臣亦缚于势。威势即人主之筋力，人主失力，大臣得威，则失国矣。故曰："凡人主之国小而家大，权轻而臣重者，可亡也。"[3] 又曰：

> 赏罚下共，则成分。[4]

> 赏罚共，则令不行。[5]

> 夫赏罚之为道，利器也。君固握之，不可以示人。[6]

> 人主者，以刑德制臣者也，今君人者，释其刑德而使臣用之，则君反制于臣矣。[7]

> 其于德施也，纵禁财、发坟仓、利于民者，必出于君，不

---

[1] 《韩非子·人主》篇。陈启天《增订韩非子校释》，页七八八。
[2] 《韩非子·备内》篇。陈启天《增订韩非子校释》，页一九八至一九九。
[3] 《韩非子·亡征》篇。陈启天《增订韩非子校释》，页一一六。
[4] 《韩非子·八经》篇。陈启天《增订韩非子校释》，页一五〇。
[5] 《韩非子·外储右下》篇。陈启天《增订韩非子校释》，页五八八。
[6] 《韩非子·内储说上》篇。陈启天《增订韩非子校释》，页四〇八。
[7] 《韩非子·二柄》篇。陈启天《增订韩非子校释》，页一七九。

使人臣私其德。[1]

司城子罕谓宋君曰："庆赏赐予者，民之所好也，君自行；诛罚杀戮者，民之所恶也，臣请当之。"于是戮细民而诛大臣，君曰："与子罕议之。"居期年，民知杀生之命制于子罕也，故一国归焉。故子罕劫宋君而夺其政，法不能禁也。[2]

赏罚为治国之利器，君自当固握之，不可下共，以免群臣分其威、私其德，而构成其私门之势力。不论是利民之德施还是诛民之威罚，若旁落于人臣之手，则大臣畏之，细民归之，君必失位而国乱。盖一国之统治权力，只能集中于君王一元之领导，不可散落于群臣手中，以免形成多头之马车，相互抗拒，彼此牵制。如是，则国无定向，其害不仅在权臣凌主、大夫执国命，终必落于暴乱分裂之局。

至若如何固握君势，以防备重人近习之窃柄夺权，则有赖君王御臣之术的运用。

总之，韩非主势治，其根基有三：一为人性自利之不可化；二为政治实效之讲求；三为时移事易之应变。其归结之论点，亦有三：一曰为政用众而舍寡，民者固服于势，寡能怀于义，故任贤不如任势；二曰抱法处势，则中主可治，贤圣不可待亦不必待，是仁治不如势治之能期有功；三曰君执柄以处势，操权而上重，由赏罚二柄之执持运用，势之威权才能确立。由是才能构成强固的统治权力，足以君临天下，制群臣而统万民。

---

[1] 《韩非子·八奸》篇。陈启天《增订韩非子校释》，页一九〇。
[2] 《韩非子·外储右下》篇。陈启天《增订韩非子校释》，页五九五。

147

(三) 术

韩非之政治哲学，法以定赏罚，顺人情之好恶，使民易知易行，从而导入君国之公利。惟法仍有待君势之强固，执柄操权，借其强制力，始得贯彻以行。问题在法之标准性与势之强制力，皆必须透过一套治术的运作，始能付之实现，与求其强固。故术成为韩非政治哲学中极为重要的一环，且为后世学人诟病的焦点所在。韩非云：

> 万乘之患，大臣太重，千乘之患，左右太信。此人主之公患也。[1]

> 治国是非不以术断，而决于宠人，则臣下轻君而重于宠人矣。[2]

> 人主者不操术，则威势轻，而臣擅名。[3]

万乘之君不得不有大臣而委以重任，千乘之君亦不得不有左右而信之以分劳。此大臣左右太重太信之患，端在君王御臣之无术，以致威势下移，而重人近习遂得以擅权专断，危及人主。故曰：

> 明主之国，有贵臣，无重臣。贵臣者，爵尊而官大也，重臣者，言听而力多者也。[4]

明君治国，是非以术而断，不听决于重人；群臣可因功而荣贵，决不可因宠而重信，以免君势落在重人之身，而独擅主威之名。

---

[1] 《韩非子·孤愤》篇。陈启天《增订韩非子校释》，页二九〇。
[2] 《韩非子·八说》篇。陈启天《增订韩非子校释》，页一四七。
[3] 《韩非子·外储右下》篇。陈启天《增订韩非子校释》，页六〇八。
[4] 《韩非子·八说》篇。陈启天《增订韩非子校释》，页一四七。

第五章　韩非政治哲学体系之建立与其实际之发用

韩非言术，其理论根基出乎智士不足信之人性论、实效主义与君国为重的价值观，而其运用仍在"用众而舍寡"与"中主可治"之治道。韩非曰：

> 君臣之利异，故人臣莫忠。故臣利立，而主利灭。是以奸臣者，召敌兵以内除，举外事以眩主，苟成其私利，不顾国患。[1]

> 臣主之利，与相异者也，何以明之哉？曰：主利在有能而任官，臣利在无能而得事；主利在有劳而爵禄，臣利在无功而富贵；主利在豪杰使能，臣利在朋党用私。是以国地削而私家富，主上卑而大臣重。故主失势而臣得国，主更称蕃臣，而相室剖符。此人臣之所以谲主便私也。[2]

> 桓公，五霸之上也，争国而杀其兄，其利大也。臣主之间，非兄弟之亲也。劫杀之功，制万乘而享大利，则群臣孰非阳虎也？[3]

> 舜逼尧，禹逼舜，汤放桀，武王伐纣。此四王者，人臣弑其君者也，而天下誉之。察四王之情，贪得之意也；度其行，暴乱之兵也。[4]

在人性各挟利以自为之下，君臣之间利害殊别，形成最尖锐的对立。以人君之位乃天下利之最大者，故群臣内则朋党谲主以便私，外则召敌举外以犯主，以求取而代之，皆属阳虎之徒。即使兄弟之

---

[1]《韩非子·内储说下》篇。陈启天《增订韩非子校释》，页四二八。
[2]《韩非子·孤愤》篇。陈启天《增订韩非子校释》，页二九〇。
[3]《韩非子·难四》篇。陈启天《增订韩非子校释》，页三六八。
[4]《韩非子·说疑》篇。陈启天《增订韩非子校释》，页二四一。

间，为了万乘君位之大利，亦可相互劫杀，伤害手足之亲情。尤以尧、舜、禹之禅让，汤、武之征伐，为儒家推尊之圣王，在韩非的笔下，却贬之为出乎贪得之意，以臣弑君的暴乱之行。这真是历史的大翻案，也是人性的大否定，剥落了父子之情、君臣之义的外衣，遗留于人间的惟有赤裸裸的利害计量与暴力对抗。如是，"上下一日百战"[1]的政治风暴，无日或已。君主既在群臣窥伺之下，而又不得不用臣吏，在"臣利立，而主利灭"之下，故术乃谋以救君国之必危，并用以消解此一存在的矛盾。否则，无术以御下，势不固，法亦不行。惟有用术御臣，始得以固势而法行，法行而国趋治强，此仍出于以君国为目的的价值观。故曰："故有术之君，不随适然之善，而行必然之道。"[2] 盖用术对尊君重国之价值观说来，始有其必然之实效。故曰：

今贞信之士，不盈于十，而境内之官以百数，必任贞信之士，则人不足官；人不足官，则治者寡，而乱者众矣。[3]

尽管君臣异利，真正贞信之士微乎其微，然为政之道，端在"用众而舍寡"，必待贞信之士始用之，则人不足官，国无可治矣。故其基点，乃从贞信之士不可待出发，以谋求不必待之道。故曰：

今人主处制人之势，有一国之厚，重赏严诛得操其柄，以修明术之所烛，虽有田常、子罕之臣，不敢欺也，奚待于不欺

---

[1] 《韩非子·扬摧》篇。陈启天《增订韩非子校释》，页七〇九。
[2] 《韩非子·显学》篇。陈启天《增订韩非子校释》，页一六。
[3] 《韩非子·五蠹》篇。陈启天《增订韩非子校释》，页四八。

第五章　韩非政治哲学体系之建立与其实际之发用

之士？[1]

臣莫不欺主，主挟其无不禁之势，修明术之所烛，以洞察臣下之奸诈，而可自立于不可欺之地。故曰：

> 故明主之道，一法而不求智，固术而不慕信，故法不败，而群官无奸诈矣。[2]

法可立可循，而上智难求；术可固可用，而贞信少有。若舍法则"人君不明乎公私之利"，不用术则"人君不察当否之言，而诛罚不必其后"[3]，则法必不行，而群臣奸伪生矣。法以定赏罚，术即依法之名以求其实的督责求功，使臣下无所逃于法之既定规范之中。

且公私相背，不用臣吏以治民，则国法不能下落以规范众民，民亦私利自为，而乱者日众矣。故曰：

> 善张网者，引其纲。若一一摄万目而后得，则是劳而难；引其纲，而鱼已囊矣。故吏者，民之本、纲者也，故圣人治吏不治民。[4]

> 闻有吏虽乱而有独善之民，不闻有民乱而有独治之吏，故明主治吏不治民。[5]

> 力不敌众，智不尽物，与其用一人，不如用一国，故智力

---

[1]《韩非子·五蠹》篇。陈启天《增订韩非子校释》，页四八。
[2]《韩非子·五蠹》篇。陈启天《增订韩非子校释》，页四八。
[3]《韩非子·五蠹》篇。陈启天《增订韩非子校释》，页五四。
[4]《韩非子·外储右下》篇。陈启天《增订韩非子校释》，页六〇六。
[5]《韩非子·外储右下》篇。陈启天《增订韩非子校释》，页五九〇至五九一。

151

韩非子的哲学

敌，而群物胜。揣中则私劳，不中则任过。下君尽己之能，中君尽人之力，上君尽人之智。……事成，则君收其功；规败，则臣任其罪。[1]

一君治万民，若躬亲自为，由于"力不敌众，智不尽物"，乃事所不能，必陷于"揣中则私劳，不中则任过"之两难。惟用吏以治民，始得引其纲而摄万目，囊括全民于其中，且吏虽不法，民不必趋乱，而民乱必由吏治不明而起，故治国之道，在治吏不治民。君用术以御臣下，令臣吏依法以治民，则法行而国治。由此，自有君无为于上，而臣无不为于下之效。故曰：

故国者，君之车也，势者，君之马也。无术以御臣，身虽劳，犹不免于乱。有术以御之，身处佚乐之地，又致帝王之功。[2]

国为其体，势为其力，君为驾车、御马者，法为其前进之方向，术则为驾御之方法。又曰：

明主之国，官不敢枉法，吏不敢为私，货赂不行，境内之事，尽如衡石也。此其臣有奸者必知，知者必诛。是以有道之主，不求清洁之吏，而务必知之术也。[3]

---

[1] 《韩非子·八经》篇。陈启天《增订韩非子校释》，页一五二至一五三。
[2] 《韩非子·外储右下》篇。陈启天《增订韩非子校释》，页六〇七。
[3] 《韩非子·八说》篇。陈启天《增订韩非子校释》，页一三九。

第五章　韩非政治哲学体系之建立与其实际之发用

此谓明主，或曰有道之主，皆知术用术之君主，不待臣之品清德洁，以其不可待亦不必待之故。盖贞信之士，境内不盈十，是为不可待；君有术以御臣，则臣有奸者皆在必知必诛之列，是为不必待。如是，则天下之士，君皆可借重其才智，而不用计其贤德。故曰："与其用一人，不如用一国。"又曰："上君尽人之智。"如此，君上不亲细民，不躬小事，身处佚乐之地，而臣下之功无不举矣。自不必如下君尽己之能、中君尽人之力之困穷与有限，且事成则君王收知人善任之功，规败则臣下任智能未尽之罪。此始为治国上上之策。

《韩非子》书中言术之性能，其要有二：

> 术者，因任而授官，循名而责实，操生杀之权，课群臣之能者也。此人主之所执也。[1]
>
> 术者，藏之于胸中，以偶众端，而潜御群臣者也。[2]

此一界定，言"操生杀之权"，似与势之"执柄""操权"混而不分。事实上，权柄本因势而有，而权柄之操执，则属于术之功能。故曰：操生杀之权，以课群臣之能。此一如厚赏重罚，因法而立，而信赏必罚，则属势之威权。此言术之性能，与法适为一对反。萧公权先生论法术之别有三："法治之对象为民，术则专为臣设，此其一。法者君臣所共守，术则君主所独用，此其二。法者公布众知之律文，术则中心暗运之机智，此其三。"[3]

---

[1]《韩非子·定法》篇。陈启天《增订韩非子校释》，页七六。
[2]《韩非子·难三》篇。陈启天《增订韩非子校释》，页三六四。
[3] 萧公权《中国政治思想史》，页二四二。

153

法为君臣上下共守，故必成文明定天下；术为君王所独运，故莫如神秘不可测。韩非曰：

> 凡术也者，主之所以执也；法也者，官之所以师也。[1]
> 法莫如显，而术不欲见。[2]

此一比论最足以表现二者性能之不同。法为治国之明法，术为御臣之秘术，一明一暗，一可知一不可知，两者交合运用，则天下臣民均在势之笼罩中矣。故曰：

> 君无术则弊于上，臣无法则乱于下。此不可一无，皆帝王之具也。[3]
> 人主之大物，非法则术也。[4]

依个人之见，"术不欲见"仅限于君王之心意，不为臣下所预知，不予臣下有逢迎窥伺之机，先自立不败之地，再求用人之明，督责之功，故曰：

> 是以好恶见，则下有因，而人主惑矣。[5]

左右近习，若得伺机窥知君王之好恶，则必矫饰其能，隐匿其

---

[1] 《韩非子·说疑》篇。陈启天《增订韩非子校释》，页二三二。
[2] 《韩非子·难三》篇。陈启天《增订韩非子校释》，页三六四。
[3] 《韩非子·定法》篇。陈启天《增订韩非子校释》，页七七。
[4] 《韩非子·难三》篇。陈启天《增订韩非子校释》，页三六三至三六四。
[5] 《韩非子·外储右上》篇。陈启天《增订韩非子校释》，页五五六。

第五章 韩非政治哲学体系之建立与其实际之发用

奸，而人主对于人臣必智愚难分、忠奸莫辨矣。故曰：

> 用术，则亲爱近习，莫之得闻也。[1]

此一义，实为韩非术治说最消极的一面，至于《主道》篇所谓："明君无为于上，群臣竦惧乎下。"[2] 流为神秘专断，无异恐怖统治之说，实为韩非后学之误解，已失去韩非用术以止奸，以求赏罚得宜之本有精神。韩非术治说所以为后人诟病者，就在此。熊十力先生曰："韩非之书，千言万语，壹归于任术而严法，虽法术兼持，而究以术为先。（'先'者扼重义，非时间义。）术之神变无穷也，揭其宗要，则卷十六《难三》篇'术不欲见'一语尽之矣。卷十七《说疑》篇曰'凡术也者，主之所以执也'，此一执字，甚吃紧。执有执持、执藏二义……天下莫逃于其所藏之外，亦眩且困于其所藏之内，而无可择自动也，是谓执藏。持之坚，可以百变而不离其宗；持之妙，有宗而不妨百变，是谓执持。不了执义，则不知韩非所谓术也。"[3]《韩非子》书中，言术最详，也最为具体。盖韩非政治哲学，法之标准规范与势之统治权力若不透过治术的执持运用，都将失去其本有的功能。故熊十力先生言韩非思想究以术为先，实为最得真相之见。问题在熊先生附加之按语，以为"先"非"时间"义，而为"扼重"义，故由此一端而谓韩非非法家正统。[4] 依个人之见，韩非思想仍以法为重，术之运用，乃法治不得不有的手段。又曰："韩

---

[1] 《韩非子·难三》篇。陈启天《增订韩非子校释》，页三六四。
[2] 陈启天《增订韩非子校释》，页六八六。
[3] 熊十力《韩非子评论》，《学原》第三卷第一期，页七。
[4] 熊十力《韩非子评论》，《学原》第三卷第一期，页一。

155

非盖尝用致虚守静之功,以养其神,栖神于静,而不妄费,是谓无为。无为也,则意欲不形于外,而天下莫得窥其藏,是谓无见。无见则天下不得窃窥以制我,而我守静以制动。而识其几,乃以静制动,不患无术矣。故韩非之术,终不免出于阴深,流于险忍。"[1] 熊十力先生这一番论析,诚然为透辟之论,问题在《解老》《喻老》与《主道》《扬权》等篇,已被怀疑为韩非后学晚期作品中杂糅黄老思想者[2],实不足以代表韩非学派的思想,熊先生却据此立论,可能有欠客观而失真。

而术治说之积极一面,实在于"因任而授官"与"循名而责实"二端。此二者为政治运作之常轨,而一无神秘独断之意味。"因任而授官"亦即"程能而授事,察端而观失"[3],是为参验之术,以求知人与用人之明。人主任使群臣,首要前提在知其材能,而授予与其材能相称之职责。此则人主必有知人之术,知下之明,毋使群臣饰能以自进,而任命强毅劲直、远见明察之能法知术之士。"不能以枉法为治""不能以货赂事人"[4],始能循令而从事,案法而治官,以烛重人之阴情,矫重人之奸行,以免重人之危害人主,败坏国政。"循名而责实",亦即"计功而行赏"[5],是为督责之术,以考核群臣施政之绩效,求其名实相称,职位与事功相合。"上必采其言而责其实,言当则有大利,言不当则有重罪。"[6]而以赏罚生杀之威权,以督责群臣勠力本职,求其必然之绩效表现。

---

[1] 熊十力《韩非子评论》,《学原》第三卷第一期,页一四。
[2] 杨日然《韩非法思想的特色及其历史意义》,《台湾大学法学论丛》第一卷第二期,页二六七。
[3] 《韩非子·八说》篇。陈启天《增订韩非子校释》,页一三四。
[4] 《韩非子·孤愤》篇。陈启天《增订韩非子校释》,页二八八。
[5] 《韩非子·八说》篇。陈启天《增订韩非子校释》,页一三四。
[6] 《韩非子·问辩》篇。陈启天《增订韩非子校释》,页八四。

第五章　韩非政治哲学体系之建立与其实际之发用

如此，君王先求不可知，以免为臣下所乘；再"因任而授官"之知人用人在先，"循名而责实"之督导责求在后，使人能尽其材，事能致其功；再根据其职责之绩效表现，而予以应有之赏罚，则人臣不得有奸诈，国政亦将步上常轨。故曰："见知不悖于前，赏罚不弊于后，安有不葬之患？"[1]

此下即就这三方面，分别说明其术之运用。

1. 不可知之无为术

君主自有制人之势，然若暴露己之好恶，则为臣下所乘，此实为君权旁落、法败国乱的根本原因。故韩非言术，其第一义在君王之不可知。治国惟循法而行，而不依己之好恶以为断。如是，君无为，臣下亦诈伪不生，法行而国治矣。韩非曰：

> 凡奸臣皆欲顺人主之心，以取信幸之势也。是以主有所善，臣从而誉之；主有所恶，臣因而毁之。凡人之大体，取舍同者则相是也，取舍异者则相非也。今人臣之所誉者，人主之所是也，此之谓同取；人臣之所毁者，人主之所非也，此之谓同舍。夫取舍同而相与逆者，未尝闻也。此人臣之所以取信幸之道也。[2]

> 人主有二患：任贤，则臣将乘于贤，以劫其君；妄举，则事沮不胜。故人主好贤，则群臣饰行以要君欲，则是群臣之情不效；群臣之情不效，则人主无以异其臣矣。……故君见恶，则群臣匿端；君见好，则群臣诬能；人主欲见，则群臣之情态得其资矣。……人臣之情，非必能爱其君也，为重利之故也。

---

[1] 《韩非子·难一》篇。陈启天《增订韩非子校释》，页三二〇。
[2] 《韩非子·奸劫弑臣》篇。陈启天《增订韩非子校释》，页二一三。

157

> 今人主不掩其情，不匿其端，而使人臣有缘以侵其主，则群臣为子之、田常不难矣。故曰：去好去恶，群臣见素，则人君不蔽矣。[1]
>
> 且君上者，臣下之所为饰也。好恶在所见，臣下之饰奸物以愚其君，必也。明不能烛远奸，见隐微，而待以观饰行，定罚赏，不亦弊乎！[2]
>
> 夫为人主而身察百官，则目不足，力不给。且上用目，则下饰观；上用耳，则下饰声；上用虑，则下繁辞。先王以三者为不足，故舍己能，而因法数，审赏罚。[3]

人主操赏罚之二柄，臣下不爱君而重己利，惟因人主之好恶，以匿其端，诬其能。如是，群臣之情不显，君又何以能明烛远奸、细见隐微？所观惟臣下之饰行，真伪不分，知人难明，赏罚不得其当，治国失其常法，则政乱国败矣。顺人主之心，取舍与之同，以取得信幸之势。故惟有去好去恶，使群臣无所巧饰其伪观虚声，而呈显其真实面貌。人主不蔽于上，赏罚始有其定准，故曰："舍己能，因法数，审赏罚。"此非君主之阴深险忍，而是以法定赏罚，而不出以一己之好恶，正是舍己能重法治之精神，以消除臣下饰观诬能之奸诈。由是可知，不可知之术，实为以法治国，以求赏罚得当之必要条件。重在行法，而非权术执藏。故曰：

> 赏罚者，利器也。君操之以制臣，臣得之以壅主。故君先

---

[1]《韩非子·二柄》篇。陈启天《增订韩非子校释》，页一八三至一八四。
[2]《韩非子·难三》篇。陈启天《增订韩非子校释》，页三六三。
[3]《韩非子·有度》篇。陈启天《增订韩非子校释》，页二五九。

见所赏，则臣鬻之以为德；君先见所罚，则臣鬻之以为威。[1]

赏罚为君势之利器，若君将赏罚先示于臣下，臣下即得以外售，据为己之德威。若此，君上不仅不足以制臣，反为臣所制矣。故君上先为不可知，既可赏罚依乎法之明定，国法之权威始得维系，且赏罚不为臣下所资借，君势始不致旁落。故曰：

明主，其务在周密，是以喜见则德偿，怒见则威分。故明主之言，隔塞而不通，周密而不见。[2]
明主之行制也天，其用人也鬼，天则不非，鬼则不困。[3]

君上自为周密，臣下不得因其喜怒以偿其德、分其威。此言术之周密，乃用以固君势之德威。行制也天，言赏罚依乎法，如天之清明无私；用人也鬼，言知人用人之术，如鬼之密藏难测。此言术之密藏，乃用以行国法之正轨。故求势固法行，必先求君上不可知。
"尽思虑，揣得失，智者之所难也。无思无虑，挈前言而责后功，愚者之所易也。明主操愚者之所易，不责智者之所难，故智虑不用而国治也。"[4] 下君尽己之智能，不仅事所不能，且反为臣下所因，为饰观繁辞所惑，不如绝思虑，去智者之所难；挈前言而责其后功，取愚者之所易，则君智虑不用，而臣自竭其智能，国必治矣。如是，中主可治，何待君之材智？
由上述可知，君上先为不可知，正是知人用人的必要条件，也

---

[1]《韩非子·内储说下》篇。陈启天《增订韩非子校释》，页四三四至四三五。
[2]《韩非子·八经》篇。陈启天《增订韩非子校释》，页一六八。
[3]《韩非子·八经》篇。陈启天《增订韩非子校释》，页一五〇至一五一。
[4]《韩非子·八说》篇。陈启天《增订韩非子校释》，页一四七。

是治国以常法而不以私意的首要前提。君之好恶不见，惟依常法行之，以断臣下自饰迎合之念，是则臣下可知可用，而常法可行矣。故曰："夫舍常法而从私意，则臣下饰于智能；臣下饰于智能，则法禁不立矣。是妄意之道行，治国之道废矣。"[1]

熊十力先生无见于此，不从君上之不可知，正是重国法、舍己能之方法运用，来了解韩非之术，而仅言其阴深险忍，失之远矣。

2. 因任授官之参验术

术之第一义，在君上不可知之无为，以求有知人之明，而用人当能；然"不可知"仅为知人用人之必要条件，而非充分条件，故术之第二义，在于因任授官之参验术。

韩非论政，每感于重人近习之危害人主，而法术之士反而不得进用。韩非曰：

今守度奉量之士欲以忠婴上，而不得见；巧言利辞，行奸轨以幸偷世者数御。据法直言，名刑相当，循绳墨，诛奸人，所以为上治也，而愈疏远；谄施顺意从欲以危世者近习。[2]

此用人授官之颠倒，乃出乎君上不知人、不因能之过。君上不知人，不仅重臣在位，足以危害君国，而有"犯法为逆以成大奸者，未尝不从尊贵之臣也"[3]之患。而法之禁奸，亦常由于重人之阻隔其中，而失去其禁奸之效能。韩非设喻曰：

---

[1]《韩非子·饰邪》篇。陈启天《增订韩非子校释》，页二〇九。
[2]《韩非子·诡使》篇。陈启天《增订韩非子校释》，页一〇八至一〇九。
[3]《韩非子·备内》篇。陈启天《增订韩非子校释》，页一九八。

第五章　韩非政治哲学体系之建立与其实际之发用

今夫水之胜火亦明矣，然而釜鬵间之，水煎沸竭尽其上，而火得炽盛焚其下，水失其所以胜者矣。[1]

君势之水，本足以禁熄臣奸之火，奈何釜鬵阻其间，水空居上位，反为其下炽盛之火所煎熬矣。故曰：

有擅主之臣，则君令不下究，臣情不上通。一人之力能隔君臣之间，使善败不闻，祸福不通，故有不葬之患也。明主之道，一人不兼官，一官不兼事。卑贱不待尊贵而进，大臣不因左右而见。[2]

君上知人用人，因其能而授之官，一者先为不可知，二者铲除重人近习之阻隔。如此，始能用人惟材，职能相当。又曰：

任人以事，存亡治乱之机也。无术以任人，无所任而不败。人君之所任，非辩智，则修洁也。任人者，使有势也。智士者，未必信也；为多其智，因惑其信也。以智士之计，处乘势之资，而为其私急，则君必欺焉。为智者之不可信也，故任修士者，使断事也。修士者，未必智也；为洁其身，因惑其智也。以愚人之所惛，处治事之官，而为其所以然，则事必乱矣。故无术以任人，任智则君欺，任修则事乱；此无术之患也。明君之道，贱德义贵，下必坐上，决诚以参，听无门户，故智者不得诈欺。计功而行赏，程能而授事，察端而观失，有过者罪，有能者得，

---

[1] 《韩非子·备内》篇。陈启天《增订韩非子校释》，页一九八。
[2] 《韩非子·难一》篇。陈启天《增订韩非子校释》，页三二〇。

161

韩非子的哲学

故愚者不得任事。智者不敢欺，愚者不得断，则事无失矣。[1]

君主治国，不能独治，而必得委任官吏，分以治民，将断事与执法之权，交在臣下之手。故知人用人，因任而授官，成为政治成败之关键。韩非以为臣下非辩智即修洁，而智士不必可信，修士未必明智。不可信而任之，君必见欺；未必智而任之，国事必乱：终陷入两难之局。此乃君上知人用人无术之结果。惟有以参验之术，不专听重人之言，使智者不得诈欺；惟有程能而授事，察端而观失，使愚者不得任事。如是，则国事不失。

此一知人之术，在听无门户；用人之术，在不因左右而见：则参伍之术，乃事实之所必要。韩非曰：

参伍之道，行参以谋多，揆伍以责失。行参必折，揆伍必怒。不折则渎上，不怒则相和。折之微，足以知多寡；怒之前，不及其众。[2]

陈启天先生释之曰："所谓参伍，盖指详细错综以考察群臣之术也。行参，犹言多方咨询意见也；多方咨询意见，则群下之有材与否可以知之，故曰谋多。……揆伍，犹言多方考察情伪也；多方考察情伪，则群下之有奸与否可以知之，故曰责失。"[3]

行参即"参之以人"，揆伍则"验之以物"，是即所谓参验术。[4] 行参必入微，揆伍必严厉，则可知臣下之智愚与忠奸，并可计量其

[1] 《韩非子·八说》篇。陈启天《增订韩非子校释》，页一三四。
[2] 《韩非子·八经》篇。陈启天《增订韩非子校释》，页一六二。
[3] 陈启天《增订韩非子校释》，页一六三，注二条。
[4] 《韩非子·八经》篇。陈启天《增订韩非子校释》，页一六二。

162

第五章　韩非政治哲学体系之建立与其实际之发用

得失之多寡，而臣下自不敢以浮词应上，朋比为奸矣。又曰：

> 夫奸臣得乘信幸之势，以毁誉进退群臣者，人主非有术数以御之也。故主必蔽于上，而臣必重于下矣，此之谓擅主之臣。国有擅主之臣，则臣下不得尽其智力以陈其忠，百官之吏不得奉法令以致其功矣。[1]

知人用人，意在使群臣得以尽智奉法，以陈其忠，致其功；然君王若不以参验审言辞，定是非，而专听重人之言，则主蔽于上，而臣重于下矣。如此，君上无以知下，亦不能用人。故曰："不以参伍审罪过，而听左右近习之言，则无能之士在廷，而愚污之吏处官矣。"[2] 由知人不明，而国事日坏，君位日危，故参验之术不可不有。又曰：

> 不任典成之吏，不察参伍之政，不明度量，恃尽聪明，劳思虑，而以知奸，不亦无术乎？且夫物众而智寡，寡不胜众，故因物以制物；下众而上寡，寡不敌众，故因人以制人。是以形体不劳而事治，智虑不用而奸得。[3]

参伍之术，即"众端参观"[4]，综合各方之言，"因参验而审言辞"[5]。故曰："偶参伍之验，以责陈言之实，执后以应前，按法以治

---

[1] 《韩非子·奸劫弑臣》篇。陈启天《增订韩非子校释》，页二一四。
[2] 《韩非子·孤愤》篇。陈启天《增订韩非子校释》，页二八八。
[3] 《韩非子·难三》篇。陈启天《增订韩非子校释》，页三五八。
[4] 《韩非子·内储说上》篇。陈启天《增订韩非子校释》，页三七八。
[5] 《韩非子·奸劫弑臣》篇。陈启天《增订韩非子校释》，页二一六。

163

众，众端以参观。"[1] 盖"观听不参，则诚不闻；听有门户，则臣壅塞"。[2] 又曰："不以众言参验，用一人为门户者，可亡也。"[3] 验之以物，故因物以制物；参之以人，故因人以制人。盖物众而智寡，下众而上寡，惟有以参验之术，因人制人，因物制物，人主始能形体不劳而事治，智虑不用而奸得。又曰："使人臣有言之责，又有不言之责。言无端末，辩无所验者，此言之责也。以不言避责，持重位者，此不言之责也。人主使人臣言者，必知其端末，以责其实；不言者，必问其取舍，以为之责，则人臣莫敢妄言矣，又不敢默然矣，言、默皆有责也。"[4] 术之运用，言者固责其实，不言者亦问其取舍，以为之责，当使群臣莫敢无端妄言，又不敢默然不言。言、默皆有责，如是始能以一国为君之耳目，亦始得以术责臣，以求其功。其终极则在："明主者，使天下不得不为己视，使天下不得不为己听。故身在深宫之中，而明照四海之内。"[5] 又曰："故设利害之道，以示天下而已矣。夫是以人主虽不口教百官，不目索奸邪，而国已治矣。"[6]

是故，韩非之无为，乃谓君王"舍己能，因法数"，不预断，不逞能，则天下臣吏皆为王之耳目手足，国自归于治。此说实寓有限定君权，不使妄断政事之一义在。盖君若无为，惟因任而授官，程能而授事，百官自能各竭其智能。历代政局，皆君王大有为、好逞能，以己之愚否定天下才士之智能，国事遂落于无可为之境。韩非

---

[1]《韩非子·备内》篇。陈启天《增订韩非子校释》，页一九六。
[2]《韩非子·内储说上》篇。陈启天《增订韩非子校释》，页三八〇。
[3]《韩非子·亡征》篇。陈启天《增订韩非子校释》，页一一六。
[4]《韩非子·南面》篇。陈启天《增订韩非子校释》，页一二七。
[5]《韩非子·内储说上》篇。陈启天《增订韩非子校释》，页三七八。
[6]《韩非子·内储说上》篇。陈启天《增订韩非子校释》，页三七八。

第五章 韩非政治哲学体系之建立与其实际之发用

主君不必贤智,故其治道曰中主可治。中主之所以可治,即在循法持柄,勉其无为,而任用天下高才睿智、能法知术之士,才有意义,也才有可能。

3. 循名责实之督责术

术之运用,消极方面,使臣下不得亏法利私,擅令自为,故先为不可知,不使臣下有因得乘。积极方面,则求知下之明,用人确当,再进一步求其事功之表现。故循名而责实之督责术,主要在完成其实效主义的价值观。韩非曰:

> 有术之君,不随适然之善,而行必然之道。[1]

实效之讲求,在行其必然之道,而不随适然之善,以求中主不必智能而可治,人臣不必贤德而可用。此惟有任术以辅成之。韩非曰:

> 夫言行者,以功用为的彀者也。夫砥砺杀矢而以妄发,其端末未尝不中秋毫也。然而不可谓善射者,无常仪的也。设五寸之的,引百步之远,非羿、逢蒙不能必中者,有常仪的也。故有常,则羿、逢蒙以五寸的为巧;无常,则以妄发之中秋毫为拙。今听言观行,不以功用为之的彀,言虽至察,行虽至坚,则妄发之说也。[2]

韩非之法,属于实证法,出乎功利实效的观点。法为一国之常仪,而功利则为其衡量法之存废的价值基准。凡人臣之言行,亦当

---

[1] 《韩非子·显学》篇。陈启天《增订韩非子校释》,页一六。
[2] 《韩非子·问辩》篇。陈启天《增订韩非子校释》,页八五。

以功用加以考察。惟"不苟于世俗之言，循名实而定是非"[1]，故曰：

> 明主听其言，必责其用；观其行，必求其功。然则虚旧之学不谈，矜诬之行不饰矣。[2]
>
> 今人主之于言也，说其辩，而不求其当焉；其于行也，美其声，而不责其功焉。是以天下之众，其谈言者，务为辩而不周于用，故举先王言仁义者盈廷，而政不免于乱；行身者，竞于为高而不合于功，故智士退处岩穴，归禄不受，而兵不免于弱。[3]

言说必求其当，美声必责其功，使周于用，合于功，一者可辟儒道无用之言行，而一归于法；二者可"挈前言而责后功"[4]，以求赏罚得当，事功得成。故曰：

> 有道之主，听言督其用，课其功；功课，而赏罚生焉。[5]
>
> 夫刑当无多，不当无少，无以不当闻，而以太多说，无术之患也。[6]

听其言，必督其用，课其功，功当其言则赏，功不当其言则罚。君有术以功用考其言行，则赏罚俱得其当，刑何嫌多？故刑赏之用，

---

[1] 《韩非子·奸劫弑臣》篇。陈启天《增订韩非子校释》，页二一六。
[2] 《韩非子·六反》篇。陈启天《增订韩非子校释》，页一〇二。
[3] 《韩非子·五蠹》篇。陈启天《增订韩非子校释》，页五〇。
[4] 《韩非子·八说》篇。陈启天《增订韩非子校释》，页一四七。
[5] 《韩非子·八经》篇。陈启天《增订韩非子校释》，页一七〇。
[6] 《韩非子·难二》篇。陈启天《增订韩非子校释》，页三三一。

不在多与少，而在当与不当。有术之观测考核，刑赏自得其当；刑赏得当，则法之标准性与规范性才得以发挥其功能。

以功用考臣下之言行，即为循名而责实之督责术。盖一人不兼官，一官不兼事，人主令臣下专任一职一事，而责求其克尽本职之功。故曰：

> 人主将欲禁奸，则审合形名。形名者，言与事也。为人臣者陈其言，君以其言授之事，专以其事责其功。功当其事，事当其言，则赏；功不当其事，事不当其言，则罚。故群臣其言大而功小者则罚，非罚小功也，罚功不当名也。群臣其言小而功大者亦罚，非不说于大功也，以为不当名也，害甚于有大功，故罚。[1]

审合形名，即责求臣下依法而行，不得越职自为，亦不得失职不为。故韩昭侯醉寝，典冠为之加衣，君兼罪典衣与典冠，即一者越其职，一者失其事。故人臣各有专职，各尽一己之职责，君王惟以其职之名，而责其职之实。故曰："人主者，守法责成以立功者也。"

陈启天先生释形名之术曰：

> 形名，又作"刑名"，或"名实"。一切事物，有形有名。名以形称，形依名定，形名二者，必求其合，是谓"循名责实""综核名实""形名参同""审合形名"。以言为名，则事为

---

[1] 《韩非子·二柄》篇。陈启天《增订韩非子校释》，页一八一至一八二。

形，后事必求其与前言相合，形名也。以法为名，则事为形，事件必求其与法文相合，形名也。以官为名，则职为形，职务必求与官位相合，形名也。[1]

此一形名术之运用，当以国法为最高基准。惟法之明文，实难期周遍。故曰："若其无法令，而可以接诈、应变、生利、揣事者，上必采其言，而责其实。言当则有大利，言不当则有大罪。"[2] 故以法为名，事为形为主；次而官为名，职为形；三为言为名，事为形。君以其言授之事，以其事责其功，乃用以补成文法之不足。否则，功虽当其事，若有背于法，亦不足取。故曰：

释规而任巧，释法而任智，惑乱之道也。[3]

人主虽使人，必以度量准之，以形名参之。事遇于法则行，不遇于法则止；功当其言则赏，不当其言则诛。以形名收臣，以度量准下，此不可释也。[4]

故韩非之术用，并未超出法之规范之外，而实为贯彻法之不得不有的行政程序。

由上观之，韩非之术治，君王先为不可知，不使臣下有因；再求知人之明，用人得当；最后更责求其实效事功的达成。在三者交合运用，呈显而出的理想，即在于禁奸于未萌，而可无为而治。盖"人主循名实而定是非，因参验而审言辞"，是以"左右近习之臣，

---

[1] 陈启天《增订韩非子校释》，页九六三。
[2] 《韩非子·问辩》篇。陈启天《增订韩非子校释》，页八四。
[3] 《韩非子·饰邪》篇。陈启天《增订韩非子校释》，页二〇九。
[4] 《韩非子·难二》篇。陈启天《增订韩非子校释》，页三三八。

第五章　韩非政治哲学体系之建立与其实际之发用

知伪诈之不可以得安也""百官之吏,亦知为奸利之不可以得安也"[1],而自归于国法之轨道中。故曰:

> 赏有功,罚有罪,而不失其人,方在于人者也,非能生功止过者也。是故禁奸之法,太上禁其心,其次禁其言,其次禁其事。[2]

法之厚赏重罚与势之信赏必罚,仅能禁其言,禁其事;若有一套严密的治术可资运用,则百官臣吏俱知诈伪奸利之不可得安,则可以禁其心,使其在无可窥伺巧饰之下,根本不萌其奸心。故曰:

> 上设其法,而下无奸诈之心。如此,则可谓善赏罚矣。[3]

君上设法而令臣下不萌奸诈之心,必用术而后可。否则,法虽明文之规章,然知法者正足以犯法,臣下自可缘法以为奸。故曰:"圣人之治国也,固有使人不得不为我之道,而不恃人之以爱为我也。"[4]
此"使人不得不为我之道",即以势之强制力,与术之参验督责,使天下臣吏必依法而治,天下人民必依法而行。故曰:"论之于任,试之于事,课之于功,故群臣公正而无私,不隐贤,不进不肖。然则人主奚劳于选贤?"[5]如是,在术之统御下,君无为而法行国治矣。

总之,韩非言术,其根基在于智士不足信之人性论、功利实效

---

[1] 《韩非子·奸劫弑臣》篇。陈启天《增订韩非子校释》,页二一六。
[2] 《韩非子·说疑》篇。陈启天《增订韩非子校释》,页二三一。
[3] 《韩非子·难一》篇。陈启天《增订韩非子校释》,页三二一。
[4] 《韩非子·难二》篇。陈启天《增订韩非子校释》,页三三八。
[5] 《韩非子·难三》篇。陈启天《增订韩非子校释》,页三五三。

之价值观，而其运用则在"用众而舍寡""中主可治"之治道。术之性能有三：一为不可知之无为术，人主先求自我潜藏，不为臣下所乘；二为因任而授官之参验术，再求知人有明，用人当能；三为循名而责实之督责术；最后依言责实，依事责功，以有效之行政步骤，督导臣吏遵行国法，以固立君势。其理想则一在舍己而任法，二在禁奸于未萌。如是，君王不必待其贤智，虽属中人之主，亦可无为而治。

第二节　法势术三者相互补足与彼此助长之三角关联性

韩非政治哲学的基料，为法、势与术，三者诚然各有其界域，亦各具其性能；然三者并非各自孤离、独立为功的，而是相互补足、彼此助长的统合与运用，以形成其三角平衡的关联性，与多边的政治效能。也由此三者之叠合，而架构成其法家政治哲学的大厦。

今试绘一简图，以明示其相对等的地位，而形成其相互补足与彼此助长的平衡关系。此类同于儒家智仁勇三达德之关联性[1]：

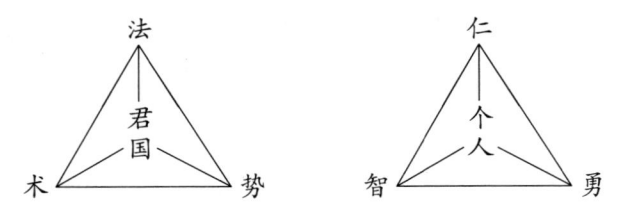

```
       法                       仁
      /|\                      /|\
     / | \                    / | \
    / 君 \                   / 个 \
   /  国  \                 /  人  \
  /_____\               /_____\
 术         势            智         勇
```

在这一等边三角形之中，法、势、术各踞一端，成鼎足之势。每一顶角，皆伸开双臂，指向其他二端，投射出其助长的功能；同

---

[1]《中庸·第二十章》云："知仁勇三者，天下之达德也。"《四书集注》，页二八。

第五章　韩非政治哲学体系之建立与其实际之发用

时，每一顶角也在其他二端之拥抱合围之下，获致补足其自身之能量。而其整体之重心，则在君国之公利上，三者皆指向国之治强的终极目标；也在此一整体重心的引力圈中，维系彼此间的平衡。

也就是说，三者因其本有之界域与性能，各有偏向，无以自成，故有待其他二端之补足，始能发挥其潜存设定的功能；也由于三者各具独有专重的性能，对于其他二者，亦有其强化助长之功。在三者之相互补足与彼此助长之下，始能共趋于国之治强的重心指标。

今即就这两方面去加以探讨，以展示三者之间的平衡关系与多边的政治效能。

（一）一者之性能，筑基于其他二者之上，而有待于其他二者之补足，始能完成其自身应有之效能

1. 国法之标准规范性能，必以君势之操权执柄，为其强制之力量；以治术之参验督责，为其运作之方法，始能信赏必罚，功罪得当，因而御臣服民，使一国上下皆在法之制约中，共趋君国之公利

"法，所以为国也。"[1] 故法为治国之常轨。成文明定之法，即在使"国有常法"[2]，为一国上下共遵共守之客观的标准与普遍的规范。法一者因人情之好恶，"立可为之赏，设可避之罚"[3]，使民易知易行；二者赏厚而罚重，使人人皆知奉公去私则有大利，背法徇私则有大害，以诱导人民趋利避害之心，趋向国法之公利。然厚赏重罚之法，仍有待于势之信赏必罚的强制执行，"言行而不轨于法者必禁"[4]，始能树立其权威性，而具有实际规范之效能。盖"民者固服于势，寡能怀于义"，而"人臣之于其君，非有骨肉之亲也，缚于势而不得不

---

[1] 《韩非子·安危》篇。陈启天《增订韩非子校释》，页八〇九。
[2] 《韩非子·饰邪》篇。陈启天《增订韩非子校释》，页二〇八。
[3] 《韩非子·用人》篇。陈启天《增订韩非子校释》，页七九二。
[4] 《韩非子·问辩》篇。陈启天《增订韩非子校释》，页八四。

事也"。[1] 故若仅有法之制定与公布，而无君势之威权的操持执行，则法之条文形同虚设，完全发挥不了一民于常轨的效能，是势为行法的必要条件。惟有强固君势，执赏罚之二柄，操生杀之大权，为其胜众禁下之强制力，迫使人民循法而行，臣吏依法而治，上下动无非法。故曰："主施赏不迁，行诛无赦，誉辅其赏，毁随其罚，则贤不肖俱尽其力矣。"[2] 是势之固立，权柄之操执，即在为法之标准规范性能建立其推动力，以免臣民逸出国法之常轨。故曰："使吾法之无赦，犹入涧之必死也，则人莫之敢犯也，何为不治？"[3]

另一方面，法之功能，在君势之强制执行下，固可建立其权威性；然求法之贯彻以行，关键仍在百官之身上。盖师法以治民者仍为臣吏，而非君王之自身。若无一套御臣之术可资运用，以责百官臣吏之依法而治，则臣下自可出以私惠私意，歪曲法令，缘法以为奸；亦可起用私人，相与比周，亏法以利私。如是，赏罚不得其当，是非亦为之颠倒，则法之公利未成，而私门之势已就，是利在权臣，君反为臣下所制。故曰："君无术则弊于上，臣无法则乱于下。"[4] 故君用术以御臣，始不致为臣下所欺蔽，而孤立于上；臣亦不得悖法自为，而结党于下，故术亦为行法的必要条件。惟有因任而授官，循名而责实，"中程者赏，弗中程者诛"[5]，赏罚依乎法定之功罪，而不得出乎臣下之私意私惠。是术之用，即在责成法之行，以防私门势力之长成。

由上述可知，法之标准规范性能，实筑基于君势之力量的强制

---

[1]《韩非子·备内》篇。陈启天《增订韩非子校释》，页一九五。
[2]《韩非子·五蠹》篇。陈启天《增订韩非子校释》，页四〇。
[3]《韩非子·内储说上》篇。陈启天《增订韩非子校释》，页三九七。
[4]《韩非子·定法》篇。陈启天《增订韩非子校释》，页七七。
[5]《韩非子·难一》篇。陈启天《增订韩非子校释》，页三一七。

与治术之方法的运用,在任势与用术的补足下,才能建立国法的权威性,而具必然之效。盖"大臣苦法而细民恶治也。当今之世,大臣贪重,细民安乱"。[1] 惟有以势禁众,以术御臣,始能因法而治。又曰:"君明而严,则群臣忠;君懦而闇,则群臣诈。知微之谓明,无赦之谓严。"[2] 法之行,实有赖于君王知微之明与无赦之严,使法之赏罚得术之明与势之严二者之辅成,严求其必,明求其当,而得以严明必当。

2. 君势之禁众抑下的功能,必以法之明文规定,为其依据之最高准则;以术之执持运作,为其发用之推动方法,始能处势抱法,操权上重,因而胜众禁下,使天下臣民俱在君势的统制中,以求君权固立而国趋治强

势为统治的权力,因君位的传承而有,是为自然之势;然继国之君难期贤圣,是以此一胜众之资,既便治又利乱,此为君主世袭制度下之最大困局。韩非有识于此,惟无意改变君主世袭的既有秩序,而是另谋补救之道。其政治哲学的出发点,实以稳固君权为其首要,再进而求国之治强。以法与势结合,而成人设之势,以救人主之不必贤;以术为势之用,以救君王之不必智。使中人之主,有常法可循,有治术可用,则国可治而不乱。自不必一如儒家,必待可望而不可求之圣贤乃得治,遂成千世乱而一治之适然之善;不如法术兼用,则无待君之材德,即可成千世治而一乱之必然之功。治国而无法,则君势失去其依据之标准,赏罚不足以劝禁,国可治亦可乱;御臣而无术,则君无以知臣下之奸,权势旁落于重人近习之手,而危及人主,且无以责成臣下必致之功。故有法,则君势之用,

---

[1] 《韩非子·和氏》篇。陈启天《增订韩非子校释》,页二九七。
[2] 《韩非子·难四》篇。陈启天《增订韩非子校释》,页三六八。

可无待人君之贤德；有术，则君势之用，可无待人君之材智。故曰："此不可一无，皆帝王之具也。"[1] 又曰："人主之大物，非法即术也。"[2] 是法术皆旨在救君势之不足，法为其统治权力的标准，术为其统治权力的运用。

法为治国之客观普遍的基准，设之于官府，布之于百姓，使君王有其常轨可循，用以绳治天下。有势而无法，则统治权力的行使，失去其标准规范，不免滥用权力而败坏国事。如是，政治仅成君王权威的外发与君王势位的固着而已，实缺乏一政治之理想在。故一治一乱相循，历史的悲剧遂永远重演。故韩非之势，必与法并称相结，曰："抱法处势则治，背法去势则乱。"[3] 盖势若孤立，无法之规范，则君势之威，反成不必要之罪恶。故立法以补君势之不足，使赏罚之执行有其客观之基准。故曰："一政而国治。"[4]

另一方面，势之威权不必能固着于君王之手，若无术以操持赏罚二柄，则臣下自可分君之威，窃君之权，威权为之旁落，则君危而国乱。故曰："峻法所以禁过外私也，严刑所以遂令惩下也。威不贰错，制不共门。威制共，则众邪彰矣。法不信，则君行危矣。刑不断，则邪不胜矣。"[5] 法之求必信，刑之求必断，使威不分，制不共。这一君势的固握，则必求治术之运用。故因任而授官之参验，与循名而责实之督责，使君王统御臣下有其实际运作之可能，以知人用人，责效求功。故术之操持，以补君势之不足，否则，"偏借其

---

[1] 《韩非子·定法》篇。陈启天《增订韩非子校释》，页七七。
[2] 《韩非子·难三》篇。陈启天《增订韩非子校释》，页三六三至三六四。
[3] 《韩非子·难势》篇。陈启天《增订韩非子校释》，页七〇。
[4] 《韩非子·心度》篇。陈启天《增订韩非子校释》，页八一三。
[5] 《韩非子·有度》篇。陈启天《增订韩非子校释》，页二六一。

权势，则上下易位矣。"[1] 故曰："君执柄以处势。"[2]

韩非分析战国之政情，其病在五蠹浮萌之祸国，使国无定法；与重人近习之危害人主，使君势不立，故以法抑制儒侠，奖励农战，以求富国强兵；以术知重人之阴情，矫重人之奸行，以求强固君势；从而达成尊君重国的目的。故曰："主用术，则大臣不得擅断，近习不敢卖重；官行法，则浮萌趋于耕农，而游士危于战阵。"[3]

由上述可知，势之无不禁之威，在赏罚之信必，惟无法则失其判准，无术则难求其允当。故君势之胜众禁下之性能，实筑基于法之标准与术之运用上，在尚法与用术之补足下，才能稳固君势，而国趋治强。

3. 治术之参验督责性能，必以国法之标准，为其运作之规范；以君势之威权，为其力量之后盾，始能知人用人，责效求功，因而统御群臣，使得百官之吏俱在治术的观测推动之中，依法以治民，忠心以事主，由是而完成君尊而国强的目标

术为统治的方法，乃一手段之运用，其本身实乏明确之目的。有了国法的标准，治术的运作才有其归依，用以禁臣下之奸行，责求臣下依法而治之事功表现。否则，用术而无法，则治术即成心机权谋，不过神秘独断的恐怖政治而已。熊十力先生以为韩非之术，乃为阴深险忍，即未见法对于治术之操作，有其规范性能之效。盖韩非言术，除君王先为不可知，不为臣下所因，乃出于君臣权势之对抗而外，其因任授官与循名责实之用人求功的运用，皆以法为其根据。若无法定之规制，既无臣能可因，亦无官职可授；无法之名，

---

[1] 《韩非子·备内》篇。陈启天《增订韩非子校释》，页一九九。
[2] 《韩非子·八经》篇。陈启天《增订韩非子校释》，页一五〇。
[3] 《韩非子·和氏》篇。陈启天《增订韩非子校释》，页二九五至二九六。

既无名可循，亦无实可责。有了法的标准，术之用始有其依凭，以统御臣下：使有其能者，必授其位；有其位者，必尽其责；有其责者，必致其功。如是，则臣固不得背法自为，且必得竭尽其材智，为君国之用。故曰："人主虽使人，必以度量准之，以形名参之，事遇于法则行，不遇于法则止；功当其言则赏，不当则诛。以形名收臣，以度量准下，此不可释也。"[1] 人主任使群臣，固准之以度量，参之以形名；而一国政事，亦合于法则行，不合于法则止。若无法之明定规章，则无以准下，亦无以断事矣。故国法之标准规范，正足以补治术本身之不足。故曰："因法数，审赏罚。"[2]

另一方面，治术之众端参观，参之以人，验之以物，必在君势之威重下始得展开。法设利害之道，以示天下，君势之赏罚又信必其后，一国之臣民，自能为君之耳目，而参验督责之治术，始有其资借而得顺次推动。若无君势可资，则治术顿成一空壳，虽有其运作之程序，却无推动之力量。故曰："人主者，非目若离娄，乃为明也；非耳若师旷，乃为聪也。不任其数，而待目以为明，所见者少矣，非不弊之术也。不因其势，而待耳以为聪，所闻者寡矣，非不欺之道也。明主者，使天下不得不为己视，使天下不得不为己听。故身在深宫之中，而明照四海之内，而天下弗能蔽，弗能欺者，何也？闇乱之道废，而聪明之势兴也。故善任势者国安，不知因其势者国危。"[3] 人主不可蔽、弗能欺之道，端在其自身视听之明；而其视听之明，则在以一国臣民为其一己之耳目。欲求一国臣民不得不为己之耳目，则非任势不为功。故任势之威权，正足以补治术自身之

---

[1] 《韩非子·难二》篇。陈启天《增订韩非子校释》，页三三八。
[2] 《韩非子·有度》篇。陈启天《增订韩非子校释》，页二五九。
[3] 《韩非子·奸劫弑臣》篇。陈启天《增订韩非子校释》，页二一六至二一七。

第五章　韩非政治哲学体系之建立与其实际之发用

不足。故曰："操生杀之柄，课群臣之能。"[1]

由上述可知，治术之参验督责性能，实筑基于国法之规范与君势之威权上。在尚法与任势之补足下，才能有其法定之根据与执运之力量，而逐渐推展，以责国法之必行，求君势之固立。

概括言之，此三者之相互补足，类同于儒家三达德之关联性。仁为内在于人心之道德主体，为完成人之价值性的根源，有其普遍性，亦有其标准性，其功能近于法家之法；智为仁心之自觉，面对外界之自然与人文的环境，而自求其充分展现与圆融完成所开出的由内而外之率性之道与由修己而安人之修道之教[2]，其功能近于法家之术；勇为透过仁心之存养扩充，在面对现实政治之迫压下，外发而为"自反而缩，虽千万人，吾往矣"[3]之承担道义的气魄，其功能近于法家之势。惟儒家三达德之三角平衡之重心在每一存在的个人，而不在整体之君国。仁心之价值主体的完成，有待于智之择善与勇之固执[4]；而智之择善，亦有待于仁心之价值自觉为其内在之主体，勇之固执为其外现之支撑力；而勇之固执，亦有待仁之道德主体为其内在存养之本根，智之择善为其外发承担之动向。三者相互补足，始能完成各自本有之性能。

---

[1]《韩非子·定法》篇。陈启天《增订韩非子校释》，页七六。
[2]《中庸·第一章》云："天命之谓性，率性之谓道，修道之谓教。"《四书集注》，页一七。
[3]《孟子·公孙丑上》篇。《四书集注》，页一八六。
[4]《中庸·第二十章》云："知仁勇三者，天下之达德也，所以行之者，一也。"《四书集注》曰："一，则诚而已矣。"此章又云："诚者，天之道也。诚之者，人之道也。……诚之者，择善而固执之者也。"是仁近天之道之体，知之择善与勇之固执，则近人之道之用。《四书集注》，页三〇。

（二）一者之性能，为其他二者之凭依，足以助长其他二者之性能，因而形成其三角多边之政治效能

1. 法为治国之无上大法，君臣上下唯一之行为规范，势术之发用，必以法为其标准衡石，而助长其禁众御臣，趋于君国公利之功能

法之性能，主要在其客观之标准性、普遍之规范性、强制之权威性与不变之恒常性，是为治国之根本大法。君王操赏罚二柄，执生杀大权之威势，与因任而授官、循名而责实之治术，必以法为其最高之准则。盖君势之威权，与治术之操作，其本身所外现的唯一赤裸裸的统治权力，与一套政治作业的程序方法而已，若无法之标准性的引导，与规范性的制约，则势之力与术之智，具失去其明确之指向，可能流为高压与险忍之弊。有了恒常不变之法，为权势之下落与治术之发用的准则，"明法制，去私恩。夫令必行，禁必止"[1]，与"奉公法，废私术，专意一行，具以待任"[2]。势依法制而行赏罚，而不以私恩私意，则令行而禁止；术依法而用人督效，而不以私术暗运，则人人专意一行以待君之任使。如是，始得以助长而完成二者本有之性能。

在法之明文规制中，"一人不兼官，一官不兼事"，臣吏之职责已规划分明；人民之本务，惟在"力田疾作"之农与"当敌斩首"之战[3]，亦已明告天下，且"以法为教，以吏为师"，使民易知而易行。如是，势之治民，惟依法而强制执行之；术之御臣，惟循法而参验督责之。在法之定轨中，二者之发用，易举而有功，足以一民

---

[1]《韩非子·饰邪》篇。陈启天《增订韩非子校释》，页二一一。
[2]《韩非子·有度》篇。陈启天《增订韩非子校释》，页二五七。
[3]《韩非子·奸劫弑臣》篇云："民外不务当敌斩首；内不急力田疾作。"陈启天《增订韩非子校释》，页二二四。

第五章　韩非政治哲学体系之建立与其实际之发用

于农战,尽臣下之智能,"大臣有行则尊君,百姓有功则利上"。[1] 废私以从公,国趋治强矣。

由是可知,法之性能,实为势与术所应依循之标准,足以助长二者之性能,令统治的权力与统治的方法,在法之统治标准的衡定下,得以制御臣民,趋于君国之公利,而形成其三角多边之政治效能。

2. 势为统治之权力,胜众抑下之威权,法术之执行,必以势为其凭借后盾,而助长其一民于法,御臣责功,归于君国公利之功能

势之性能,主要在其操执赏罚生杀之权柄,而有无不禁之威,足为胜众之资,是君主统治一国臣民不可或缺的利器。治国之常法与御臣之治术,必以势之赏罚为其凭借,在强制力之推动下,始得展开而必行,助长二者以法规范全民与以术控御群臣的性能。法术为人主之大物,一为治国之标准,一为行政之方法,释法术之规作,则不足以治国。问题在二者之性能,必在君势信赏必罚与生杀之制之统治权力的下落之中,法之标准规范,始可绳治人民,建立其绝对之权威性;术之用人责功,始可以一国为耳目,而有其必然之实效。也就是说,"明其法禁"之法,有待于"必其赏罚"之势,始得以收"令行禁止"之效;"循名实而定是非,因参验而审言辞"之术,亦有待于"赏罚必用其后"之势,始得以收"陈其忠"与"守其职"之功。[2]

势之禁众之威的强化,以及独操于君王一人之手,亦为后世学人所诟病。不知此一统治权力的集中,并非仅为君王一身,实为政治作业中治民以法、御臣以术不得不有的推动力。在势之威重下,

---

[1] 《韩非子·八经》篇。陈启天《增订韩非子校释》,页一七六。
[2] 《韩非子·奸劫弑臣》篇。陈启天《增订韩非子校释》,页二一六。

足以胜众禁下，驱使人民皆归于农战之本业，控御群臣皆守职尽责以求功，以君国之公利为重。

由是可知，势之性能，实为法与术所必凭借之力量，足以助长二者之性能，令治国之常法与御臣之治术，在势之强力推助下，始得以制御臣民，归于君国之公利，而形成其三角多边之政治效能。

3. 术是统治的方法，为人主任用群臣与督责百吏的施政原则。法势之固立，必以术为其手段之运用，而助长其一民禁下，进于君国公利之功能

术之性能，主要在人主透过因任而授官与循名而责实之参验督责的行政步骤，以求知人能明、用人得当，并在人有专职、事有专功之规制下，以求名实相副、职功相称，是君王选拔人才与考核臣吏的原则运用。治国之常法与赏罚之威势，必以术为其手段之运用，在多方验证与事功责求之下，法的标准自能循序推开，而为臣民之行为规范；势的威权也得以渐次下落，而为臣民所遵从。是由治术之运作，足以助长二者一民于法之常轨，制之于赏罚之威利的性能。

术为君王所独运，乃君王系一国安危于一身，若无术以知臣奸，则人臣反得以缘法以行私惠，擅权以利私家。故法之厚赏重罚与势之信赏必罚，欲求其严明公正，术之运用实属必要。"明其法禁，而察其谋计"[1]，在术之核验判定下，"赏不加于无功，而诛必行于有罪"[2]，赏罚完全依乎功罪，而俱得其当，法之标准始不致错失误倒，势之威权亦不致妄诛滥赦。如是，法势之固立，有其实际运作之步骤，足以行法操权，令天下臣民皆纳入国法之轨道中，以赏罚为毁誉，百姓之力作疾战，人臣之尽能致功，皆同进于君国之公利。

---

[1] 《韩非子·八说》篇。陈启天《增订韩非子校释》，页一四四。
[2] 《韩非子·奸劫弑臣》篇。陈启天《增订韩非子校释》，页二二二。

第五章　韩非政治哲学体系之建立与其实际之发用

由是可知，术之性能，实为法与势所不得不运用之手段，足以助长二者之性能，令代表君国公利之法与掌握一国主权之势，在术之有效执运下，得以法行而君固，而形成其三角多边之政治效能。

约略言之，此三者之彼此助长，亦类同于儒家三达德之一体性。有仁之爱心，智之学术外发与勇之道义承担，始有其理想之归趋；有智之择善，仁之价值理想与勇之道义承担，始有其推进之可能；有勇之固执，仁之价值理想与智之学术外发，始有其支撑之力量。在三者的彼此助长之下，才能完成由内圣之修养，而致外王之事功。

总之，无势则法失威，形同虚文；无术则法不行，利在权臣。无法则势挂空，流为专断；无术则势虚悬，无以自固。无法则术失根，流为权诈；无势则术失用，无以自行。反之，有法，则势术之发用，始有其根据之标准；有势，则法术之执行，始有其推动之力量；有术，则法术之固立，始有其运用之方法。三者合，则具三角多边之政治效能；三者离，则失去其三角平衡之功能，不仅无以相互补足与彼此助长；相反，必陷于相互对立与彼此抗拒之势，而打消其本有之性能。也就是说，法势术三者分则不足，合则助长。韩非曰：

> 无捶策之威，衔橛之备，虽造父不能以服马；无规矩之法，绳墨之端，虽王尔不能以成方圆；无威严之势，赏罚之法，虽尧舜不能以为治。今世主皆轻释重罚严诛，行爱惠，而欲霸王之功，亦不可几也。故善为主者，明赏设利以劝之，使民以功赏，而不以仁义赐；严刑重罚以禁之，使民以罪诛，而不以爱惠免。是以无功者不望，而有罪者不幸矣。托于犀车良马之上，则可以陆犯阪阻之患；乘舟之安，操楫之利，则可以水绝江河之难；操法术之数，行重罚严诛，则可以致霸王之功。治国之

有法术赏罚，犹若陆行之有犀车良马也，水行之有轻舟便楫也，乘之者遂得其成。[1]

此言人主治国之道，在明赏设利以劝之，以立法之规矩，绳墨之端；严刑重罚以禁之，以捶策之威，衔橛之备。有赏罚之法，威严之势，而"明其法禁，必其赏罚"[2]，依法施政以禁私，执势用事以遂令，此即为术之执运。人君治国，必求"其任官者当能，其赏罚无私"[3]，以责求臣下之功；并"信赏以尽能，必罚以禁邪"[4]，以齐一臣民之步调。三者统合运用，操法、术之数，行重罚严诛之势，则可以致霸王之功。故曰：

圣人之所以为治道者三：一曰利，二曰威，三曰名。夫利者所以得民也；威者所以行令也；名者上下之所同道也。[5]

利之所以得民，此即法之因人情之好利，而导入于整体君国之公利；威之所以行令，此即势之无不禁，以禁奸止邪，以求法之必行；名之上下所同道，此即术之循其名而责其实，使臣民有其名，必有其实[6]，以求法行之必当。由是可见，法势术正是圣人用以治国之三要道，法以利得民，势以威行令，术以名责上下之同道。又曰：

---

[1] 《韩非子·奸劫弑臣》篇。陈启天《增订韩非子校释》，页二二四。
[2] 《韩非子·五蠹》篇。陈启天《增订韩非子校释》，页五四。
[3] 《韩非子·六反》篇。陈启天《增订韩非子校释》，页九二。
[4] 《韩非子·外储左下》篇。陈启天《增订韩非子校释》，页五二一。
[5] 《韩非子·诡使》篇。陈启天《增订韩非子校释》，页一〇四。
[6] 陈启天《增订韩非子校释》，页一〇四云："又官爵，其名；官职，其实。有官爵之名，而未尽官爵之实，亦可谓'治不当名'。"此谓圣人所以治道者三，依笔者之见，必与法、势、术三者贴合而言，较能表现法家一贯之精神。若解为赏誉之名号，则术之功能不显。

> 故破国亡主，以听言谈者之浮说。此其故何也？是人君不明乎公私之利，不察当否之言，而诛罚不必其后也。[1]

人主不立法以明乎公私之利，不用术以察当否之言，不任势以诛罚必其后，则国必破，主必亡。故三者之于人主之治国，实缺一而不可。也就是说，三者只能合而不可离，离则有害，合则有功，在等边三角之鼎足而立中，相互补足，彼此助长；在君国公利之整体重心的引力下，维系三者之平衡；也在三者之平衡统合下，共同指向君国公利之重心旨标。

第三节 "法"之中心思想及其体系之建立

前两节已就法、势、术三者之界域与性能，予以详尽之分析，并展露其相互补足与彼此助长之关联性，以表明韩非之政治哲学，虽法、势、术三者分立，各有其本身之界域与其性能，然三者实合而不可分，合则有补足助长之功，分则有相抗对消之弊。抑有进者，此三者亦不仅互补相长之关联而已，实有其中心思想之理论体系，而形成其上下贯串之整体架构。

此节即重在陈述其法思想之一贯脉络，以尝试建立韩非政治哲学之体系。韩非之哲学，以政治为主题，亦因政治而展开，故其哲学之范畴，实在于政治哲学。同时，其政治哲学以法为中心，亦因法之中心思想而展开，故其政治哲学之体系，实在于法之中心思想。此一法中心思想之体系，建立于法之目的性及其价值理想，与法之

---

[1] 《韩非子·五蠹》篇。陈启天《增订韩非子校释》，页五四。

标准性及其规范效能之两大支柱之上。前者由下而上，表其上下归属之静态结构；后者由上而下，明其上下制衡之动态发用。底下即分别加以探讨，并展示其整体之架构。

（一）法之目的性及其价值理想

韩非政治哲学之体系，系以法为其目的、以国之治强为其理想归趋、以势与术为其辅翼而展开与建构完成的。今试绘一简图以明之：

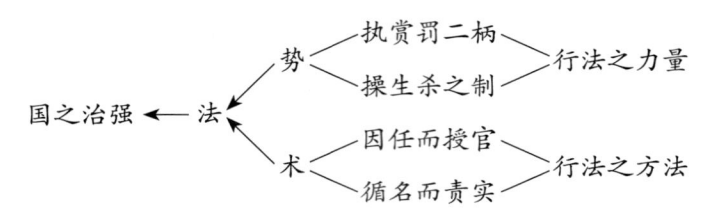

```
                  ┌─ 执赏罚二柄 ─┐
              势 ─┤              ├─ 行法之力量
              ↗   └─ 操生杀之制 ─┘
国之治强 ← 法
              ↘   ┌─ 因任而授官 ─┐
              术 ─┤              ├─ 行法之方法
                  └─ 循名而责实 ─┘
```

韩非子曰：

故先王以道为常，以法为本。[1]
治国无常，惟法为治。[2]
一民于轨莫如法。[3]

道为宇宙自然之常道，法为治国理民之常法。在宇宙万象流变之中，道为其中不变之律则；在国事万端杂陈之中，法为其中不变之规范。故曰"以法为本""惟法为治"。立法以为治，即志在使天下臣民皆定着在一而固之国法的轨道上运行，则"国有常法"，而事

---

[1]《韩非子·饰邪》篇。陈启天《增订韩非子校释》，页二〇九。
[2]《韩非子·心度》篇。陈启天《增订韩非子校释》，页八一四。
[3]《韩非子·有度》篇。陈启天《增订韩非子校释》，页二六二。

第五章 韩非政治哲学体系之建立与其实际之发用

功可致，故曰"一民于轨莫如法"。又曰：

> 夫国事务先而一民心，专举公而私不从，赏告而奸不生，明法而治不烦。[1]

国事之首要，在颁定一民心之常法，以统合众人之私，而趋向君国之公。法禁一明，则臣下之奸心不生，君王之治道不烦。故法之思想，实为韩非政治哲学的命脉所在。曰：

> 国法不可失，所治非一人也。[2]

法非出乎君王一己之私意，而代表一国之公利，故谓之国法。所治又非一人，故以客观不变之法，为一国上下共守之行为基准，以结合君臣上下一体之力量，而为富强之资，故曰"国法不可失"。又曰：

> 有道之主，远仁义，去智能，服之以法。[3]

此一反儒墨尚贤任智之人治，而主以势禁众、以术御臣之法治。盖贤者不可待，智者不可必，且尚贤不足以止暴，任智反足以成私。故曰："废常尚贤则乱，舍法任智则危。"[4] 贤智不足恃，以人皆有己而多变，实不如法之无私而有常，不待贤智，而抱法处势，依法用

---

[1]《韩非子·心度》篇。陈启天《增订韩非子校释》，页八一三。
[2]《韩非子·显学》篇。陈启天《增订韩非子校释》，页一六。
[3]《韩非子·说疑》篇。陈启天《增订韩非子校释》，页二三二。
[4]《韩非子·忠孝》篇。陈启天《增订韩非子校释》，页八一九。

术，皆可循而行之。故又曰："夫治法之至明者，任数不任人。"[1] 法有定数，不随人智而移，故法足以为普遍客观之行为基准。以治国之常轨而言，法之地位在人之上，而君王亦人，故君王亦在法之规范中。此韩非承接慎到之说，而有重法抑人之思想，实涵蕴限定君权之一义于其中，最值得吾人深思玩味。

是韩非政治哲学之中心，实在于法。其目的则在国之治强。曰：

> 圣人之治也：审于法禁，法禁明著则官治；必于赏罚，赏罚不阿则民用。民用官治则国富，国富则兵强，而霸王之业成矣。[2]

> 强则能攻人者也，而治则不可攻也。治强不可责于外，内政之有也。今不行法术于内，事智于外，则不至于治强矣。[3]

人主治国，求富强之功，其本在内政，不在外事。而内政之本，则在审于法禁。法禁明，则官治于尽能；赏罚不阿，则民用于农战。惟依法以任势用术，势严则民用力，术明则官尽能。官尽能则国治，民用力则国强，国治则不可攻，国强则能攻人。由内政之国趋治强，再外事霸王之业。足见韩非政治哲学之目的，乃在于国之治强。然国之治强，实有待于法制之固一，与法行之严明。韩非以法定赏罚，使"民重所以赏也，则国治。……民畏所以禁，则国治"。[4] 而法之求其必行，则在于赏罚之严明。赏罚之严必在势，赏罚之明当在术。如是，始能实现法以赏罚劝禁的效能。故韩非之法治，亦主任势用

---

[1]《韩非子·制分》篇。陈启天《增订韩非子校释》，页八三四。
[2]《韩非子·六反》篇。陈启天《增订韩非子校释》，页九二。
[3]《韩非子·五蠹》篇。陈启天《增订韩非子校释》，页五四。
[4]《韩非子·八经》篇。陈启天《增订韩非子校释》，页一七四。

第五章　韩非政治哲学体系之建立与其实际之发用

术。曰："势足以行法。"[1] 又曰："循名实而定是非。"[2] 君势之威权与治术之运用，皆指向行法严明之目的而有。

韩非为了国之治强的终极目标，故立法以求必行；而欲求达成法之必行严明的目的，又非势之操权与术之执运不为功。也就是说，法之目的性及其理想，必因君势之严与治术之明，始能实现完成。君势为行法之力，治术为行法之智，力智兼具则法行，法行则众民尽力，百官尽能，而国趋治强，霸王之业亦可成矣。故法为君势与治术之目的，势与术皆为法之目的而存在，皆属于实现法之理想的必要条件。故曰："人主虽使人，必以度量准之，以形名参之。事遇于法则行，不遇于法则止；功当其言则赏，不当其言则诛。"[3] 势之操权执柄以信赏必罚，与术之参验督责以定功罪，皆指向法之必行严明。由是可见，法在韩非政治哲学之体系中，实属于通贯上下之中心地位。

此一结构亦如儒家之哲学，智仁勇三达德鼎足而立，分而言之，各有其性能与界域，故子曰："君子道者三，我无能焉，仁者不忧，智者不惑，勇者不惧。"[4] 朱子注之曰："明足以烛理，故不惑；理足以胜私，故不忧，气足以配道义，故不惧。"[5] 知之明理之不惑，由好学而得；仁之胜私之不忧，由力行而致；勇之担道义之不惧，由知耻而发。故《中庸》云："好学近乎知，力行近乎仁，知耻近乎勇。"[6] 又曰："知斯三者，则知所以修身；知所以修身，则知所以治人；知

---

[1] 《韩非子·八经》篇。陈启天《增订韩非子校释》，页一七四。
[2] 《韩非子·奸劫弑臣》篇。陈启天《增订韩非子校释》，页二一六。
[3] 《韩非子·难二》篇。陈启天《增订韩非子校释》，页三三八。
[4] 《论语·宪问》篇。《四书集注》，页一二七。
[5] 《四书集注》，页九六。
[6] 《四书集注》，页二八。

所以治人，则知所以治天下国家矣。"[1] 由斯三者，可修己身，亦可治国平天下。由个人之达德，开出天下之达道。故曰："知仁勇三者，天下之达德也。"[2]

至若合而言之，成德究以仁为其根源，亦以仁为其理想，故三达德之中心，则在仁。子曰："仁远乎哉？我欲仁，斯仁至矣。"[3] 又曰："为仁由己，而由乎人哉！"[4] 仁是内在于人性的普遍存在，也是求其展现于外的价值根源与客观理想。而仁之实现，则有待智之利仁与勇之行仁。子曰："知及之，仁不能守之，虽得之，必失之。"[5] 又曰："里仁为美，择不处仁，焉得知？"[6] 足见知以仁为其体，知之用即在择仁利仁，故曰："仁者安仁，知者利仁。"[7] 无知，则仁不足以自成，故曰："忠矣。……未知，焉得仁？"又曰："清矣。……未知，焉得仁？"[8] 子曰："有能一日用其力于仁矣乎？我未见力不足者。"[9] 又曰："志士仁人，无求生以害仁，有杀身以成仁。"[10] 足见勇之用力，甚至杀身，其目的实在于行仁与成仁。无勇，则仁亦不足以自行。故于造次颠沛之突变流离之中，亦必守住此仁。[11] 子曰："有德者必有言，有言者不必有德。仁者必有勇，勇者不必有仁。"[12] 内在

---

[1] 《四书集注》，页二八。
[2] 《四书集注》，页二八。
[3] 《论语·述而》篇。《四书集注》，页八四。
[4] 《论语·颜渊》篇。《四书集注》，页一〇八。
[5] 《论语·卫灵公》篇。《四书集注》，页一三五。
[6] 《论语·里仁》篇。《四书集注》，页六〇。
[7] 《论语·里仁》篇。《四书集注》，页六〇。
[8] 《论语·公冶长》篇。《四书集注》，页六九。
[9] 《论语·里仁》篇。《四书集注》，页六一。
[10] 《论语·卫灵公》篇。《四书集注》，页一三二。
[11] 《论语·里仁》篇云："君子无终食之间违仁，造次必于是，颠沛必于是。"《四书集注》，页六一。
[12] 《论语·宪问》篇。《四书集注》，页一二二。

第五章　韩非政治哲学体系之建立与其实际之发用

之仁，外发必有其利仁之知与行仁之勇，而知与勇不必能返归于仁。故仁在智勇之上，足以涵概二者，而二者不足以涵概仁。由上述，足见智与勇均不能离仁而自存，而以仁为其归趋，二者之发用，均依乎仁而展开。

子曰："笃信好学，守死善道。"[1]《中庸》云："诚之者，择善而固执之者也。"[2]笃信好学，为智之择善；守死善道，为勇之固执。好学在笃信仁，守死在善行仁。智以知仁，先明乎善而知所择之；勇以行仁，进而固执而力行之。子曰："不知命，无以为君子也；不知礼，无以立也；不知言，无以知人也。"[3]又曰："知者不失人，亦不失言。"[4]知命、知礼与知言、知人之知，皆所以知仁择善的工夫，以求可与立，亦可与权。[5]《中庸》亦云："故君子和而不流，强哉矫；中立而不倚，强哉矫；国有道，不变塞焉，强哉矫；国无道，至死不变，强哉矫！"[6]此立足于中道而至死不变之勇，亦所以行仁固执的工夫，以求其"言必信，行必果"。[7]智与勇皆为仁之内在目的性而存在，同属实现仁之价值理想的必要条件。

孟子曰："我知言，我善养吾浩然之气。"[8]知言为智，养气为勇。知言所以能择善，而有义的判断；养气所以能固执，而有义的承担。二者兼有，"持其志，无暴其气"。[9]仁之内存善端，才能透过主体与

---

[1]《论语·泰伯》篇。《四书集注》，页八八。
[2]《中庸·第二十章》。《四书集注》，页三〇。
[3]《论语·尧曰》篇。《四书集注》，页一五六。
[4]《论语·卫灵公》篇。《四书集注》，页一三二。
[5]《论语·子罕》篇云："可与共学，未可与适道；可与适道，未可与立；可与立，未可与权。"《四书集注》，页九六。
[6]《中庸·第十章》。《四书集注》，页二一。
[7]《论语·子路》篇。《四书集注》，页一二〇。
[8]《孟子·公孙丑上》篇。《四书集注》，页一八七。
[9]《孟子·公孙丑上》篇。《四书集注》，页一八七。

客体的沟通，与心志与生命力的结合，外发而求其实现；仁政之理想，也才能透过不忍人之心的存养扩充，而发为不忍人之政的实现完成。

综上言之，仁为儒家三达德之中心，为智与勇的价值归趋，智与勇亦以实现仁之理想为其目的。此亦可绘一简图以明之，以与韩非之法中心思想之体系作一对照，以求得较为切近的了解。

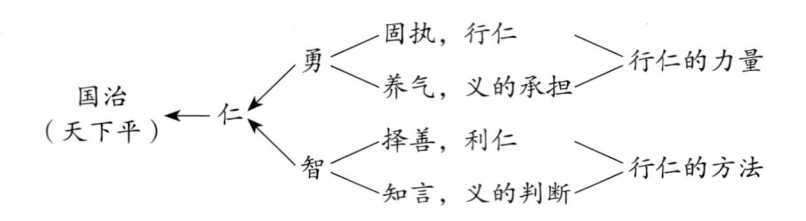

$$\text{国治（天下平）} \leftarrow 仁 \begin{cases} 勇 \begin{cases} 固执，行仁 \\ 养气，义的承担 \end{cases} \text{行仁的力量} \\ 智 \begin{cases} 择善，利仁 \\ 知言，义的判断 \end{cases} \text{行仁的方法} \end{cases}$$

儒法两家在此一架构之中，其不同有三：其一在于二者之中心思想殊异。儒为内在自觉之仁，以仁为目的，以人为主体，重在成德尽伦；法为外在规范之法，以法为目的，以国为主体，重在立法尽制。前者为由内而外，为仁心之显发；后者为由上而下，为权力之下落。其二在于二者之终极目标有别。儒为由修身而至国治，进而求天下平；法为由法行而至国之治强，进而图霸王之业。前者求其治平，后者图其强霸。其三在于二者之手段亦迥然不同。儒行仁之力量在勇，为集义而有，是道义的承担；法行法之力量在势，乃因势而生，为威权之操执。儒行仁之方法在智，智为明智，由明澈之心而照显；术为秘术，由不可知之机而潜运。是二者理论之架构，甚为接近，而其思想之实质，则大相背反。

此一对照之说，并非以类比而强证其说，乃在对韩非政治哲学之体系，作一权宜譬喻之说明。历来治韩非之学者，言韩非哲学，仅将法、势、术三者排比分列，割离而言之，把握不住韩非政治哲学三者互补助长之平衡性，与其法中心思想所开出之理想。事实上，"言有宗，事有君"。[1]一家之哲学，必有其理论之中心与价值之归趋，故法之主体地位与其价值理想，姑且以儒家之"仁"以显示之。历来治韩非之学者，又专黏着于君势之威与治术之用，来批判韩非，以为是君主专制之理论化的始作俑者，而根本不以法之中心地位与其理想，来衡定势与术之附属地位，不免误解了韩非，而抹杀其立法以为执运君势与君术之标准的本有精神。故势与术之用，亦姑且以儒之"勇"与"智"以明示之。如此，或有助于吾人对韩非之法中心思想，作一整体全面的把握；对韩非的政治理想，有一同情正面的了解。

也就是说，在韩非政治哲学之体系中，实以法为其思想之中心，亦以法为其政治之理想。势之操权与术之执运，其本身实非目的，仅为实现法之目的性与其理想之手段；而立法以求其严明必行，其终极目标，则指向国之治强与霸王之业。故法在韩非政治哲学之整体架构中，实为贯通上下之枢纽。

吾人研究宗教家的教义与政治思想家的思想，应有一根本的了解：那就是宗教家与政治思想家，都是向世俗发言，向君王说法的。为了取信于一般世俗与在位之君王，只有跳出自身本有的修养境界与价值理想，而贬抑自我的格调，以世俗的价值与语言，或出以君王的立场，去陈述自己的理想。如此，必造成其向世俗发言、为君王说法，与其本有之价值理想间的差距与分歧。依个人之见，吾人不可仅抓住彼等向世俗发言、为君王说法的这一端地平线，而无视

---

[1]《老子·七十章》。"王弼注"本下篇，页二〇。

于其潜存本有之价值理想的另一端高峰。试想宗教家不言原罪与救赎，不言最后审判与永生，又怎能打动人心，宣扬爱之福音，为世俗大众所接受？墨家不言交相利的实效，不言天志的权威，哪能获致其兼相爱的理想，完成其为劳苦大众请命的苦心？韩非的政治思想，只有透过君王的接纳，才能付之于实施，故其政治哲学，几乎完全站在君王的立场发言，乃有其不得不有的苦衷。否则，又何能为君王所赏识，而实现其法之标准性、平等性之理想，与国之治强的终极目标？且势与术之强化，一方面乃法之严明必行的必要条件；另一方面也是针对现实政治之病情而发，以求消解政局混乱的困结。否则，在君权旁落、重人近习擅事要之下，平等与客观的法，又怎能成为君臣上下共守共行的行为规范，而在实际政治上发挥它应有的效力？游士浮萌之风大行，破坏了国法的权威性与规范性，农战之根本为之动摇，国家又何由治强？以是之故，韩非法之目的性与其价值理想，不得不以势之威与术之用为其手段。势之威，乃依法以行赏罚；术之用，乃依法以定功罪。而确立法之权威性与标准性，势术兼运交用，法始得严明必行，国亦始能趋于治强。

（二）法之标准性及其规范效能

韩非之政治哲学，以法为中心而展开，亦以法之实现为其理想。从静态之结构而言，君王威势的操持固立与君王治术的执运推展，其目的均在求法之贯彻必行。此一法之中心思想，实为其政治哲学通贯上下之枢纽。从动态之运作而言，法对于势与术的发用，具有其规范制衡的效能，限定势之执持与术之运用的范围与步骤，不使逸出国法的常轨之外，以免势与术单方面的过度扩张与运用，破坏了三者统合的多边效能，与以法为中心的政治体制。

韩非法中心思想之体系能否成立，完全系于君王一身，法之规

第五章　韩非政治哲学体系之建立与其实际之发用

范性能，首在将君王禁众之势与御臣之术，纳入于国法之制衡限定中，以法为其最高之准则，顺次展开推出，以责求一国上下皆循法而行。如此，法之中心地位及其理想，才能建立与实现。

韩非势以禁众，术以御臣，前者为统治的权力，旨在统摄万民；后者为统治的方法，旨在抑制权臣。然此一权势的力量与治术的执运，只是禁众抑下之政治权力的固结，与御臣责下之政治运作的形式而已，其本身实乏实质的内涵与明确的指向。若无法之明文的标准可循，以为其操执的依据与运行的轨道，则统治权力的掌握，又何能依法以下落万民？统治方法的运作，又何能依法以督责百官？故法之地位，实居于势与术之上，一方面为势与术的目的所在，一方面对于二者有其制衡规范的效能。今试绘一简图如下：

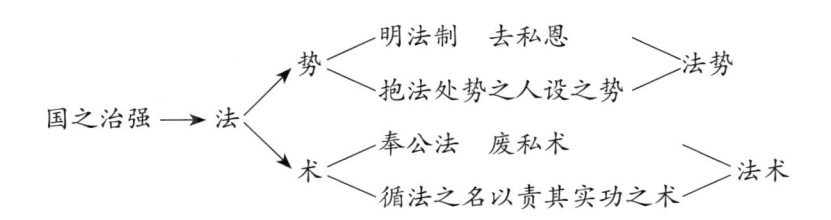

```
                    ┌→ 势 ┌→ 明法制　去私恩      ┐→ 法势
国之治强 → 法 ┤         └→ 抱法处势之人设之势  ┘
                    └→ 术 ┌→ 奉公法　废私术      ┐→ 法术
                              └→ 循法之名以责其实功之术 ┘
```

国之治强，既为韩非政治哲学的首要目标，故法之制定，除因好利自为之人情、以厚赏重罚为其基本原则之外，实以国之治强的要求，为其立法的唯一根据。基于此一目标，而有明文公布之法，以为治国之唯一标准。势之威，以求法之必行；术之用，以求行法之必当，由是而展开其政治运作的规范效能。韩非曰：

> 镜执清而无事，美恶从而比焉；衡执正而无事，轻重从而

193

载焉。夫摇镜则不得为明，摇衡则不得为正，法之谓也。[1]

　　法之标准性只有建立其一而固之绝对权威，以为君臣众民之行为规范，始足以发挥其统合一国上下之政治效能。一如镜之清始能比美恶，衡之正始能载轻重。若君王破坏法之权威性，则镜摇不得以明照，衡摇不得以正量。法失其标准性，则法已失其为法矣。故曰："言行而不轨于法者必禁。"[2] 又曰："明主之国，官不敢枉法，吏不敢为私，货赂不行，境内之事，尽如衡石也。"[3] 言行不轨于法者必禁，此言其权威性；境内之事尽如衡石，此言其标准性。

　　韩非对于人性的考察，以为在政治心理上，人皆挟私心以自为，而君王亦难期为贤圣，故如何防范中主之君的私心自用，乃成为其政治哲学之一大课题。法之标准性与其规范效能能否成立与展现，实决定于君王自身能否依法以执势与用术。盖一国上下可能树立法之权威性与其强制效能者，首在君王；而最可能破坏法之标准性与其规范效能者，亦在君王。君王挟其无不禁之势与不可知之术，若悖法自为，则天下臣民尽在其宰制之中，势与术的固立与运用，适成助长君王败国乱政之工具。故韩非政治哲学法之中心思想的建立与展开，实筑基于君王守法的前提上。曰："仁人在位，下肆而轻犯禁法，偷幸而望于上；暴人在位，则法令妄而臣主乖，民怨而乱心生。故曰：仁、暴者，皆亡国者也。"[4] 仁人之慈惠不忍，与暴人之易诛妄杀，以其动机而言，一仁一暴诚然大异；若就其结果而言，则二者之悖法私为，自陷败亡则等同。故韩非责求君王依法以任势用

---

[1] 《韩非子·饰邪》篇。陈启天《增订韩非子校释》，页二〇九。
[2] 《韩非子·问辩》篇。陈启天《增订韩非子校释》，页八四。
[3] 《韩非子·八说》篇。陈启天《增订韩非子校释》，页一三九。
[4] 《韩非子·八说》篇。陈启天《增订韩非子校释》，页一四五。

第五章　韩非政治哲学体系之建立与其实际之发用

术之意，实至为明显。

由上述可知，韩非之法，并非局限于君王私人之狭窄立场，仅为君王一己之利而存在，而是出乎国之治强的基本要求，代表一国之公利。然有且只有君王以法为治国之唯一标准，"法不阿贵，绳不挠曲"[1]，尊崇法之权威，以自我约束限定君势与君术的操执与运用，法之中心地位始能成立，其价值理想也始能实现。

故韩非谈势，不曰自然之势，而必曰人设之势，不以势之威权独自落现，迫压臣民，而必与法结合。其旨固在救人君不必贤之弊，令中主之君亦得以依法之常轨以治一国之政。实者其本旨乃在以法限定君之权势，以免难期贤圣之中主悖法乱政。故曰："吾所以为言势者，中也。……抱法处势则治，背法去势则乱。"[2] 处势必以抱法为其前提，势操权执柄以行赏罚之威利，必根据法之定准，故曰："明法制，去私恩。"[3] 以去君王之私心，"赏不加于无功，罚不加于无罪"[4]，依法以绳治天下臣民。如此，君势无不禁之威权，始不致逸出国法之常轨，而流为专制独断、横暴高压之局。

此一说法，胡洪琪先生论之曰："惟势者乃自然之势，而自然之势，乃无限之权力。明主得之则治，昏君得之则乱。故法虽借势始能为治，而势离法则非能必治。所以韩非言势曰：'人之所得设。'人之所得设者，法也。在法律未定之前，权力为无限的；法律既定之后，权力为有限的。明主可用以为治，而昏君则不得借以为非，故抱法处势，可以必治。所以说：势者，法之推动力也；法者，人为

---

[1]《韩非子·有度》篇。陈启天《增订韩非子校释》，页二六二。
[2]《韩非子·难势》篇。陈启天《增订韩非子校释》，页七〇。
[3]《韩非子·有度》篇。陈启天《增订韩非子校释》，页二五三。
[4]《韩非子·难一》篇。陈启天《增订韩非子校释》，页三二二。

195

之规律，以为权力之依据者也。"[1]此说可与笔者之见相互印证，以明韩非之势，乃在法之制衡下，始为人设之势，而非赤裸裸的统治权力，毫无标准规约的自然之势。

韩非言术，一曰先为不可知，以求秘藏难测；再则曰因任而授官，循名而责实，在君无为之下，以求臣下之大有为。此一人主所执之术，既先为不可知；而求为不可知，则君王必以无为自守，惟因任授官，循名责实。凡官吏之任用，与事功之责求，必依国法之规准以为定，以免君王离法自为，随意妄断，反而自坏体制，为臣下所因乘。故曰："人主之大物，非法则术也。"[2]又曰："操法术之数，行重罚严诛，则可以致霸王之功。"[3]"立法术，设度数。"[4]韩非常以法术并称，即旨在救人君之不必智。官之任与职之责，均由法规划分明；人君御臣，惟依法责群臣百吏之治而有功。如是，中主之君亦可为治矣。韩非曰："奉公法，废私术。"[5]又曰："舍己能，而因法数，审赏罚。"[6]正是以法限定君术之流为阴私自用，离法自行，而以公法之定数，为其制衡之标准。故曰："释规而任巧，释法而任智，惑乱之道也。"[7]术之用，不任巧智，而以法规为断，合法则行，背法则止，人主惟"守法责成以立功者也"。[8]

此一见解，胡洪琪先生亦论之曰："所谓私术，乃人臣为谋一己之私利，背法而为之阴谋，与此之所谓术，迥不相同。且所谓'因

---

[1] 胡洪琪《述韩非子对于法之观念》，《民主宪政》第十二卷第五、六期，页一九。
[2] 《韩非子·难三》篇。陈启天《增订韩非子校释》，页三六三至三六四。
[3] 《韩非子·奸劫弑臣》篇。陈启天《增订韩非子校释》，页二二四。
[4] 《韩非子·问田》篇。陈启天《增订韩非子校释》，页三一〇。
[5] 《韩非子·有度》篇。陈启天《增订韩非子校释》，页二五七。
[6] 《韩非子·有度》篇。陈启天《增订韩非子校释》，页二五九。
[7] 《韩非子·饰邪》篇。陈启天《增订韩非子校释》，页二〇九。
[8] 《韩非子·外储右下》篇。陈启天《增订韩非子校释》，页五九〇。

第五章　韩非政治哲学体系之建立与其实际之发用

任而授官，循名而责实'，则公正严明之精神，仍以法为依据。惟其功用，在课群臣之能，而潜御之。固不能因其无形，而谓之与法不能相容，更不能因其与私术用语相类而混为一谈，此岂韩非子言术之本旨？故术者，实所以补法之不足，而佐以达法之目的者也。"[1] 此说亦可与笔者之见作一印证，以明韩非之术，乃在法之制衡下，始可谓为行法之术，而非私心密用之权术，逸出法之规范的阴谋险诈。

综上言之，法对于势与术的固立与运用，有其限定与制衡的效能。韩非并非以法为君王统治的工具，而是以法为君王统治的标准。表面上，法与术似乎同为君王之大物，法以制民，术以御臣；实质上，乃以法来限定君势的迫压，以法来制衡君术的私用，使君王亦在法的规范之中。也惟有君王承认法之标准性与权威性，韩非的政治哲学才能上下贯通，往下展开。故曰："圣人之治也，审于法禁。"[2] 法禁一明，则官治而民用，国趋治强矣。故法往下落，旨在限制势与术之发用；势与术往上推，则旨在求法之必行，与行之必当。是法为其政治哲学之中心思想，为其理想之归趋；法亦为其制衡势与术之标准，有其规范之效能。

此亦如儒家之三达德，由静态的结构而言，智之知言择善，与勇之养气固执，均为了展现内在之仁的理想；从动态的发用而言，仁心之自觉，对于智与勇之显用外发，亦具有其制衡规范之效能。盖人有绝高之才智，若失其爱心之本，以求"明明德于天下"，必不免傲视群伦，而予智自雄，故子曰："如有周公之才之美，使骄且

---

[1] 胡洪琪《述韩非子对于法之观念》，《民主宪政》第十二卷第五、六期，页一九。
[2] 《韩非子·六反》篇。陈启天《增订韩非子校释》，页九二。

吝，其余不足观也已！"[1] 人有强固之生命力，若不由爱心流出，以与义结合，必落于血气相暴之局。故孟子曰："持其志，无暴其气。"[2] 在仁心之存养扩充下，勇配乎道义，以成就其"富贵不能淫，贫贱不能移，威武不能屈"之大丈夫的人格[3]，而发为"朝闻道，夕死可矣"[4]之胸怀气魄，以完成此心中之仁。是儒家之仁，固为其生命价值的根源与理想，智与勇同以仁为其归依之主体；而仁之价值标准，亦有以限定智与勇之显用外发，以免陷于"好知不好学，其蔽也荡"[5]之汪洋自恣，流荡无所归；与"好勇不好学，其蔽也乱"[6]之是非不明，暴虎冯河，血气浮动之偏颇。此学即在学做人之道，以率性修道，使内在仁心呈显，故曰："唯仁者能好人，能恶人。"[7] 有仁心之根，始能知所好恶，行所好恶，而当其理，得其正，以免落于"爱之欲其生，恶之欲其死，既欲其生，又欲其死"[8]之惑。智与勇，若无仁之根源的流注与导引，则"不知礼，无以立"[9]，与"勇而无礼则乱"[10]，亦无以"居天下之广居，立天下之正位，行天下之大道"。[11] 是为才智的误用，与生命力的错失。此亦可绘一简图以明示之：

---

[1]《论语·泰伯》篇。《四书集注》，页八九。
[2]《孟子·公孙丑上》篇。《四书集注》，页一八七。
[3]《孟子·滕文公下》篇。《四书集注》，页二二〇。
[4]《论语·里仁》篇。《四书集注》，页六一。
[5]《论语·阳货》篇。《四书集注》，页一四三。
[6]《论语·阳货》篇。《四书集注》，页一四三。
[7]《论语·里仁》篇。《四书集注》，页六〇。
[8]《论语·颜渊》篇。《四书集注》，页一一二。
[9]《论语·尧曰》篇。《四书集注》，页一五四。
[10]《论语·泰伯》篇。《四书集注》，页八六。
[11]《孟子·滕文公下》篇。《四书集注》，页二二〇。

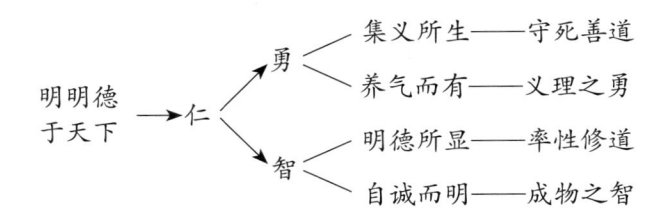

第五章　韩非政治哲学体系之建立与其实际之发用

```
                    ┌─ 勇 ─┬─ 集义所生 ── 守死善道
明明德              │      └─ 养气而有 ── 义理之勇
于天下 ── 仁 ──┤
                    └─ 智 ─┬─ 明德所显 ── 率性修道
                           └─ 自诚而明 ── 成物之智
```

综括上述，儒家智、仁、勇三达德，实以仁为体，以智与勇为用；而韩非之政治哲学，乃以法为体，以势与术为用。无智与勇，则仁之内在根源及其价值，不能体现完成；无势与术，则法之外在规范及其理想，也不能贯彻实现。从静态之体系结构而言，下归属于上，智勇归属于仁，势术亦归属于法，仁与法为其中心思想，亦为其价值理想之所在；从动态之发用运作而言，则上制衡其下，仁与法之价值标准，正用以限定或制衡智与勇的显发，或势与术的执运。此即韩非政治哲学之体系与儒家在形式组合上，有其相近之类型，与将近等同之结构；惟其根本精神，则彼此有异，两相背反。

总之，韩非政治哲学之整体架构，虽由法、势、术三种基料结合搭建而成，然其根本精神，实以法为其中心。一者在以法为其目的性，势与术皆以法之实现为其目的，而指向国之治强的价值理想；势与术成为行法的两大辅翼，其本身并非目的。二者在以法为其标准性，法由国之治强的目标而定，往下规范势与术的执运，在法的制衡之下，以求势与术不得逸出国法的常轨之外，以限定君王之统治权力与统治方法的悖法自为与私心密用。此二者，皆以法为其中心，而形成韩非政治哲学的理论架构，其体系由是而建立。

199

第四节　势之抬头及其实际之发用

韩非政治哲学之体系，从静态之结构而言，乃以法为其中心而建立，势与术的执运，皆指向法之理想的实现；从动态之发用而言，亦以法为其中心而展开，势与术的发用，同在法之标准性的规范之下，以推动一民于法、责臣以功的政治效能。如是，法之中心地位才能凸显，法之标准性才能树立。

问题在，这一法中心思想之体系架构，在实际政治的运作发用上，由于"法出乎君"而君又不必有才德之死结始终解不开，终造成君势之抬头与国法之下落，是为法之理想的颠倒。法不仅不足以制衡君王之权势与治术，反而成为君王专制独断、迫压臣民的工具。

据个人之见，韩非法之中心思想，实建立在两大预设之上：其一为君王必以国之治强为其目的，且君与国之利是必然两相叠合而互不冲突的，故曰："霸王者，人主之大利也。"[1] 又曰："匹夫有私便，人主有公利。"[2] 其二为中主之君所立之法，必能代表君国之公利，而为一国上下、君臣众民所认同共有之价值归趋，故曰："夫立法令者，所以废私也；法令行，则私道废矣。"[3] 又曰："息文学而明法度，塞私便而一功劳，此公利也。"[4] 韩非政治哲学法中心思想之体系及其价值理想能否建立与完成，实维系在这两大预设是否成立的基础上。法之中心思想依是始立，法之价值理想亦依是始有其实现的可能。

《韩非子》书中，有关法之性质及其功能，与立法之根据及其原

---

[1] 《韩非子·六反》篇。陈启天《增订韩非子校释》，页九二。
[2] 《韩非子·八说》篇。陈启天《增订韩非子校释》，页一三六。
[3] 《韩非子·诡使》篇。陈启天《增订韩非子校释》，页一一三。
[4] 《韩非子·八说》篇。陈启天《增订韩非子校释》，页一三六。

则，尚时有论及，至于法为何者所立之根本问题，则似乎有意闪避，不愿直接触及。韩非似乎觉识到其法中心思想之体系与其理想归趋，一碰触"何者立法"这一根本问题时，必陷入难以两全的困局，故一直闪避此一困结的探讨。惟曰：

> 君之立法，以为是也。[1]
> 圣人为法于国者，必逆于世，而顺于道德。[2]
> 圣人之立法也，其赏足以劝善，其威足以胜暴，其备足以完法。[3]
> 圣人之为法也，所以平不夷，矫不直也。[4]

此明言法立于君，立法权操之于人君之手。问题在，韩非言治，必曰中主之君可治，中主之君又上不及尧舜之贤智。如是，不待贤智之中主，所立之法能否抛离其私心，代表一国之公利，而趋于国之治强的目标？又能否约束其自身尊重法之权威性，以为任势用术之标准？这两个疑难若不能消解，则韩非法中心思想之标准规范性能，以及其法目的性之价值理想，必难成立而告落空。

据吾人之了解，治国之法若由君所立，则非德慧兼备之上上之君，实不足以为之。周公制礼作乐，以"周公之才之美"，始足以为天下之共法。盖君若无德，则亦挟己利以自为，如智士之不足信，不免私心为用，穷奢极欲，如此，其所立之法，必不足以代表一国之公利，而造成君与国两利不相容之局；君若无才，亦不知犯小苦

---

[1] 《韩非子·饰邪》篇。陈启天《增订韩非子校释》，页二○九。
[2] 《韩非子·奸劫弑臣》篇。陈启天《增订韩非子校释》，页二一九。
[3] 《韩非子·守道》篇。陈启天《增订韩非子校释》，页七九七。
[4] 《韩非子·外储右下》篇。陈启天《增订韩非子校释》，页六○八。

而计大利,似民智之如婴儿,眼光短浅,无视长久之计,如此,其所立之法,又何足以劝善禁暴,达成国之治强的目标?凡此皆与韩非政治哲学之两大预设扞格不合。

韩非为了消解这一存在的困结,故明示"君之立法"之外,又倡言"圣人之立法""圣人之为法"之说以救之。问题在,此所谓之圣人,有无特殊之涵义,是否专指德慧兼具之人主而言?若是,则人君固可立法而行;然圣贤又千世而一出,岂非反落于彼所抨击儒家待贤乃治之"千世乱而一治"之局!此即韩非政治哲学无以两可之困结。

且《韩非子》书中,治国之君皆称之曰"人主"与"君人者";若君王知"立法术,设度数",以禁众抑下者,则号之曰"明主""明王""明君",或称为"有术之主""有道之主""有道之君",然间亦有名之为"圣人""圣君"者。除前引圣人之立法、为法者而外,亦兼指"审于是非之实,察于治乱之情"[1]者,或直指为"圣人之术"[2]者。且圣人亦有与明主比列并论者,甚至有结合并称而不分者,曰:

> 圣人之书必著论,明主之法必详事。[3]
>
> 夫圣人之治国,不恃人之为吾善也,而用其不得为非也。[4]
>
> 明主者,不恃其不我叛也,恃吾不可叛也。不恃其不我欺也,恃吾不可欺也。[5]

---

[1] 《韩非子·奸劫弑臣》篇。陈启天《增订韩非子校释》,页二一九。
[2] 《韩非子·奸劫弑臣》篇。陈启天《增订韩非子校释》,页二一六。
[3] 《韩非子·八说》篇。陈启天《增订韩非子校释》,页一四六。
[4] 《韩非子·显学》篇。陈启天《增订韩非子校释》,页一六。
[5] 《韩非子·外储左下》篇。陈启天《增订韩非子校释》,页五三〇。

第五章　韩非政治哲学体系之建立与其实际之发用

> 彼圣主明君，不适疑（拟）物以窥其臣也。[1]
>
> 古之所谓圣君明主者，非长幼弱也，及以次序也；以其构党与，聚巷族，逼上弑君而求其利也。[2]

吾人今试就韩非圣人明主或同条之并论，或异条之比照而观之下，可以发现其所谓圣人明主二者之所指，几无以互异，至于二者之复合叠用，更可谓名异而实同矣。[3] 又曰：

> 赏无功之人，罚不辜之民，非所谓明也。[4]

此所谓"明"，乃指能用术，以使赏罚当乎功罪之人主而言。故言明主，即专重其智之明，而未及德之美；甚而直谓古之圣君明主逼上弑君，足见所谓圣人圣君，亦仅言其明智，而实未涵有圣德于其中。

由是可知，韩非言"法立于君"，又言"圣人之立法"，然圣人亦指依法用术之明智之君，并未具其贤德。如是，其所立之法，能否舍离其自为之心，以全一国之公利，仍属韩非政治哲学潜在之大问题。然依据上引各条，言人君立法皆不曰"明主"，而转称"圣人"，此当非一时偶然之巧合。是否在韩非心目中已意识到，立法必

---

[1] 《韩非子·说疑》篇。陈启天《增订韩非子校释》，页二四六。
[2] 《韩非子·说疑》篇。陈启天《增订韩非子校释》，页二四一。
[3] 唐君毅《中国哲学原论·原道篇》卷一，页五三二："韩非善用明君、明主、霸王之名。其言圣人圣主，亦言其智，不言其德，故或言明君圣主，如在《外储说右上》篇（笔者按：圣主明君叠用者，见于《说疑》篇）；或前言圣人，后则言明君明王，如在《奸劫弑臣》及《安危》二篇。然未见其用荀子'圣王'名，以指德智兼具者。故其所谓明君圣主，即只有一理智上之明，而其目标则在成霸王之功者。"
[4] 《韩非子·说疑》篇。陈启天《增订韩非子校释》，页二三一。

待有德之君，始足以代表一国之公利，而把握国之治强的目标？且或许此数条所谓之圣人，于人主明智之外，亦兼指其必具美德而言。惟此一推想亦属臆测之词，一时尚难以遽下论定，姑且存疑。依个人之见，韩非有关立法权问题所持之理论，乃为"法之先定主义"。韩非言法，既强调其恒常不变性，又力主其因时制宜之可变性，此中之矛盾，亦只有透过法之先定主义，始得解开。

盖法为人君治国之唯一标准，时代一变，客观情势有异，为了适应新的挑战，法必因之而变，始能因时制宜，穷变求通，故曰："法与时转则治，治与世宜则有功。"[1] 此法之可变性，乃基于立法者而言，当由才德绝高之圣人之君，针对现实需求而制定，以为后世中人之主所承受遵行，故曰："人主者，守法责成以立功者也。"[2] 又曰："法莫如一而固，使民知之。"[3] 此法之恒常性，乃基于行法者而言，使得中主之君有先定之法可循，得以依法而治，以免因其才德不足而陷于立法不善而自坏其法之难局。

如上述之解说不假的话，不仅韩非法之可变性与不可变性之间的歧义可得消解，且可逃离中主立法，其法实不足以代表一国公利之难题。也就是说，韩非言法，似乎把立法与行法划开为两相不同的界域，即上君有才有德，故可变旧法而立新法；而中主不必有才德，故只能守法行法，而不可轻易其法。如是，中主可治之说，始不至于落空破灭。此为笔者所以论定韩非所持论实为"法之先定主义"的原因所在。惟此一论析成立，则韩非之法治，其根源处仍在于人治，亦无以自异于儒家"遵先王之法"之说。儒家以先王之法

---

[1] 《韩非子·心度》篇。陈启天《增订韩非子校释》，页八一四。
[2] 《韩非子·外储说下》篇。陈启天《增订韩非子校释》，页五九〇。
[3] 《韩非子·五蠹》篇。陈启天《增订韩非子校释》，页四〇。

为三代圣王所立，后代人主不必有尧舜之贤圣，惟"率由旧章"，遵而行之，亦可平治天下。

吾人姑且假定韩非上君立法而中主行法之"法之先定主义"得以成立，此中难题仍未消失。盖法既出乎君，君拥有立法之大权，前王所立之明法，今主亦不必接受，而自可另立新法。即使中主之君不更立新法，仍循前王之旧法以为治，然行法之势与术，又为君王所独操独运，君若无德则难以立法，反以其无不禁之势与不可知之术，背法自为或废法不为；君若无才，则不足以行法，亦无以固势与用术，反为权臣重人擅事僭国之资。是韩非中主可治之说，虽以法之定准与势术之执运以救之，仍属不可必之数。且由于君势之无不禁，法之规范限定惟赖君王之自制，而无必然的规约，故在君王独治的实际发用上，"势"必然抬头，法之地位为之下落，遂造成法之目的性与其理想必归落空、法之标准性与其制衡效能亦归消失的终局。法往下降落变质，而沦为君王统治的工具。法之标准性规范性不存，势已非人设之势，已非受法制衡之法势，仍是一自然之势，可便治而亦可利乱；而术亦仅成一潜运之秘术，因任授官、循名责实之运作，亦失其法定之依据，不受法之制衡，已非行法之治术，必流为阴深险恶之机心权诈而后已。如是，韩非政治哲学之体系必为之上下颠倒，完全改观。今试绘一简图以明此中之转变：

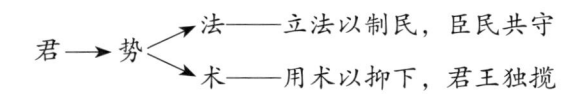

```
         ┌─法──立法以制民，臣民共守
君 → 势 ─┤
         └─术──用术以抑下，君王独揽
```

君势抬头独尊，成为超然之地位，君在法之上，而不在法规约之中，法不为国之治强的目标而立，仅为君王一己之私而决其行废；

205

术不为行法之必要而有，仅为君王严密控制群臣的手段而潜藏密用。君势执立法与司法两大权于一身，君势决定法的内容，法为君势所用，而非法之条文限制君势之用；君势亦决定术的运作，仅用以控御臣下，以强固君势，而非行法之要道。如是，法为治民之法，为臣民所共守；术为御臣之术，为人主所独运；法与术在君势之制御下，遂成人主之大物矣。即使其术治之说，亦能因任而授官，循名而责实，然法因势而定，术再因法而行，法既为君王之私利而立，术必为君王之私心而用；其落为权术之把弄，自属必然。如是，其政治哲学实际发用之运作程序，转成由君势往下掼压之单线发展，完全失去其三者互补不足、彼此助长之三角均衡，以及以法为中心，往下制衡，以规范势术执运之功。其架构遂成如下之图示：

势→法→术

抑有进者，君势既掌握立法与行法之大权，而君王为了一己之好恶，一者可随时更易其法，二者亦可不因法而行。如是，则法之成文公布，根本形同虚设，君王一时之私人意愿，即可发而为法令。此则不仅法之理想性、标准性已消失无存，且根本上法之存在亦可为君王所取消。如是，其实际政治之运用，惟成如下之图示：

势→术

法之标准规范名存而实亡，法之中心地位亦完全丧失，惟有势之暴力的迫压直下与术之权术的私心运用。百吏治民亦无定法可循，自可私利自为，以蒙蔽主上，欺压下民；百姓众民失去法之定轨，自可逃离农战之本业，而各图己利之私。如是，在君臣异利、公私相背之下，公国之利完全浮显不出，韩非所亟欲解决之败政乱局，势必长存难去。

就由于法出于君，而人君又不必贤智的此一困结，始终无以消除，遂导致在实际政治之发用上，韩非法家之理想光明面层层剥落消失，而其独断之黑暗面反而步步增长扩大。此个人以为，韩非政治哲学之理论体系虽可搭建完成，而自成一家之言；然由于其不得不筑根于人君立法必以公国为重，且必能守法行法之两大预设的基础上；而此一基础，由于人君不必具有才德，又显得何其脆弱，故其陈义虽高，理想虽有，然一落于实际政治之发用，由于中人之主才德不足，难去其私心，亦不易约束其自身，必造成势之抬头与法之下落，其本有之价值理想完全沦没，消失无存。此实为韩非政治哲学在理论架构与实际发用之间，所存有之无以消解的矛盾，与无以逃离的困局。

此一说法，张绪通先生亦论之曰：

> 然韩非究竟是一位开明的君主专制论者，虽然如此，韩非最大的缺点还是在这一点。专制的君王，他本身即是法律的渊源。倘若对于法律的实力再加以强调，则法律的限制必然越过越狭，人民的个性必然被君王侵吞殆尽。盖如洛克所说："有权必滥。"韩非在此亦显出其极大的矛盾，即他既不相信道德对于人类具有真实强制的效力，然而他却把一只狮子加上一只狐狸的君王放在一个草编的笼子——"虚静无为的道德要求"——

207

里面。从此他便使自己相信完全稳妥了。[1]

此一说法，其所持理由不必与笔者相同；然韩非法之中心思想，筑根于君王自我道德要求的脆弱基础上，则所见正与笔者无异。

此中问题之症结即在：在君主世袭之下，继位之君难期贤圣，人主不必具有才德，其立法难免时生偏差，其行法亦难免时有错失，更遑论如桀纣之暴君矣！此实不如儒家，虽圣君亦不可待，然必责成君王修德行仁，以天下人民为重，惟"遵先王之法"，且又以才士贤相辅成之，力求缩减或去除君权独揽所可能有之弊害。然韩非法家既以为智士不足信，又否定学术之必要与道德之可能，遂自绝于天下才德之士，而仅凭君王一己之智，国事遂无可为矣。其"千世治而一乱"之构想，亦属徒托空言。此中之关结仍在于其人性论之偏颇，韩非既以人性未具善质，人心亦惟挟利自为，故言民智不可用，智士更不足信，人之主体价值遂呈显不出，仅信任外在权威之法，然立法、行法仍不得不落于人之主体。如是，法固不足据，且亦难以自行。其苦心孤诣所建构之哲学体系与其理想，遂告倒塌与失落。此毋宁是韩非政治哲学之致命伤，也是秦皇十五年而亡其国之悲剧的根本原因。

总之，韩非法中心思想之体系，虽以其目的性与标准性而告建立，然由于法出乎君与君不必贤智之困结未能解开，惟筑基于君王立法必以国为重，行法又以法为其规准之自我约制的预设上。然此一预设过于脆弱，故在实际政治的运作上，终造成君势之抬头，与法之地位的下落，势笼罩一切，法反为君王治国之利器。此为韩非

---

[1] 张绪通《韩非的法律哲学》，《法学丛刊》第二十八期，页一○六。

第五章　韩非政治哲学体系之建立与其实际之发用

政治哲学之理论架构在现实政治的发用中,所形成的上下颠倒、主体失位的转变。甚至法之地位不见,惟成势与术的迫压密用。其以法为中心之政治哲学体系遂告崩颓,其目的性与标准性同归消失,其开出之价值理想与规范效能亦随之破灭。此实为韩非政治哲学无可逃离之困结。

总结全章,韩非之政治哲学,法、势、术三者鼎足而立,各踞一方,一方面各具其特有之性能与界域,另一方面亦各显不足,无以自成,故三者之间,有其互补不足、彼此助长之功,以相合而相成,而在国之治强之重心的引力圈中,维系三者间微妙的平衡。抑有进者,在三者之三角平衡性能之外,其体系之建立,实以法为中心,法为势与术的价值目的,也为势与术的制衡标准,为通贯国之治强与势术之用的枢纽。惟于实际政治之发用运作中,由于法为君所立,而君又不必有才德,则不免造成法之中心地位的消失,势与术转成君王专制独断之利器矣。此实为韩非所始料不及,亦无以自解的矛盾所在。

第六章　韩非政治哲学之检讨与评价

依上章之解析，韩非政治哲学之价值理想，实依乎其以"法"为中心思想之体系而告全盘呈显，在法之目的性及标准性之下，其政治哲学之价值理想，始得确立与实现；另一方面，其政治哲学的变质沉落，则在于其实际发用上，法中心地位的下落，而其法之目的性及标准性的消失，遂迫使其政治哲学的体系架构，亦随之倒塌崩颓。此一转变的关键，探讨其原因，实不得不落在其人性私利自为之理论根基的偏狭上。也就是说，韩非政治哲学之价值在于其体系架构，法中心思想的树立，使得法之目的性与标准性得以呈显；而其沉落则在于其理论根基之人性论、价值观与历史观的偏狭自限，导致其法中心地位的下落与君势的相对抬头。故本章对韩非政治哲学的检讨与评价，亦就此二端而加以探索述评，以明示韩非政治哲学之体系架构，由于其法中心地位的浮显，而自有其独特外发的精义锐见；也由于其理论根基的偏狭，而暴露出其体系架构所潜藏难解的困结难题。笔者以为，惟有透过这两端的同时把握，始能分别厘清其政治哲学所呈显外发的精义与潜藏内在的困结，而给予同情的了解与较为公正的评价。以免仅据其一端，即轻下断言，而落于一笔抹杀或全面肯定的两偏之中。

第六章 韩非政治哲学之检讨与评价

第一节 法中心思想之体系架构的建立与其外发之精义

韩非政治哲学之体系架构，实由法势术三者叠架而成。在此一架构中，法势术一方面各有其特有之界域与独具之性能；二方面，三者虽各踞一方，却非各自孤离，而是互补不足与彼此助长，形成其三角等边之平衡性与统合多方之政治效能；三方面，在三者统合运用之中，乃以法为其中心而建立。法之中心地位，一者在其目的性，势与术的执运皆为实现法之目的和理想而存在；二者在其标准性，势与术的发用皆受法之标准的规范而展开。韩非政治哲学外发之精义，实由此一体系架构中浮现透脱而出。今试就其法中心思想之体系架构的建立，展露其外发之精义与独到之锐见。

（一）治国常法之客观化制度化，架构而成一恒常之政治体制与客观之政治格局，足以弥补儒墨道三家成德、法天与归道之治道的不足

韩非政治哲学之体系架构，法势术三者界域之分立与效能之统合，在实际政治的运作上，实有其超乎各家所不及之精义在，其价值即在面对战国政局之现实病痛，能提出一套针砭救治的药方。儒墨道三家于生命之价值理想，各擅胜场，有其极高明之阐发与建树；然于乱世政局，却同样缺乏一套补偏救弊、具体可行的应变措施，可资凭借与运用。结果，儒家显发人性之德教，墨家以天志为法仪之兼爱，道家回归自然之无为的政治理想，由于其理想一直未透过客观化制度化，而架构成一恒常之政治体制与客观之政治格局，以为其桥梁之过渡与推动之媒介，故始终无法在现实政治中落现完成。

在儒墨道三家之中，其政治思想足以与法家相抗衡者，惟有儒

家。墨家尚同、天志之兼爱、交利，与道家回归自然之素朴无为之说，对于政治只有遮拨与提升的作用，以去君王之偏狭自限，而未落实在实际政治中去建构推动。而儒家"明明德于天下"之八条目[1]，与为天下国家之九经[2]，虽开出其本末一贯、相涵相成之德化阶梯，然在身修与天下平、成己与成物之内圣与外王之间，均仅限于德性主体之作用表现，而未开出知性客体之架构表现。外王是内圣的直接延长，在内圣之德的作用表现中当下完成，或直接呈现，而未透过一个媒介、一道桥梁去接合沟通，由内在之德的直接作用表现，转化而成外在客观之架构表现。[3] 这一"仁者在位"之圣君贤相的治道，由于仅停留于主观修为向外照临之意态中，即使"君子之德风，小人之德草，草上之风必偃"[4]之预设效用得以成立，仍不得不落于"其人存，则其政举；其人亡，则其政息"[5]之有时而穷的困境。

韩非以法为中心以制衡势术发用之治道，正足以弥补儒家德教治道之不足。故牟宗三先生论之曰：

> 法家顺大势所趋，能为政以法，这在治道上，本可容易看出它直接涵有"政治的意义"。如果儒家道家所见比较更高一点，更根本一点，而至于超政治的境界，则法家却直接涵有政治意

---

[1] 《大学·经一章》。《四书集注》，页三。
[2] 《中庸·第二十章》。《四书集注》，页二八。
[3] 牟宗三《政道与治道》，页五五。依笔者之了解，作用表现乃即性体以显智用之意，智用不能离乎性体，属于德性层，体用之间为上下隶属之关系；架构表现乃智用离乎性体而独立发用，属于知性层，体用之间为平面相对之关系。参见该书，页四六及五二。广文书局，一九六一年二月出版。
[4] 《论语·颜渊》篇。《四书集注》，页一一三。
[5] 《中庸·第二十章》。《四书集注》，页二七。

义，于政治上为较切。[1]

盖儒家虽曰："诚者非自成己而已也，所以成物也。成己仁也，成物知也。性之德也，合外内之道也，故时措之宜也。"[2]朱子注之曰："诚者所以成己，然既有以自成，则自然及物，而道亦行于彼矣。仁者体之存，知者用之发，是皆吾性之固有，而无内外之殊，既得于己，则见于事者，以时措之，而皆得其宜也。"[3]此言"无内外之殊"，又曰"自然及物"，足见仍为道德主体的作用表现，以自我的人格之光，以求照临于外，而未转出一客体政治的架构表现，使君臣众民得以上下共循，百世相传者。此儒家言智，并未能独立于仁性之外，仅为自诚而有之直接之明照，尽心亦所以知性知天。如是，其心之智用，即必然收摄于德性之内而仅成一种德慧，仍是一主体之作用表现，不足以成为政治法律之架构表现。[4]虽孔子在"道之以德"之外，亦言"齐之以礼"；孟子不忍人之心而发为不忍人之政，亦主"率由旧章""遵先王之法"，然礼在尊尊，而亲亲之根基已不存，先王之旧章又不可考，即使"法先王"成为可能，亦失其因时制宜之功，已无以适应战国乱局之时代需求。且礼由仁显，政由心生，仍是"无内外之殊"与"自然及物"的德教明照。荀子主"法后王，而一制度"[5]，人心又独立于性之外，圣人制礼法以定分止争，其治道似已外立而为客观化之制度，然又主"有治人，无治法"[6]，人

---

[1] 牟宗三《政道与治道》，页三八。
[2] 《中庸·第二十五章》。《四书集注》，页三二至三三。
[3] 《中庸·第二十五章》。《四书集注》，页三二至三三。
[4] 牟宗三《政道与治道》，页五〇至五一。
[5] 《荀子·儒效》篇。梁启雄《荀子约注》，页九二。
[6] 《荀子·君道》篇。梁启雄《荀子约注》，页一五八。

213

在法上，法之权威性不能建立，仍是人治，而非法治。且礼在"别同异"之外，又言"明贵贱"，大失法家上下平等之公正精神。传统之体制"礼不下庶人，刑不上大夫"，大夫与庶人，一者治之以礼，一者绳之以法，治国之道而有上下分行的两套标准，是为不平等、不公正。惟孔子言礼，乃由上而下求其平等如一，由本属规范大夫之礼，使下及于平民，以求上下一体，俱归于礼之规范中；法家言刑，乃由下而上求其齐等划一，由本属绳治庶人之刑，使上达于大夫，以求上下一体，俱纳入法之绳治中。此说吴师经熊曾论之曰：

> 从一种角度看，儒家及法家是齐头并进的运动，但他们却是相反的方向。从封建制度之全盛期，即存有一句格言："礼不下庶人，刑不上大夫。"此时儒家及法家，都同意于此种双边的标准，已不再能适用支撑下去，但他们的协议仅止于此，儒家要去扩充礼仪之教化，到普通人民身上；而法家却要扩展刑罚之制约，到贵族大夫身上。[1]

韩非曰："法所以为国也。"[2] 法之成文公布，以为一国上下共有之行为基准，令君势之统治权力与君术之统治方法的执运，有其定法可循。如是，吏治固不失其定准，民行亦不离其常轨。此一客观普遍之法制，正显示其公正平等之精神，故曰："圣人之为法也，所以平不夷，矫不直也。"[3] 韩非固知"父兄犯法，则政乱于内"[4]，故

---

[1] 吴师经熊《中国法学之历史概观》，《中国文化季刊》第一卷第四期，页二三。
[2] 《韩非子·安危》篇。陈启天《增订韩非子校释》，页八〇九。
[3] 《韩非子·外储右下》篇。陈启天《增订韩非子校释》，页六〇八。
[4] 《韩非子·内储说上》篇。陈启天《增订韩非子校释》，页四〇五。

主"法不阿贵"[1]"刑过不避大臣"[2]"诚有过,则虽近爱必诛"[3]。虽近爱如王亲,尊贵如大臣,亦不得悖法乱政。此一上下同轨、平等齐一之治道,自是韩非政治哲学之精义所在。而儒家孔子之礼治的平等观,下及孟荀则逐步消失。孟子曰:

> 上无道揆也,下无法守也,朝不信道,工不信度,君子犯义,小人犯刑,国之所存者幸也。[4]

荀子亦曰:

> 由士以上,则必以礼乐节之;众庶百姓,则必以法数制之。[5]

孟荀二家仍在上之君子与下之小人之间画一界线,区分为二,大夫节以礼义,众民则制以法刑。孔子言礼,惟有"亲亲之杀"由亲而疏的差等,求有以扭转封建制之层阶性者;荀子却转为"贵贱有等"[6],由贵而贱,反而逼回封建礼制之旧,已失孔子上下一体皆归于礼治之本有精神[7],亦远不如韩非"法不阿贵"之贵贱同等的公正

---

[1]《韩非子·有度》篇。陈启天《增订韩非子校释》,页二六二。
[2]《韩非子·有度》篇。陈启天《增订韩非子校释》,页二六二。
[3]《韩非子·主道》篇。陈启天《增订韩非子校释》,页六九四。
[4]《孟子·离娄上》篇。《四书集注》,页二三〇。
[5]《荀子·富国》篇。梁启雄《荀子约注》,页一二一。
[6]《荀子·富国》篇。梁启雄《荀子约注》,页一二〇。
[7] 梁启超《先秦政治思想史》,页九六云:"孔子注重'亲亲之杀',即同情心随其环距之远近而有浓淡强弱,此为不争之事实。故孔子因而利导之,若夫身份上之差等,此为封建制度下相沿之旧。孔子虽未尝竭力排斥,然固非以之为重。孔门中子夏一派,始专从此方面言差等,而荀子更扬其波。……要之,荀子一派所谓礼,与孔子盖有间矣。"

齐一。

《大戴礼记》云："礼者禁于将然之前，而法者禁于已然之后。"[1] 此言礼为道德之教化，有其自制之约束力，可禁恶于未发之先；法为政治之律则，有其强制之约束力，仅足以治罪于已犯之后。事实上，韩非重一奸之罪，而止境内之邪，此以刑去刑之说，亦深具教育之功能，亦足以吓阻犯罪，防患于未然。

此一儒法之争，吴师经熊曾深致其憾，曰：

> 假使这两种运动，有一共通之了解，由此划分两者之界线，每种运动皆在它适当的范围内尽力，一者负教育之责，一者负统治之责，那么整个中国之历史文化，就会完全不同于现有的情况。但每一派却力求争有整个领域。无论如何，儒家在这倾向上，比法家少些极端。儒家指出把刑罚当为唯一统治之工具，是不适当的，同时主张道德应优先于法律；而法家却主张法律应优先于道德。但事实上法家禁止了所有的道德教育，并认为伦理道德是对国家公共秩序之破坏。[2]

依笔者之见，儒墨道三家仅陈述了政治的理想，而未向外架构出政治体制的客观格局，故三家之说可以说是理想政治，是超乎政治之上的道德原则与价值归趋。法家之说可以说是实际政治，是政治本身之恒常体制与客观格局。二者之间，本不必相互冲突与彼此对抗。牟宗三先生论之曰：

---

[1] 《大戴礼记·礼察》篇。《四部丛刊初编》经部册十二，页七。上海商务印书馆缩印宋刊本。

[2] 吴师经熊《中国法学之历史概观》，《中国文化季刊》第一卷第四期，页二三至二四。

第六章　韩非政治哲学之检讨与评价

　　道化的治道与德化的治道，实不是普通所谓政治的意义，而是超政治的教化意义。若说是政治，亦是高级的政治。……但我们也认为政治的意义与教化的意义并不冲突对立，因此我们不能因为要转出政治的意义，必抹杀或否定教化一层的意义。[1]

　　奈何韩非见不及此，竟以政治的意义，反对道德教化，遂使其实际政治转成现实政治，而失去其应有之道德精神与价值理想。盖政治理想必透过实际政治的推动，始能一一下落实现；而实际政治也只有在政治理想的导引之下，始能步步迈向正轨。只要把理想政治的道德原则与价值归趋，吸收消融于法律的条文之内，则治国以法，绝不是反道德，亦不是非道德，而正显现着绝高之道德精神的完成。故儒墨道三家之理想政治与韩非法家之实际政治，实应并行而不悖，相辅而相成。此说方东美先生曾论之曰：

　　哲王治国，善行仁政，并不需要有什么法律。然而在广土众民的国家里，政情复杂，症结繁多，只由良医一人亲自临床诊断，势将应接不暇。同理，哲王如长在人间世，法律将无所用之；但哲王之兴起，往往须遭逢时会，不能旦暮遇之。坐是之故，因时制宜的法律，便极不可少。由此可知，行法治以救德治、礼治之不及，亦正未可厚非。[2]

---

[1] 牟宗三《政道与治道》，页三七。
[2] 方东美《中国政治理想要略》，辅仁大学《哲学论集》第三期，页五〇，一九七三年十二月出版。

又曰：

> 在中国政治思想史上，一般人都认为德治、礼治和法治是绝不能调和的相反趋势。道儒墨三家往往连在一起，攻击法家之惨礉寡恩，害政以害事；而法家又反驳前者之政无常仪，贤智不足慕。这种纷争的公案，直到现在仍未有圆满的解决。但我以为法治主义的价值确实不可否认，只消我们把衡情度理之法与人君密用之术划分开来，便知法治仍是一种理想政治，举以与实际政治的术治或力治相较，大有区别，殊不能混为一谈而鄙夷之。[1]

韩非"奉公法，废私术"与"抱法处势则治"，在法之标准及制衡下，虽言术而非人君密用之术治，虽言势而非君权迫压之势治，故仍是一法治。故方先生又云：

> 这样平情如水准、称理若悬衡的铁的纪律，何尝违背德治、礼治的真精神？道家之法自然与道，去私存公，常德不忒；荀子以礼为法之大分；墨子之所若而然，壹同天下之义，岂不是要寓法治于德治么？[2]

方东美先生此论甚为透辟，较能避开一家狭窄之立场，而有其公正允当之评价。

---

[1] 方东美《中国政治理想要略》，辅仁大学《哲学论集》第三期，页四九。
[2] 吴师经熊《中国法学之历史概观》，《中国文化季刊》第一卷第四期，页二三至二四。

第六章　韩非政治哲学之检讨与评价

由上述可知，韩非法中心思想之体系，有其客观之格局与恒常之体制的架构表现，足以弥补儒家仅有德化之直接作用表现，与墨道法天归道之只具遮拨与提升作用的不足。且比诸儒家之礼法分轨之治道，亦较具公正平等之精神。此一客观恒常之架构表现，与公正平等之精神，正是其政治哲学首要之精义。

（二）在法之标准制衡下，势之为统治权力的自觉，与术之为统治方法的讲求，把政治独立于道德教化的领域之外，而以其无不禁之权威，与用人责功之治术，推动一国之政事，以获致国之治强的必然实效

韩非之政治哲学，以法为其中心思想，然实以强固君势为先。在广土众民、国事万端之中，若君势不强固，无一统治权力的领导中心，以为其推动政事之后盾，则法之标准固不立，术之治道亦难行，故强固君势实为其政治哲学首要之前提。惟韩非言势，并非专为君王一身，而是"势足以行法"[1]，且君势亦在国法的制衡之下。以为君王如果专任势而不抱法，必乱多而治少，故主张人主以势行法，抱法以处势，不可专用势而不任法。[2]

韩非法家思想，与儒、道两家之治道大异者，端在君王权势的固结强化。儒之德教，惟"其身正，不令而行"[3]；道之归朴，惟"为无为，则无不治"[4]；皆旨在取消君王之威权，而归之于修德体仁与素朴无为。墨家虽言"壹同天下之义"[5]，然又言"尚同于天"[6]；荀子虽

---

[1] 《韩非子·八经》篇。陈启天《增订韩非子校释》，页一七四。
[2] 陶希圣《中国政治思想史》第一册，页二一六至二一七。食货出版社，一九七二年四月重印。
[3] 《论语·子路》篇。《四书集注》，页一一七。
[4] 《老子·三章》。"王弼注"本，页二之一。
[5] 《墨子·尚同上》篇。《墨子间诂》，页四五。
[6] 《墨子·尚同下》篇。《墨子间诂》，页五九。

言"立君上之势以临之",然仍归于"明礼义以化之"[1],二者虽推崇天子君上之权威,然亦以圣王礼义之德化与天子法天之兼爱为其根柢,均未如韩非以君王权势之往下直落,以为"胜众之资"[2]。盖韩非以为政治之枢纽在权力,而不在道德,国之治乱亦恒由统治权力而定,而非道德教化所能为功,故把政治独立于道德的领域之外。[3] 儒家之政治思想,志在透过人文教化的熏陶,将群体社会纳入人心一体之仁的"道德秩序"之中;墨家之政治思想,志在透过壹同天下之义,将不相爱的个人引入天志一体之爱的"义道秩序"之中;道家之政治思想,则志在消解政治的建构,而将每一存在的个体纳入宇宙整体之道的"自然秩序"之中;而韩非法家的政治思想,则志在固结君王的统治权力,将挟利自为的个人引入君国一体之法的"政治秩序"之中。也就是说,韩非所求以建立的,不是儒家的"道德秩序"与墨家的"义道秩序",也不是道家的"自然秩序",而是"政治秩序",此一自觉亦韩非法家思想之一大特色。当然,政治不仅不能是反道德的,且直需接受道德的导引与价值的规范,但就政治之本身而言,可以是非道德的,以免政治与道德不分,反而不易厘清政治本身的基本问题。此一道德价值,可以超乎政治之上,作为原则之导引与理想之归趋,然不可混杂不分,以免泛道德主义的

---

[1] 《荀子·性恶》篇。梁启雄《荀子约注》,页三三一。
[2] 《韩非子·八经》篇。陈启天《增订韩非子校释》,页一五〇。
[3] 《韩非子·难三》篇云:"今有功者必赏,赏者不德君,力之所致也;有罪者必诛,诛者不怨上,罪之所生也。"此言治国之道,在依功罪而行赏诛,与君王之仁恩无涉,故不德君,亦不怨上。
另《六反》篇亦云:"人臣挟大利以从事,故行危至死,其力尽而不望。此谓君不仁,臣不忠,则可以霸王矣。"人臣在国法高悬之下,挟利以从事,君不必曰仁,臣亦不必言忠,亦可成就霸王之业。凡此可知韩非不言仁恩,而出以利害原则,将政治独立于道德之外。
以上二段所引,见陈启天《增订韩非子校释》,页三五三与九三。

第六章　韩非政治哲学之检讨与评价

迷雾弥漫其中，而显不出属于政治范畴之结构与运作等问题。也就是说，儒墨道三家所言者，乃一理想政治之理念，属于应然之探讨；韩非法家所立者，乃为实际政治之架构，属于实然之规划。实然架构之规划与应然理念之探讨，自可分属于上下不同之界域。也就是说，实际政治可以是非道德的，独立在道德的领域之外，去规划设计政治的体制与行政的程序。如此较能认清与把握存在于政治本身之重重问题，而一一去求其排解之道，此已"建立含有近代意味纯政治之政治哲学"。[1]

故韩非之言势，在树立无不禁之统治权力，此与近代政治学所言构成国家四大要素之政府与主权，有其相近之作用。格特尔（R. G. Gettell）曰："国家真正重要的要素，实为主权。由对内方面来观察，这就是说，一个国家对一切个人与个人所组成之团体，具有法律上完全的权力。从对外方面来看，这等于说，一个国家依法不受其他国家的控制。……因为国家有了组织，遂有一个政府，由此行使对所属一切个人的权力，保持其对其他国家之独立。"[2] 此言对内之最高统治权，即韩非"民固服于势，寡能怀于义"之势；其对外之绝对独立权，即韩非"力多则人朝，力寡则朝于人"之力；二者之主权，均依法而有，此即韩非"抱法处势"之法势。故韩非之势，乃实际政治得以成立之首要条件，以为其治理臣民之凭借。故曰："明君操权而上重，一政而国治。"[3] 在信赏必罚之下，以严行一国之

---

[1] 萧公权《中国政治思想史》，页二三二云："韩非论势，乃划道德于政治领域之外，而建立其含有近代意味纯政治之政治哲学。"页二三八又云："政治之直接效用为维持秩序，而非推进道德。政治生活固得有善恶之区别，然而其标准当以法律，而不当以道德为根据。"

[2] R. G. Gettell 著《政治学》，石衍长译，页二五。新陆书局，一九六二年十月台二版。

[3] 《韩非子·心度》篇。陈启天《增订韩非子校释》，页八一三。

221

常法，而获致国之治强的必然实效。

且韩非之政治哲学，乃顺应战国现实之政情而生，在贵族世卿之篡夺与重人近习之擅权之下，国已不国，政亦不政，惟有强固君王之权力，始足以摆脱贵族世卿之掣肘束缚与重人近习之包围垄断。故固立君势，实为彼时稳定政局之迫切需求。故章太炎先生曰："在贵族用事之世，唯恐国君之不能专制耳。国君苟能专制，其必有愈于世卿专政之局。"[1] 由是可知，由封建分治而至于君主专治，乃相应于时代变局的一大进展，而非如大史家司马迁所云：

韩子引绳墨，切事情，明是非，其极惨礉少恩，皆原于道德之意，而老子深远矣。[2]

太史公此一说法，不免自相矛盾，既已"引绳墨"之法，又能"切事情"之责实与"明是非"之当名，何以谓"惨礉少恩"？事实上，"少恩"正是其赏罚信必、执法严明之最佳写照，至于"惨礉"，则不免仍出以超政治的价值观点而有之评断。韩非曰：

今晏子不察其当否而以太多为说，不亦妄乎？夫惜草茅者耗禾穗，惠盗贼者伤良民。今缓刑罚，行宽惠，是利奸邪而害善人也。此非所以为治也。[3]

法之厚赏重罚，旨在劝善而禁暴，故势之信赏必罚，严明得当，

---

[1] 章太炎《国学略说》，页一六一。
[2] 《史记·老庄申韩列传》篇。"广文"本，页八六三。
[3] 《韩非子·难二》篇。陈启天《增订韩非子校释》，页三三一至三三二。

又于善人何害？故曰："度量信，则伯夷不失是，而盗跖不得非。"[1]若行宽惠，缓刑罚，反而利奸邪而伤良民。如是盗跖固得非，伯夷亦受害，故势之"惨礉少恩"，正是主持人间正义之人道主义的充分表现。太史公如是之评断，实未抓住其弱点，故非平允之论。

另一方面，韩非之术，乃人主任用群臣、督核百官，以推动一国政事之程序步骤。在法之规准下，君王先为不可知，不为臣下所因乘，以求知下能明，用人得当；其次"因任而授官"，即在用人惟材，以求职能相当，且在"一人不兼官，一官不兼事"[2]之规划下，使其职责分明；再"循名而责实"，依其职责之名而责其事功之实。凡此皆为人主"治吏不治民"[3]所不得不有之手段，属于人事行政的范围。左潞生先生曰：

> 人事行政，实包含下列各要素：（一）科学方法，即以一定的客观标准拔取人才，不得有情感好恶存于其间；（二）人才主义，即用人唯能，不得以私人关系而定去取；（三）合理制度，即一切措施须合于人事行政的原理原则，不得由长官任意处置；（四）调适原理，包括：1.人与事之调适，即公务员应与其所任之事相适合；2.人与人之调适，即公务员彼此间应和谐合作；3.人与物之调适，即公务员应与其机关及其所应用之工具相配合；（五）效率主义，即人事行政以效率为前提，公务员须尽量发挥其能力，行政机关须顺利完成其使命，而使行政获得最大的效果。[4]

---

[1]《韩非子·难一》篇。陈启天《增订韩非子校释》，页三二〇。
[2]《韩非子·守道》篇。陈启天《增订韩非子校释》，页七九八。
[3]《韩非子·外储右下》篇。陈启天《增订韩非子校释》，页六〇六。
[4] 左潞生《行政学概要》，页五五至五六。三民书局，一九六三年十月初版。

上述所言，一切措施依乎制度，不得由长官任意处置，此即韩非人主不可知之无为术；其拔取人才，不得有私人好恶；用人唯能，不得出以私人关系，及用人应与其所任之事相适合，此即韩非"因任而授官""程能而授事"之参验用人术；其重视效率，尽量发挥其能力，以获致最大之效果，此即韩非"循名而责实"之督责求功术。此之治术不仅未有不良之趋向，且旨在期求君王守法责成，不出以私人之心意而悖法自为，正涵蕴限定君权而借重天下才士之一义于其中，而非熊十力先生所谓之执藏密用之阴深险忍。

　　此一治术之方法的讲求，乃韩非政治哲学的卓识。儒家《大学》之八条目，与《中庸》之九经，亦已着重本末终始、成己成物之先后之道。《庄子·天下》篇，最可注意者乃道术兼言。[1] 神之降、明之出固依乎道；而圣之生、王之成则有待于求道之术。始能由上之神，降而为下之圣；由上之明，出而为下之王；由内之神，照显而为外之明；由内之圣，露现而为外之王。前者为上下直贯，后者为内外横通，由求道之术的接引过渡，而为其贯通上下内外的桥梁。[2] 此"明于本数"之道，必"系于末度"之术[3]，以免"内圣外王之道"，神闇于上而不明照于下，圣充郁于内而王不显发于外。[4] 由天人至人神人之"不离"，而为圣人之"兆于变化"，乃由上而下之神降明出；由君子之仁恩礼行，而为百官之"民事为常"，乃由内而外之圣生王成；由天人至人神人之"配神明，醇天地"，透过圣人君子之"育万

---

[1] 《庄子·天下》篇云："古之所谓道术者，果恶乎在？曰：无乎不在。"《南华真经正义·杂篇》，页六二。

[2] 《庄子·天下》篇云："神何由降？明何由出？圣有所生，王有所成，皆原于一。"陈寿昌辑注："一者，道之根也。"《南华真经正义·杂篇》，页六二。

[3] 《南华真经正义·杂篇》，页六二之一。

[4] 《庄子·天下》篇云："是故内圣外王之道，闇而不明，郁而不发。"《南华真经正义·杂篇》，页六三。

物，和天下"，而至百官"以法为分，以名为表"之泽及百姓，养民衣食。这一由上而下的神降明出，与由内而外的圣生王成，正是道术"其运无乎不在"的整体大贯串、大肯定。[1] 而此下百家之学，未得道术之整全，惟得其一偏，或执下之用而失其上之体，或逐外之末而失其内之本，遂上下断裂不通，内外割离有隔，故曰："道术将为天下裂。"[2] 此不空言道，而道术兼言，乃深知无术之求而道终不自显。此一方法上的讲求，以为儒道两家思想晚期发展的共同倾向。儒有《学》《庸》之本末先后之道，道有《天下》篇上下内外直贯横通之道。故韩非言术，亦是依法用势，以求一政国治的方法程序，与《学》《庸》《天下》篇言先后、言道术之所重者，其精神实未有以异。惟《学》《庸》与《天下》篇，乃由自我之道德修养与精神人格的提升，以至平治天下的上下阶梯与内外通道，而韩非之术则为纯政治意义的，为君王统御群臣，推动一国政事，循法之名以求其功之实的施行步骤。

　　韩非之术，志在将用人责功之手段与国之治强的目的，两相衔接。透过现实政治的作业与有效的运作方法，而达成其"惟法为治"的政治理想。他看出手段与目的的必然连贯性，以为在理想与现实之间，只有在国法定制之规准下，开出一条途径，建构一套人事行政的推动步骤与职责考核的管理方法，即可以加以接合沟通，而获致其必然之实效。至于其潜藏不欲见之术，仅有其消极之作用，以断绝臣下因君王之好恶，得以匿端饰能以自进，与顺人主之心，得以取信幸之势的幸进之路，由是始能进一步展开因任而授官、循名而责实、依法以治的治术。

---

[1] 《韩非子·难一》篇。陈启天《增订韩非子校释》，页三二〇。
[2] 《南华真经正义·杂篇》，页六三之一。

故韩非之术治，实不同于西方马基雅维利（Niccolò Machiavelli, 1469—1527）之说。近代学人好以韩非比附于马基雅维利之政治思想[1]，此实低估了韩非，也误解了韩非。韩非之术，在法之制衡下展开，只可谓行法之术。韩非曰："人臣多立其私智，以法为非者。以邪为智，过法立智。如是者禁，主之道也。"[2] 韩非既以禁臣下私智之邪，而以法为不可非者，为人主之治道，足见其所谓之治术，必与马基雅维利"但论目的，不择手段"[3]，根本否定原则之权谋诈术，实大为不同。此梁启超先生云："其书言内治外交，皆须用权术。"[4] 韩非内政以法为治，势与术皆在法的规范之中；而其外交则反对合纵连横之权术，以为必待明其法禁之内政，而以国之治强的实力为其后盾，才是存国成霸之道。[5] 且韩非言法，在变古以治今；马基雅维利则是古以非今，以为"人性不变，所以历史也是不变的"[6]，惟以罗

---

[1] 邹文海《西洋政治思想史稿》，页二三五云："马基雅维利在《霸术》（笔者按：The Prince，何欣译名为《君王论》）一书中，统治术的大要，与我国法家的精神极为相似。他所探讨者为霸业的成功之道，而非政治的原则。"依笔者之见，韩非所探讨者固为成就霸业之道，与马氏相同，然韩非却坚持政治的原则，此则二者大异。邹文海先生奖学基金会，一九七二年十月初版。

[2] 《韩非子·饰邪》篇。陈启天《增订韩非子校释》，页二〇九。

[3] 何欣译《君王论》，页八一云："君王的行动中，目的可使手段成为合理合法的。……一位君王的目的是征服和维持一个国家，每个人都会尊重和称赞他采用的手段。"此目的可使手段合理之说，已取消手段本身应坚守原则的必要性。故邹文海先生云："马基雅维利曾为《霸术》作画龙点睛的结论：'但论目的，不择手段。'"见邹文海《西洋政治思想史稿》，页二三八。

[4] 梁启超《先秦政治思想史》，页二二七。

[5] 《韩非子·五蠹》篇云："事大为衡，未见其利也，而亡地乱政矣。……救小为从，未见其利，而亡地败军矣。……治强不可责于外，内政之有也。今不行法术于内，而事智于外，则不至于治强矣。……故治强易为谋，弱乱难为计。……缓其从衡之计，而严其境内之治。"此言外交之合纵连横，或救小，或事大，均不利于国，惟有强固内政，而不事智于外；治以法术，而非运以权术，则国趋治强。强者能攻人，治者不可攻，以实力为后盾，谈外交则易为谋，否则必难为计。故反对权术纵横之计，而严其境内法术之治。陈启天《增订韩非子校释》，页五三至五四。

[6] 邹文海《西洋政治思想史稿》，页二三五。

马帝国之成败之历史教训，为君王决断政事的准绳。也就是说，马基雅维利惟任势与术，要君王有如狮子一般的威猛与狐狸一般的狡智[1]，而无一在上之定法常轨以为其准则。韩非亦云："夫虎之所以能服狗者，爪牙也；使虎释其爪牙而使狗用之，则虎反服于狗矣。人主者，以刑德制臣者也；今君人者释其刑德而使臣用之，则君反制于臣矣。"[2] 此明言虎不可释其爪牙之威，始足以服狗，故以刑德行法之威势，亦当由人主执持，始能制御群臣，然其大原则仍在依法以信赏必罚。故韩非之政治哲学，其精神实与马基雅维利大异。此吾人治韩非之学者，不可不加以深辨厘清。

由上述可知，在客观之法制下，韩非又以势为其统治之权力，以术为其统治之方法，把政治独立于道德的领域之外，透过君势的固立与治术的讲求，求法之必行严明，而获致其国趋治强的实效之功。此亦为韩非政治哲学之体系架构所呈显之另一精义。

总之，韩非政治哲学由于其法中心思想之体系架构的建立，而有其外发之精义，为其他各家之政治思想所不及。一者法之客观化制度化之架构表现，而开出其恒常体制与客观格局，故实际政治得以成立推动。正可弥补儒墨道三家理想政治之仅为主观之直接作用表现的不足，且一民于法之治道，亦较富公正平等之精神。二者势之为统治权力的自觉，与术之为统治方法的讲求，前者近于现代之国家主权说，后者近于现代之人事行政学，均在国之常法的制衡限定下执持运用。势之执持以求法行之严必，术之运用以求赏罚之当明，由是而直趋其国之治强的必然实效。此外发精义皆由其法中心

---

[1] 何欣译《君王论》，页七九云："一位君王必须熟知如何像野兽般行动，他必须模仿狐狸和狮子。因为狮子不会躲过陷阱，保护自己；狐狸则不能逃避豺狼的捕捉。"
[2] 《韩非子·二柄》篇。陈启天《增订韩非子校释》，页一七九。

思想之体系架构，呈显透脱而出。依笔者之见，这两方面乃是韩非政治哲学最具卓识、最具价值之精义所在。

第二节　人性挟利自为之理论根基的偏狭与其潜存之困结

韩非政治哲学的理论根基有三：一为挟利自为之人性论，二为以君国为主体之价值观，三为时移世异，因事备变之历史观。而三者之中，又以人性论为其根底。其讲求实效之功利价值观与物质条件决定人类行为之唯物历史观，均由人心唯计量利害之人性论所衍发出来。韩非政治哲学之体系架构，即由此三大理论根基推衍而得。也就是说，此三大理论根基，乃推得其体系架构之结论所由来的大前提，而其体系架构，则是根据此理论根基之大前提所推演而出的结论。就演绎三段论式而言，其结论之真确性，实由大前提所决定。前提真，则结论未必真；前提假，则结论必假。[1] 故吾人欲求判定其体系架构之结论是否真确与能否成立，必先考察其理论根基之前提的真假。

本节即就此三大理论根基，加以检讨分析，以明其政治哲学之不免沉落，而归于倒塌，实由于其理论根基的偏狭，有其潜存之困结而来。

（一）人性论的偏颇及人之主体性的失落

韩非之人性论，非如孔孟来自内在仁心善端之当下呈显而言性善，并由我心之仁，推得天下人心皆具此心一体之仁；而是循荀子以人之情欲来观察人性的路子。荀子之言人性，适与孟子两相对

---

[1] 谢师幼伟《现代哲学名著述评》，页九六云："演绎如前提真，则结论必真；而归纳则虽前提真，而结论未必真。"

反。孟子心性相合，故曰："仁义礼智根于心。"[1] 故由性之善一路直下，而言心之善、情之善，故曰："乃若其情，则可以为善矣。"[2] 此言"其情"，乃指仁心仁性所发动之情。故顺此情之动，即可以为善。甚至欲亦可为善，故曰："可欲之谓善。"[3] 此欲之可不可的判断，来自仁性良知之主体，故仁心善端一呈显，欲之发亦可为善，此乃由上而下之肯定。荀子反之，曰："人生而有欲，欲而不得，则不能无求。求而无度量分界，则不能无争。争则乱，乱则穷。先王恶其乱也，故制礼义以分之，以养人之欲，给人之求。"[4] 此乃由群体社会之争乱困穷，恒来自人之欲求，故欲为恶，而"情者，性之质也；欲者，情之动也"[5]。再由欲之恶一路直上，而言情之恶，性之恶，此乃由下往上之否定。故荀子之性恶论实未就人性之本身言，而是基于争乱之起于欲求而言。且欲求亦非恶，恶实来自欲求之"无定量分界"。就因为欲求非恶，故制礼旨在"养人之欲，给人之求"；也因为恶在欲求之"无定量分界"，而"辨莫大于分，分莫大于礼"[6]，故以礼之定分，即足以止争息乱。由是可知，荀子之人性非恶，故化性成为可能。且荀子将人心独立于人性之外，以其"虚壹而静"，故心可知道，而生礼义。圣人之起伪，与人民之师法，亦由此心之有辨能明，始成为可能。故荀子虽言"隆礼至法，则国有常"[7]，然其哲学仍以人为其主体，性可化而伪可起，人之价值性并未丧失。故曰："有治人，无治法。……故法不能独立，类不能自行，得其人则存，

---

[1]《孟子·尽心上》篇。《四书集注》，页三〇〇。
[2]《孟子·告子上》篇。《四书集注》，页二七六。
[3]《孟子·尽心下》篇。《四书集注》，页三一二至三一三。
[4]《荀子·礼论》篇。梁启雄《荀子约注》，页二五三。
[5]《荀子·正名》篇。梁启雄《荀子约注》，页三二二。
[6]《荀子·非相》篇。梁启雄《荀子约注》，页五二。
[7]《荀子·君道》篇。梁启雄《荀子约注》，页一六六。

失其人则亡。法者治之端也。君子者，法之原也。故有君子，则法虽省，足以遍矣；无君子，则法虽具，失先后之施，不能应事之变，足以乱矣。"[1]此一人性论，正是其"圣人明礼义以化之"[2]之成为必要与可能的理论基础。韩非之人性论，循其师承之旧路，由人之情欲来观察人性，惟形近而实异。韩非以人性皆挟利自为，极端自私；且又与心智相结，性之好利，而心为之计量。是韩非直就人性之本身而言其性恶，且心又未能独立于人性之外，仅依乎性而发，为利害计数之自为心。由是，人之根性既恶，性遂不可化；心又只计一己之私，伪亦无由起，荀子化性起伪之功，至此而断落。荀子尚有一虚静之心，可借以起伪师法，韩非则并此心亦不存。人之内在主体性到了韩非的身上，遂告消失不存。这一人性观点，实决定了韩非政治哲学的整体架构，也是其理论体系无以逃离的困结所在。

　　韩非观察人性，虽说引证有据，却不免以偏概全。其所言疾耕之佣、吮伤之医、成舆之舆与成棺之匠，莫不各自挟自为心，诚属事实。至谓父子之亲，亦挟利以相为，养薄则相怨怒，甚至"产男则相贺，产女则杀之"[3]；又谓"君臣之交计"[4]，惟以利相接相合，而有"臣利立而主利灭"[5]之尖锐对立，甚至后妃、太子皆欲其君之早死；凡此仅为少数极端特例，实不足以尽人性之全。人情之好利恶害，就安利而避危穷，此自是毋庸讳言；然人心并非仅计数及此而已。韩非固亦深知"民之重名，与其重利也均"[6]，且"民之急名也，

---

[1]《荀子·君道》篇。梁启雄《荀子约注》，页一五八。
[2]《荀子·性恶》篇。梁启雄《荀子约注》，页三三一。
[3]《韩非子·六反》篇。陈启天《增订韩非子校释》，页九一。
[4]《韩非子·饰邪》篇。陈启天《增订韩非子校释》，页三一二。
[5]《韩非子·内储说下》篇。陈启天《增订韩非子校释》，页四二八。
[6]《韩非子·八经》篇。陈启天《增订韩非子校释》，页一七四。

甚其求利也如此"[1]。此"名"即是人之道义操守，所求以成就人之价值生命者。此一生命价值之自觉与寻求，在人心之分量，比诸私利之自为攫取，只有过之而无不及，足见人心非只计数一己之私，且亦有发为慷慨悲歌，以成仁取义，成就此人我之大公者。韩非既有见于此，奈何又谓父子仅挟利以相为，君臣仅利计以相合，岂非自陷矛盾而无以自解？即使人各挟自为之心，亦不必损人以利己，因私而害公。人我公私之间，本相涵相长；成己成物，修己安人，亦可一贯相成，而不有冲突，又何至于"私行立而公利灭"[2]，而有"君之直臣，父之暴子"，与"父之孝子，君之背臣"[3]，公私两不相容？且韩非亦谓世有法术、忠贞之士，为重人近习所阻隔，而不得尽忠效命于君王，其本身所深致其孤愤以自表者，奈何竟谓"臣利立而主利灭"之以利相市，是韩非对人性之观察，实至为偏颇。

就由于韩非以人性皆挟利自为，人心又刻意交计，遂推出其民智如婴儿，士智更不足信的绝望之论。虽亦承认世有仲尼、曾史之德修才美者，然为政之道，端在用众而舍寡，舍适然之善，而求必然之功。由是，此人间美善之行，在其国法之划一下，俱归不见，呈显而出的仅是利害之计较，与人我之对抗。遂由其心性观的偏颇，而导致其政治哲学的沉落。此中之逆转有二：一为其反仁义道德，反学术文化；二为其立法无意养善，而仅在止奸。今分别论述之：

其一为人之内在主体性的失落及其否定道德、否定学术之窒息人心，封闭人性的沉陷。

中国哲学向以心性之学而展开，儒之天命之性，道之道常之德，

---

[1] 《韩非子·诡使》篇。陈启天《增订韩非子校释》，页一〇五。
[2] 《韩非子·五蠹》篇。陈启天《增订韩非子校释》，页四二。
[3] 《韩非子·五蠹》篇。陈启天《增订韩非子校释》，页四四。

孔孟之德性心，老庄之虚静心，皆有以立其人之所以为人之内在主体之性德，与体现显发此人我一体之仁之德性心，与返照归明此物我一体之道之虚静心；墨子未立人内在心性之本，然转以天志之法仪，以建立其大本大源之义；荀子虽失其天命之性之善根，亦有虚静之认知心，以为其生礼义而师法知道之内在源头。而慎子失其形上之道与内在之德，又消解其有知有己之心，遂心性两失，惟有弃知去己，缘外在物势之不得已。下至韩非，性根为恶，心知又仅计及一己之私利，亦心性俱墨，其内在遂漆黑一片，惟任外在国法之不可移，与君势之无不禁，内在仅存一潜运之术府，以抗外自全。先秦儒道两家以心性为根基之哲学慧命，至慎子、韩非之身，遂告断落衰亡。此牟宗三先生论之曰：

> 如是人性只成一个黑暗的、无光无热的、干枯的理智，由此进而言君术。……术府中并无光明，所以法所传达的只是黑暗。而反德反贤，反性善、反民智，则人间光明之根，已被抹杀。如是整齐划一之法由术府中压下来而昏暗了一切，亦即物化了一切。[1]

性既自为无善，道德遂失其流现之本；心既计利无明，学术亦失其开启之源，心性两路皆断，是以反道德、反学术，而曰："故有道之主，远仁义，去智能，而服之以法。"[2] 又曰："去偃王之仁，息子贡之智，循徐、鲁之力。"[3] 仅余利害之计数，权势之威迫，而曰：

---
[1] 牟宗三《政道与治道》，页四一。
[2] 《韩非子·说疑》篇。陈启天《增订韩非子校释》，页二三二。
[3] 《韩非子·五蠹》篇。陈启天《增订韩非子校释》，页三三。

"人情有好恶，故赏罚可用。"[1] 又曰："不养恩爱之心，而增威严之势。"[2] 如是，物利之多寡，势力之强弱，遂取代一切，决定一切，也就是物化了一切。

其法势术之体系架构，虽有其客观化制度化之架构表现，也足以建立其标准齐一之治道，而获致其国之治强的实效，然人之内在主体性消失不存，外在之法与君上之势遂窒息了人心，也封闭了人性，政治仅为了君王一人，人民成为君国的工具。如是，人间已僵化为机械死板之世界，人生已凝固为干枯空壳之生命，国之治强，又有何意义？人失去其内在之自由与外发之活力，法之公正平等，亦一死寂断灭之沉落而已！

抑有进者，反道德而德不必修，反学术而智未能明。如是，众民之尽力于农战，百官之尽能于吏治，君王法之立法、势之行法与术之治术，具失去其内在贤智之本。虽君势足以禁众之暴，君术亦足以止臣之奸，然天下臣民无贤德、无智能，国或可平治，实不足以言富强；且君王之立法，以其不必德，亦不免有其一己之私心自为，又何以成一国之公利？此即荀子所谓"君子者，法之原也"。而行法之势，又为君王所独操，君不必德，又何足以赏罚无私，当乎功罪？此即荀子所谓"法不能独立，类不能自行，得其人则存，失其人则亡"。且御臣之术，亦为君主所独运，君不必智，又何足以知人有明，用人当能，循其职名而责其功实？此即荀子所谓"则法虽具，失先后之施，不能应事之变，足以乱矣"。足见中主之君不具高才美德，其立法行法以及治吏用人，均无以推动展现，而势必成为一空架子而未有其实质之意义。如是，法既不足以成一国之公利，

---

[1] 《韩非子·八经》篇。陈启天《增订韩非子校释》，页一五〇。
[2] 《韩非子·六反》篇。陈启天《增订韩非子校释》，页九四。

势不足以劝善禁暴，术亦不足以止奸责功，其法势术叠架而成之体系结构，必归于崩颓倒塌。

韩非既以人性皆恶，心智又不足信，而又不思以立化解养善使其可信可善之道，反而顺此心性之恶直趋而下，而恃其势术之执运严明而有功，故曰："今人主处制人之势，有一国之厚，重赏严诛，得操其柄，以修明术之所烛，虽有田常子罕之臣，不敢欺也。"[1] 又曰："群臣孰非阳虎也？……知微之谓明，无赦之谓严。……君明，则知诛阳虎之可济乱也。……君严，则阳虎之罪不可失，此无赦之实也。则诛阳虎，所以使群臣忠也。"[2] 就由于韩非反道德之修善与反学术之知能，才会有"智士者未必信也""修士者未必智也"[3]，用之则君见欺，或国事必乱的两难之患；也由于其"无书简之文""无先王之语"[4]，才会有"是求人主之必及仲尼，而以世之凡民皆如列徒，此必不得之数也"[5] 的自弃绝望之说。不知若透过道德之转化与智能之培育，代代相传之君，亦可求其及仲尼之仁且智，何必谓尧舜千世而一出，而仅求不必贤不必智之中主之治以自限？天下才士，智能者亦可有其"廉贞之行"，德修者亦可有其"贤能之行"[6]，何必谓智士不足信，而仅以"不求清洁之吏"为已足？[7] 世之凡民亦可求其如曾、史之行，子贡之智，何必谓民智如婴儿，而仅以"不恃人之以爱为我"[8]，自困于孤立之境？如是，上主人君自可立法无私，行

---

[1]《韩非子·五蠹》篇。陈启天《增订韩非子校释》，页四八。
[2]《韩非子·难四》篇。陈启天《增订韩非子校释》，页三六八。
[3]《韩非子·八说》篇。陈启天《增订韩非子校释》，页一三四。
[4]《韩非子·五蠹》篇。陈启天《增订韩非子校释》，页五〇。
[5]《韩非子·五蠹》篇。陈启天《增订韩非子校释》，页三七。
[6]《韩非子·五蠹》篇。陈启天《增订韩非子校释》，页四二。
[7]《韩非子·八说》篇。陈启天《增订韩非子校释》，页一三九。
[8]《韩非子·奸劫弑臣》篇。陈启天《增订韩非子校释》，页二一六。

第六章　韩非政治哲学之检讨与评价

法严明，用人得当；有德之士智自可信，有知之民智自可用。否则，君王以一人之身，对抗天下臣民之私为，正禁暴止奸之不暇，何能心在国事，有其积极之建树？岂非自绝于天下，以天下臣民为刍狗，而仅成其独夫之治？奈何韩非不此之图，而自陷绝望之论，以致其实际政治失去其道德学术之根力，而沉落为现实主义、物质主义之现实政治，窒息了人心，封闭了人性，其理想政治遂无由开出。此实为韩非政治哲学无以自救之致命伤。

其二为立法无意养善，而仅在止奸之实证法的不足，及其政治理想的崩落。

韩非言立法必因乎人情，似有自然法的意味，然其所谓之人情，并非如孟子统之心性之下，可以为善之情，而是落于荀子为争乱之源的欲求，此荀子所求以节制化解而导之于礼义之道德秩序者，韩非却顺着这一人情之好恶，利用此一好利之心的人性弱点，以为君王驱民于农战，使"民尽死力"[1]；诱人臣以立功伐，使"行危至死"[2]之成为可能的凭借。故曰："法重者得人情，禁轻者失事实。且夫死力者，民之所有者也，人情莫不出其死力以致其所欲；而好恶者，上之所制也，民者好利禄而恶刑罚，上掌好恶以御民力。事实不宜失矣。"[3]故韩非之法，非出乎人内在道德之自发，非出乎人间正义的维护，而仅为个人利害的趋避，有其制约行为的必然实效。此吴师经熊论之曰：

法治思想大有功利主义的色彩，把人类当作一部计算的机

---

[1]《韩非子·五蠹》篇。陈启天《增订韩非子校释》，页五〇。
[2]《韩非子·六反》篇。陈启天《增订韩非子校释》，页九二。
[3]《韩非子·制分》篇。陈启天《增订韩非子校释》，页八三一。

235

器。可是人的心理是复杂万分的,不是单纯性的。比方计算之心固然有的,然而同情心也未始没有。法律不是特种心理底特产,却是各种心理调和的结果,法律正是"公道"和"治安"底公仆!法律那里是功利底结果?法律那里是计较利害底算盘?司马谈批评法家,说他们"严而少恩",却是不差。……[1]

此一功利实效的法理,实由于韩非人性论的偏颇而有,以为人性好利,人心唯有利害之计量,故诱之以利,即足以规制万民。不知人心并非如是单纯,而仍有其同情心,有其生命价值的自觉与评估。否则,韩非又何必禁抑儒侠,亟以国法之赏罚统一世俗之毁誉?是以其立法陷入极大的偏差。韩非曰:

> 立法非所以备曾、史也,所以使庸主能止盗跖也。[2]
>
> 奸人不绝世,故立法度量。度量信,则伯夷不失是,盗跖不得非。[3]

立度量之法,无意养伯夷之是,曾、史之善,而有如设柙以服虎,仅在止盗跖之暴行。故其治国之法,实少有积极创发之功能与理想价值的意涵,唯重现实功利的讲求。立法不言如何提高生命的品质,如何确立生命的尊严,如何安顿天下人民的情性,如何保障人民身心的安全与自由;韩非所关切着意者,仅在法之必然的实效,在政治秩序的完成,根本无视于人之所以为人的一分尊严,与几许

---

[1] 吴师经熊《法律哲学研究》。引自杨鸿烈《中国法律思想史》,页一四一至一四二。商务印书馆,一九七〇年三月台二版。
[2] 《韩非子·守道》篇。陈启天《增订韩非子校释》,页七九九。
[3] 《韩非子·守道》篇。陈启天《增订韩非子校释》,页七九八。

自由的自然要求。如是，其法之内容，惟在"夫妇所明知者"，而去其"上智之论"。[1] 如是之平等，乃向下之求其平等，而非向上之平等。使上智上德之行，俱在愚夫愚妇之平准下，整齐划一，而同归于卑弱，故章太炎先生云："政之弊，在以众暴寡，诛岩穴之士；法之弊，以愚割智。"[2] 如是之公正，亦是往下沉落地求其公正，而非往上提升的公正，仅在政治权威的束缚下，使贤者志士的生命才性，在为世之阳虎、盗跖所设之柙的禁制下无以显发，而同归于沉寂。此韩非之法理，虽能本末一贯，自圆其说，在根本上仍有其不可弥补之大缺陷在。

方东美先生论理想政治之标准曰：

> 综上以观，中国哲学家所祈求的国家，除却政体法制经济武备之外，更应具道德的教育和文化的优点，方能产生理想政治。所谓理想政治之标准，即在完美生命之具体的实现；一切政策政纲都应由道德力推进之，教育大计普及之，文化精神固守之，赤裸裸的暴力政治，或借虚伪思想的糖衣，作为掩饰的实际政治（笔者按：此可解为现实政治之义），绝难幸免于毁灭。这个真理可借庄子巧妙的寓言表达之。"藏舟于壑，藏山于泽，谓之固矣，然而夜半有力者负之而走，昧者不知也。"（笔者按：出乎《内篇·大宗师》）庄子这段话，具有极深奥的哲理，其用意当然不仅在解释政治，然而操持政事者，假如抛弃了道德标准、教育力量及文化精神，只求于现实政治的措施保存国家，

---

[1] 《韩非子·五蠹》篇。陈启天《增订韩非子校释》，页四八。
[2] 章太炎《国故论衡·原道下》篇，页一七二。广文书局，一九七一年四月再版。

未有不为有力者负之而走者。[1]

这一段话，用以批评韩非反道德、反学术、反文化之现实主义、功利主义的法理与治道，可谓最为犀利深刻。当然，韩非政治哲学之体系，有其以法为中心而制衡君势与限定君术之理想在，问题在以人之心性俱恶，又反仁义道德、反学术文化，惟绳之以法；而立法又无意养善，仅在止奸，是以其法中心之理想遂由此崩落，而成为彻底的现实主义。

吴师经熊亦评之曰：

> 假使法家之人多些温和，及少些对其他学派的不容忍，他们也许就会在建立一稳定的法治（Rule of Law）上有所成功，此法治可与英美法的成就相比，但是他们实在太可惜了，他们锐利的思路，却固执在激进的实证及物质主义的观点上。他们不仅排斥任何高级法律的存在，而且明显地禁止任何实证法律的伦理价值，并认为它是反对国家的极大罪行。Rheinstein 教授在他的《公正之标准》（"Standards of Justice"）的论文中，认为实证主义是实际的意义，而不是纯粹正式（formal）的意义："它不只是法律术语的定义，它是政治的信条。此信条认为，统治者的命令在他们身上来说，是无上的价值。此信条在任何其他标准之下，都是超越出任何价值之上的。此信条没有任何人有足够勇气，从道德宗教或其他可想象的标准观点去批评。它也许会被怀疑是否实际的实证主义曾经以如此激进的形式被提倡

---

[1] 方东美《中国政治理想要略》，辅仁大学《哲学论集》第三期，页三九。

第六章　韩非政治哲学之检讨与评价

过。"我认为中国的法家学派，确曾以如此的激进实证主义被拥护。Duyvendak 教授虽是法家的崇拜者，然也指出法家的主要错误，曰："这些法家学者想要制定法律，而不触及人类对与错的判断，并进到死板的机械作用。此一作用自动地工作着，像圆规或度量器一样。他们全然不考虑到法律的来源，它是孕育生命本身的发展。荀子已很专心地注意到此错误。他说：'法而不议，则法之所不至者必废。'（笔者按：出乎《荀子·王制》篇）法律永不会是完全的，同时应该由存在于人们心中的标准来增补。……"[1]

是韩非之法虽曰因人情，然仅固守于现实之效用，拒斥人们内在良知之自觉，并排挤其应有的伦理价值，故非自然法，而是激进的实证法。依西方中古士林哲学之大家阿奎那（Thomas Aquinas，1225—1274）之观点，以为最高之法律乃来自上帝之道的永久法，宇宙及宇宙中的人类，皆不能在永久法之外；其次为来自人类普遍理性之自然法，人类有理性，能分辨是非善恶，能自动遵守永久法，故虽受制，而实自制；复次为神法，乃《新约》与《旧约》中启示的真理，足为人类道德的指导原则；最后是人为法，可分为万民法与民法，前者由自然法而来，适合人类共遵共守和平相处的法律，后者为国家所建立而适应本国环境者，为今日所称之实体法，是立法者之理性与意志的表示。[2] 依上述之分划，吾国道家崇尚形上自然之道，而否定圣智法令之人为法的必要[3]，是为永恒法；儒家着重在

---

[1] 吴师经熊《中国法学之历史概观》，《中国文化季刊》第一卷第四期，页二九。
[2] 邹文海《西洋政治思想史稿》，页一八五至一九〇。
[3] 《老子·十九章》云："绝圣弃智，民利百倍。"又《五十七章》云："法令滋章，盗贼多有。""王弼注"本，上篇页一〇，下篇页一三。

239

率性显仁之德教，是为自然法；韩非之法则出乎统治者之意志，讲求外在的实效，是为人为法、实证法。依儒家"天命之谓性，率性之谓道，修道之谓教"而言，天命之永恒法、率性之自然法与修道之人为法，是可以上下贯串为一，而不必割裂断隔的。也就是说，人为之实证法，本与道德同源，自应由永恒法、自然法之源头流下，将自然法之道德律，导入其实证法的条文之中，虽出乎立法者之意志，亦出乎立法者之理性，吸收伦理道德的成分，作一妥善的结合。否则，法律不包容道德价值于其中，是为孤立之法。此孤立之法，不足以显发人心，开展人性，引不起天下人民普遍的回应，自不足以为治理一国之政的常法。

诚然，道家之道法自然之永恒法，儒家泛道德主义之自然法，尚停留在绝对道德律与普遍原则之主观的作用表现上，而尚未具体化，建构相对的道德标准，而为客观的架构表现。就政治而言，仍是一理想政治，而非实际政治；就法律而言，仍为内在于人性的自然法，而非外发为条文的人为法。然韩非法万能主义之实证法，排斥道德律，也失去其政治理想，而转为现实政治，亦暴露出无以自救之弊端。事实上，法律并非万能，《伊索寓言》中，有一则言老鼠集会，共商防范猫袭之计，后得一妙策，咸以为挂铃于猫颈，即可及时逃避，而永除大患。问题在谁挂？韩非立法以定一个共守之常道，行法以禁臣下众民之奸私，问题在孰立？孰行？法立乎不必贤智之中主，而行于未足信之百吏，立法者与行法者皆非天使，标准大公之法何由而立？赏罚严明之法又何由而行？

且韩非"行刑重其轻者"之"以刑去刑"[1]的威吓政策，也是不

---

[1] 《韩非子·饬令》篇。陈启天《增订韩非子校释》，页八三〇。

合情理、有时而穷的。姑不论犯轻罪而处重刑，已大为违背其赏罚当乎功罪的公正精神，且其"上设重刑而奸尽止"[1]之说，亦难期有必然之效。此邱汉平先生论之曰：

> 韩非只从片面着想，所以陷入了极大错误。人的病症有轻重，所以医生开药方有强弱，社会的病症也是如此。恶人有几等，我们自不能一律看待，偷窃之盗当然与杀人放火者有重大区别。现在照韩非的刑事政策，偷窃之盗一定要受重刑，才可警戒后来者。如果人类只有惧怕心理，那么韩非的重刑主义，也许可以防奸止犯，无如人类的心理不只是惧怕，所以警戒主义终不能贯彻实现。我想老子说的"民不畏死，奈何以死惧之"（笔者按：《老子·七十四章》），便是警戒这般严苛的法家不知社会的病理。我们设死刑，在初是利用人民怕死的心理，等到死生置之度外，死刑就无济于事，而且在自杀风起时候，死刑更是火上加油，鼓励犯法。刑法至此地步，可以说是穷了。[2]

韩非以为天下人民在重刑恐吓之下，自会服于重罚之势；不知物极必反，若迫压至无以为生之时，反而会逼上梁山，揭竿而起。此正是荀子所谓"君者舟也，庶人者水也。水则载舟，水则覆舟"[3]之理。即使此一威吓政策能如其预期，以刑而去刑，然强迫道德的本身，即等于不道德。故西方哲学家康德在其《实践理性批判》之中，言道德之成立，不得不有超越于经验界之内在意志自由的设定。[4]

---

[1] 《韩非子·六反》篇。陈启天《增订韩非子校释》，页九六。
[2] 杨鸿烈《中国法律思想史·先秦法律思想》，页一三八至一三九。
[3] 《荀子·哀公》篇。梁启雄《荀子约注》，页四〇三。
[4] 谢师幼伟辅仁大学哲学研究所《中国伦理学》讲堂上笔记。

否则，人类的行为已为外界之自然律、因果律所决定，乃必为，而非能为，自不能为自己的行为负责。如是，责道德之善，岂非强不能以为能？韩非既以人性皆恶，又欲以法律迫之使善，岂非自陷矛盾之中？故不论道德还是法律，皆不能出以强迫的手段。此吴师经熊曾论之曰：

> 所贵乎道德者，莫非因为道德是自由意志的产品。假使把政治和道德混在一起，其结果是"强迫的道德""麻烦的政府"。在"强迫的道德"和"麻烦的政府"之下，人民的人格永不会有发展底机会了。奴隶性质的道德，不如自由意志的不道德，我不说自由意志就是道德，但自由意志是一切道德、一切人格底生死和必备条件。[1]

韩非之人为法、实证法，既非由上之永恒法与内在之自然法而来，已失其人性本根之活水源头，反而欲以此一孤立之实证法，压迫人们内在之良心，则是其立法精神的全面沉落。

事实上，外在之法必归本于内在良心的自觉，始足以实现。如证人出庭作证，必依乎良心之自觉伪证是恶与冤枉好人是恶，而自我约束，始能如实作证，而维护人间正义；否则，如有不实之证言，亦不能诉之于外在的证明。法律若何严苛，亦踏不进人人此一内在方寸之地。韩非不相信人心，以为人心皆恶，视天下臣民皆如罪人，故未有儒家之慎独、修慝之工夫[2]，在喜怒哀乐将发而未发之时，先

---

[1] 杨鸿烈《中国法律思想史》，页四九至五〇。
[2] 《中庸·首章》云："莫见乎隐，莫显乎微，故君子慎其独也。"《四书集注》，页一七。《论语·颜渊》篇云："攻其恶，无攻人之恶，非修慝与？"《四书集注》，页一一四。

得其和，在心之根处，去除其潜藏之恶念。而对于犯罪行为，也根本不探索其动机，以为动机皆恶，故法无伸缩性，不许有例外之判定。如此，法仅成一僵死之物，机械之法，反而束缚有情知理之人心矣。此未有儒家"嫂溺则援之以手"之"权"[1]，不辨明同类行为之不同动机，即不容许执法者衡度情理之斟酌增补，则情理法三者实难以维持平衡。故荀子曰："法而不议，则法之所不至者必废。"[2] 法之明文规定虽力求其精详，仍是死板的，实不足以解释复杂多变的人类行为，故惟有依赖人心之衡情度理，加以补足。故若"其父攘羊"，孔子容许"父为子隐，子为父隐"，而肯定"直在其中"。[3] 设为"瞽瞍杀人"，孟子亦容许"舜窃负而逃"，而肯定"视弃天下如弃敝屣"之得宜。[4] 正是容许人心在国法中之自求其所安，以求得情理与法之兼全。法律尽管不准许伪证，然应容许不作证；不应强迫父子之间互相密告，或彼此出卖。否则，骨肉亲情既已不存，法惟刻薄寡恩而已！

由上观之，韩非政治哲学由于其理论根基人性论的偏颇，以为心性俱恶，遂导致人之内在主体性的失落，由是而有反道德、反学术之窒息人心，封闭人性的沉陷，与立法无意养善，而仅在止奸之政治理想的崩落，其法势术叠架而成之实际政治的架构表现，亦仅成现实主义、物质主义之现实政治。此是韩非政治哲学最大之困局，最大之沉落。

---

[1]《孟子·离娄上》篇。《四书集注》，页二三七。韩非亦有通权之说，然为利害之权衡。《八说》篇云："法立而有难，权其难而事成，则立之。事成而有害，权其害而功多，则为之。无难之法，无害之功，天下无有也。"以为"出其小害，而计其大利"，此乃利害之通权，非情理法之通权。陈启天《增订韩非子校释》，页一三九。

[2]《荀子·王制》篇。梁启雄《荀子约注》，页一〇一。

[3]《论语·子路》篇。《四书集注》，页一一九。

[4]《孟子·尽心上》篇。《四书集注》，页三〇四。

（二）现实主义之价值观与物质主义之历史观，及其哲学慧命的断灭

韩非既以人性为恶，人心又仅计数一己之私，人间之善已失去其内在于心性的超越根据，个人生命价值的完成，遂失去其可能的根源，以致呈显不出，而为君国之功利价值所取代，故曰："大臣有行则尊君，百姓有功则利上。"[1] 人类之行为规范由内在之根源流不出来，转而求之于外在之法；而法所能实现的价值，亦仅在君国之富强。故此一价值观，一者仅落于君国群体，而未及个人；二者仅见当前实效之利，而未计长远无形之功，实至为狭窄，天下臣民遂由是而转成君国富强之工具。

君国之利在富强，富强之本则在农战，故凡远离农战本业者，皆在禁止驱除之列。故曰：

> 博习辩智如孔、墨，孔、墨不耕耨，则国何得焉？修孝寡欲如曾、史，曾、史不攻战，则国何利焉？[2]

> 古有伯夷、叔齐者，武王让以天下而弗受，二人饿死首阳之陵。若此臣者，不畏重诛，不利重赏，不可以罚禁也，不可以赏使也。此之谓无益之臣，吾所少而去也，而世主之所多而求也。[3]

韩非之政治哲学，把价值仅拘限在农战之实效功利上，故以不畏重诛、不利重赏、不可以罚禁、不可以赏使之清高自守之士，如

---

[1] 《韩非子·八经》篇。陈启天《增订韩非子校释》，页一七六。
[2] 《韩非子·八说》篇。陈启天《增订韩非子校释》，页一三六。
[3] 《韩非子·奸劫弑臣》篇。陈启天《增订韩非子校释》，页二二五。

第六章　韩非政治哲学之检讨与评价

伯夷、叔齐者，皆在贬抑或驱除之列；而辩智博习如孔、墨，修孝寡欲如曾、史，若不耕耨、不攻战，则国何得何利？凡此清廉仁智之行，无益于富强之功，具划入其有私便而非公利之五蠹之中，视之为愚诬之学与杂反之行。故曰："不道仁义者故，不听学者之言。"[1] 此熊十力先生曰："韩非毁德、反智，而一以尚力为主。所谓去偃王之仁，息子贡之智，循徐鲁之力，此三语者是韩非思想之根荄。"[2] 韩非实由此一以君国为主体之实效价值观，否定慈惠之行与兼爱之说，而反道德伦理与学术文化。也就是说，整个法家的政治，仅朝着富国强兵的单一目标直趋奔进，近乎盲目的狂热，而对于其他应该有也可能有的更崇高、更深远的价值，不惜加以全盘否定，一概抹杀。殊不知道德与学术之于农战，虽未有直接增益之功，却是以法治国与国趋治强之成为可能的根本。韩非未见道德化育万民于无形之功，与学术源远流长之利，是韩非仅见有形现前之利，而未见无形长远之功。农战之实效功利，有形而易见；学术道德之价值，长远而无形。此一急功近利，有如无源之水，必干涸立待；未如原泉之水，滚滚而来。故孟子曰："原泉混混，不舍昼夜，盈科而后进，放乎四海，有本者若是，是之取尔。苟为无本，七八月之间雨集，沟浍皆盈，其涸也，可立而待也。"[3] 一国之政事若无道德与学术为其源头活水，则奖励农战之富强，有如雨集沟浍，虽盈而立涸；法势术之政治架构，亦一干枯之空架，不足以流出放乎四海、长治久安之局。韩非仅恃农战富强，以致其霸王之功，必如老子所云："飘风不终朝，骤雨不终日。"[4] 骤雨飘风卷袭而下，其势密集，足以显赫一时，然

---

[1] 《韩非子·显学》篇。陈启天《增订韩非子校释》，页二〇。
[2] 熊十力《韩非子评论》，《学原》第三卷第一期，页五。
[3] 《孟子·离娄下》篇。《四书集注》，页二四四。
[4] 《老子·二十三章》。"王弼注"本上篇，页一三。

不终朝、不竟日，必遽归停息。秦王朝挟其富强之威势，一统天下，"辩黑白而定一尊""收去诗书百家之语，以愚百姓"[1]，而有焚书坑儒之举，自断其道德学术之命脉，卒十五年而亡其国。正是此一狭窄价值观之始自限，而终必穷的具体说明。且在此一现实功利中，个人之存在，俱为群体之价值所吞没。[2]

此章太炎先生亦论之曰：

> 今无慈惠兼爱，则民为虎狼也；无文学，则士为牛马也。有虎狼之民，牛马之士，国虽治，政虽理，其民不人。世之有人也，固先于国，且建国以为人乎！将人者为国之虚名役也。韩非有见于国，无见于人，有见于群，无见于孑。[3]

无道德而民如虎狼，无文学而士如牛马。由是言国富兵强，欲以成霸王之业，姑不必论其可能与否；若可能，亦是一大错失与倒退。且国家之起，其目的本在维护个人生命之安全与心志之自由，而非削除其个性，视之如工具，加以驱迫奴使，以谋求国家之强霸者。法家之政治思想，有见于国，无见于人，实为其本末颠倒之大病痛所在。此熊十力先生亦曰：

> 韩非偏重国家，而轻人民，故亦偏重群体，而轻个人。商、管之法，韩非所祖述也。今为商、管之学者，如不被甲、执耒，即当刑其人，毁其学。甚至孔、墨之圣，曾、史之贤，如敢疑

---

[1] 《史记·李斯列传》篇。"广文"本，页一〇二九。

[2] 梁启超《先秦政治思想史》，页一八四云："墨法两家之主张，以机械的整齐个人使同冶一炉、同铸一型，结果个性被社会性所吞没，此吾侪所断不能赞同者也。"

[3] 章太炎《国故论衡·原道下》，页一七〇。

法，即为韩非所不容许。如是则个人自由，剥夺尽净。夫群体者，个人之集也。……今使群体组织，过求严密，务将个人自由毁尽。则个人失其性，而群体能健全乎？[1]

另一方面，由于其心性说漆黑一片，开不出光明，故历史的演化与治道的变革，亦不能由内在之心性，去做"体常而尽变"[2]之权衡，唯有顺着外在客观环境与物质条件的迁移而亦步亦趋。民情之厚薄固随物之多寡而有异，治国之道亦紧追此一民情之厚薄而变革。由是而曰："古人亟于德，中世逐于智，当今争于力。"[3] 治国之以德、以智与以力之分，恒视自然情境、物之多寡以为定，物多而民情轻利，人少而民相亲，故揖让之德可治；当今物少而民情重利，人多而民相争，故德智均无以为治，惟有以权势威迫制之矣。

此实不同于荀子之说。荀子虽以为"欲虽不可去"，然犹"求可节也"。[4] 礼固在养人之欲，给人之求，然此一给养之道，则在"财非其类，以养其类，夫是之谓天养。顺其类者谓之福，逆其类者谓之祸，夫是之谓天政"。[5] 以裁制非其类之物，以养其类之人，由是人我得以相全，是为福；若不知向外在自然取得生存之资源，而仅在人我之小圈子中相残，则谓之祸。故一国之政，当向外在自然觅取给养人欲之物，而非在人我之间长相斗争，以力对抗。故曰："天有其时，地有其财，人有其治，夫是之谓能参。"[6] 天地生万物，此为

---

[1] 熊十力《韩非子评论》，《学原》第三卷第一期，页三二。
[2] 《荀子·解蔽》篇。梁启雄《荀子约注》，页二九一。
[3] 《韩非子·八说》篇。陈启天《增订韩非子校释》，页一三八。
[4] 《荀子·正名》篇。梁启雄《荀子约注》，页三二三。
[5] 《荀子·天论》篇。梁启雄《荀子约注》，页二二三。
[6] 《荀子·天论》篇。梁启雄《荀子约注》，页二二二。

自然之天职；人治则"制天命而用之"[1]，以为人所用。此则人参天地之功，是人主宰物，而非物决定人。韩非亦深知"君人者，虽足民，不能足使为君天子"[2]，然既不加以节制，又不知制物以养人，仅言人我之争于力，恒以外在之物作为治道的依据，是以物限定人，而非以人主宰物矣。是以荀子言"有治人，无治法"，韩非则"一法而不求智"。二者之不同，在前者以人制物，后者则以物制人。

是韩非之历史观，已沦为唯物之论，人的行为为外物所决定，历史的动向亦顺此物质条件而趋，人在整个历史的大舞台上，惟扮演一不由自主而被外界所塑造、被物质所决定的角色。虽言"世异则事异，事异则备变"，似以人为主而备应变之道，实则仍归之于世异事异之客体情境，人不得不因之而应，随之而变，仍属外物决定人为之局。遂致人在历史之长流中，失去其砥柱中流之地位，惟随波逐浪，在现实势力之消长中，浮落无定，漂泊无依。此固其内在心性无善无明所推出的必然结论。

韩非之政治哲学由价值观而言，是为现实主义者；由历史观而言，是为物质主义者，只计当今现前可见有形之近利，而不见千古未来无形长久之大功；只见外在物质条件对内在心性之可能构成的诱引迫压，而未见内在心性之知明德修，亦足以从外在物质之诱引中解放，足以从客观情境之迫压中超离。由是，人之主体性不见不显，建构实际政治之格局遂落于现实主义、物质主义。政治理想因之而完全开不出来，仅成价值封闭之现实政治。人类之心智理性，乃用以反抗现实，改变现实，以提升现实，超离现实者；今惟顺现实而趋，为现实所囿。先秦各家形上之价值智慧与内在之心性主体，

---

[1]《荀子·天论》篇。梁启雄《荀子约注》，页二二八。
[2]《韩非子·六反》篇。陈启天《增订韩非子校释》，页九九。

至韩非之身俱消失断落,惟由上往下沉落,由内往外推出,是为哲学慧命的衰亡。

由上观之,韩非政治哲学之理论根基:人性论失之于偏,价值观囿之于狭,历史观落之于物。由是其体系架构亦为之变质沉落,外在之法,不在养善,而仅在止奸;政治权力之固结与行政治术之操作,遂反而封闭人性,窒息人心,人间世界固有如机械运转之定常,而生命主体亦随之僵化为物,而归于死寂。抑有进者,人性为恶,心又惟利之计量,立法与行法两皆失根;且又反仁义道德,反学术文化,是价值的颠倒失落与生命的干枯贫乏。如是,则政治固陷于绝望之渊,人生亦将滞于卑弱之境,人之心性主体遂永无超拔开放、显扬提升之时。是为人之内在主体性的沦没,是为哲学慧命的断灭。

总结全章,韩非政治哲学由于其法中心思想之体系架构的建立,而有其外发之精义,其精义有二:一为客观化制度化之架构表现,已开出实际政治之形态格局,足以弥补儒墨道三家理想政治之主体作用表现的不足;二为在其法标准性之制衡下,而有势之统治权力的自觉,术之统治方法的讲求,由是而推至其国之治强的必然实效。也由于其人性私利自为之理论根基的偏狭,而有其潜在之困结。其困结有二:一为人性论的偏颇,导致人内在主体性的失落,而有否定道德、否定学术之封闭人性、窒息人心的沉陷,与立法无意养善,而仅在止奸之政治理想的崩落;二为价值观的狭窄,历史观的拘限,其政治哲学遂一落而为现实主义者与物质主义者,哲学慧命因而断灭衰亡。也就是说,韩非政治哲学体系架构所浮显而出之精义锐见,在其理论根基之偏狭自限上,遂有其难以消解之潜存困结。其法中心地位之理想遽失其根,其体系架构亦随之倒塌。此当是韩非政治哲学有其独创性之建构，而卒不免于倾颓的原因所在，也是吾人探究先贤哲学所当厘清而加以承接转变者。

第七章 结论——韩非政治哲学的现代意义

　　吾人今日研究韩非之政治哲学，并非仅在凭吊怀古，偶发思古之幽情；而是志在搭建一道接续沟通的桥梁，将前贤之不朽智慧，引入现代之中。即以建构现代化之法治社会而言，韩非之法家思想，更是一座蕴藏丰富的矿源，值得吾人去探勘开采，以为建构现代化社会的能源。笔者以为，复兴中华文化的要义，就是试图在传统与现代之间架桥沟通，使几千年的哲学思想与文化精神，能深植于吾人的心中，并灵活地运用于现代，以为推动现代化的大根力。且文化复兴，不能仅限于孔孟之儒家思想，如此岂非抛离了大宗的祖先遗产，而自囿于有限之中！今天吾人谈民主、谈科学，若不从传统的本根中转出，而仅以西方文化之移植为已足，终究是贫弱无根的。何况所谓中西文化的碰触合流，与思想的融会贯通，必须两造的文化精神与哲学思想都是健全而富有活力，处于相对而平等的均衡地位，才能相互激发，碰触出震慑人心的火花；也才能彼此涵摄，熔铸出超越于双方的新文化、新思想。

　　笔者以为吾人今天谈科学，要透过荀子的哲学；谈法治，则要透过韩非的哲学，才能从传统的文化根源中，开出其源远流长的生命力。荀子分天人与性伪为二，把天化为自然之天与现象之天，心又独立于性德之外，而具"虚壹而静"之认知功能，并以此心之知去裁制自然，"制天命而用之"，此将是走向科学之可能的开端。惟荀子透过此心之能虑能择，仍志在搭建由恶转善的桥梁，仍归于道德之知，而非知识之知。故吾人要从此一道德之知，转出为面对自然现象之独立的知性活动。此牟宗三先生论之曰：

> 故西方以智为领导原则，而中国则以仁为领导原则。见道德实在，透精神实体，必以仁为首出。智隶属于仁而为其用，摄智归仁，仁以养智，则智之表现，及其全幅意义，必向"直觉形态"而趋（即向"神智之用"的形态而趋），乃为理之最顺而必至者。至其转为"理解"（知性），则必经一转折而甚难。此所以自孔子后，仁一面特别彰显凸出，而智一面则终隐伏于仁而未能独立发展也。智，只润于仁中，调适而上遂；并未暂离仁，下降凝聚，转而为理解。故名数之学与科学，皆不能成立也。[1]

此一独立知性之转出，唯有自荀子始。

韩非将政治独立于道德的领域之外，由主体之德的作用表现，转为客体之法的架构表现，与"认法律为绝对的神圣，不许政府动轶法律范围以外"[2]之法之标准性与权威性的树立，也是吾人今日推行法治之必要的起步。且其法势术三者分立之说，亦类似于近代三权分立之说，法近于立法，势近于司法，术近于行政。若以中山先生之五权宪法而言，虽由孟德斯鸠之三权分立说，加乎传统之监察

---

[1] 牟宗三《历史哲学》，页一三。人生出版社，一九六二年三月出版。
[2] 梁启超《先秦政治思想史》，页一四七。

第七章　结论——韩非政治哲学的现代意义

与考试两种美善制度而来，然此中亦可有近于韩非之说，法为立法，势为司法，术为行政，且"因任而授官"之用人术，已显露出公开选拔人才、任用人才之"考试"的精神；"循名而责实"之督责术，已涵蕴有依法考核官吏、责效求功之"监察"的意味。惜乎两千年来，未有学者将此含藏之义析出，韩非之卓识遂湮没不彰。惟此一比照，乃就其形似而言，至其实质则韩非之法势术分立，除依法治民之权委之百吏之外，其立法、司法、行政，或包括考试、监察之大权，均集中于君王一身，是由一而分为三，非如孟德斯鸠之由三而汇为一；是由一而化为五，非如中山先生之由五而结为一。此吾人所当由君王立法之困结转出，由以君王为政治主体之主观之治道的不足，另建立起以人民为政治主体之客观之政道以救之。

此梁启超先生论之曰：

> 法家最大缺点：在立法权不能正本清源，彼宗固力言君王当"置法以自治，立仪以自正"，力言人君"弃法而好行私谓之乱"。然问法何自出？谁实制之？则仍曰君主而已。夫法之立与废，不过一事实中之两面，立法权在何人，则废法权即在其人。此理论上当然之结果也。[1]

又曰：

> 夫人主而可以自由废法立法，则彼宗所谓"抱法以待，则千世治而一乱"者，其说固根本不能成立矣。就此点论，欲法

---

[1] 梁启超《先秦政治思想史》，页一四八。

治主义言之成理，最少亦须有如现代所谓立宪政体者以盾其后，而惜乎彼宗之未计及此也。[1]

法家思想由于立法权操之于君王之手，一者彼所立之法，可以只为其一己之私，而非一国之公；二者有权立法者，自亦有权废法。如是，法之标准性、权威性是否成立，仅系于君王自身之能否自制，而又言不必贤智之中主可治，足见其说实根本不能成立。设若吾人能由此转出，辅以近世之民主体制，立法权由代表民意之机构负责，而政治领导者又由人民投票公决。如是，法非出乎执政者片面之意志，执政者自不得废法自为；且在民选之下，必为贤智兼备之上上之材，则韩非政治哲学潜在之困结与难题，将会随之而消解，而其体系架构所透脱而出之精义与呈显之理想，即足以成立而告落现。故法家虽已开出客观之法的政治格局，然法出乎君，而非透过全民之回应而制定，仍是一主观之法、一治道之法，而非客观之法、政道之法。

此牟宗三先生论之曰：

> 中国传统政治只有治道，而无政道。所谓政道治道，是相应孙中山先生所说的政权治权而言。在中国以往君主专制之政治形态下，政权在皇帝，这根本不合理。因为有此根本不合理，故政权之行使与取得未有一定之常轨，故治乱相循，而打天下（革命）乃政权更替之唯一方式。[2]

---

[1] 梁启超《先秦政治思想史》，页一四九。
[2] 牟宗三《政道与治道》，页四八。

第七章 结论——韩非政治哲学的现代意义

又曰：

> 政道是一架子，即维持政权与产生治权之宪法轨道，故是一"理性之体"，而治道则是一种运用，故是一"智慧之明"。有政道之治道，是治道之客观形态，无政道之治道，是治道之主观形态，即圣君贤相之形态。[1]

此言不论儒道法三家，其揭示之政治理想如何完美，与建构之实际政治如何严密，在政道一义未立，犹未能解决政权如何转移的客观化问题，则俱显不足。

就由于韩非之法，仅为统治者之意志的下落，而非由人民全体之意愿的上透，故牟先生又曰：

> 中国以往的政治思想，无论儒家、道家或法家……只有人治主义，而无真正的法治主义。惟近代的民主政体之政治，始有真正之法治出现。而此法治之法，是就第一义的法（宪法）说，不就第二义的法说。即，就政道的法说，不就治道的法说。[2]

当然，吾人若以近代之民主体制与政道之法，责求韩非，实不免忽略其时代背景之限制，而有以今非古之嫌，故笔者未将此义列之于对韩非政治哲学之批评，而列于韩非政治哲学的现代意义，以言吾人对韩非思想应有之转接与继承。只有在政权之转移置之于客

---

[1] 牟宗三《政道与治道》，页二四。
[2] 牟宗三《政道与治道》，页一三七。

观格局的安排之中，才能消解儒家直接措道德于政治之主观作用与以道德反抗政治之无力扭转时势之不足。而正本清源，使政治之权源不在君主个人，而在此客观格局。[1] 以避开韩非之法中心思想，受君王立法之限定，而有法之沉落与势之抬头之变质与扭曲的发展。

　　吾人缅怀先哲，在儒法两家政治思想之对峙中，当求其调和与综合，儒家德治之理想与法家法治之架构，应两相结合，以得互补不足与彼此助长之功。如何将儒家揭示之超政治意义之理想价值与道德原则，透过法家之实际政治之架构与运作，求其充分实现，并转为现代民主之体制。也惟有由治道而开出政道，政权之转移始能开出其常道，而不致治乱相循，永远在逐鹿中原之形态下打转。故吾人当由主观道德之作用表现，转为客观之法的架构表现，此为第一步；且进而由治道之法，转为政道之法，此为第二步；如是，法治思想始告完足。此即牟先生所谓的由第二义之法，进为第一义之法的用心所在。这该是吾人在传统与现代之间，在复兴文化之际，所应有的重建工作。否则，徒言师法西方，而不能由传统文化之大源流中转接开出，都将是无根的，也是愧对先哲之志业的。

　　个人研究中国哲学，所深以为憾者，是荀子与韩非的哲学在两千年之中，未有进一步的转折与推扩，由于前者主"人之性恶，其善者伪也"[2]，后者反道德反学术，以致不得后代学者的同情，遂后继无人，未能将两位先哲失之于一偏之哲学智慧加以转接，而全新推出，以新的精神面貌引入一如西方之数理科学与民主法治之体制，此实为吾国学术史上一大憾事。故西方在近代始能以一枝独秀的姿态，出现在近代的世界舞台上，也才会引起现代学人在五四阶段对

---

[1] 唐君毅《中国历史之哲学的省察》，《政道与治道》附录一，页一九。
[2] 《荀子·性恶》篇。梁启雄《荀子约注》，页三二七。

第七章 结论——韩非政治哲学的现代意义

传统文化的鄙薄与否定，这也是近代史上的一大不幸。

吾人今日所处之时势，所面对之挑战，与韩非极为接近。然韩非选择的是极其狭窄的"出其小害，计其大利"[1]的路子，为了富国强兵，对于儒墨道既存的学术传统与所形成的社会价值观，不惜加以全面否定，并意图以政治的威权将其打消击碎；结果，开不出文化历史的大格局。当然，此乃就其哲学本身加以批评，至于秦皇、李斯的焚书坑儒、迫害学术的历史大悲剧，是否与韩非哲学有其逻辑上的必然关联？是否韩非所该负责？假如，秦皇重用韩非，而非宠信李斯，或许历史将会大为改观。以李斯之私心过重，法之中心地位不显，仅恃其势与术以宰制天下[2]，故埋下秦王朝十五年而亡其国的祸根。此当是历史上耐人寻思的一大悬案。反观，鸦片战后，吾人为了西化图强，取择的也是极为浅视的急功近利的路子，把几千年的文化传统与旧有之价值观，加以抛离摒弃，并意图以西化移植来取代。如斯以往，则中国文化的慧命，必一如韩非之于先秦，终必归乎断灭。此或有助于一时之富强，却断送民族之文化传统的千古志业。

引论至此，则可为韩非之政治哲学下一结论：

其一，韩非志在消解存在于战国政局之乱源，故其哲学思想乃专属于政治哲学的范畴。

其二，彼之哲学问题虽有其时空背景与历史渊源之限定，然以其睿智卓识，仍能在探讨落于时空背景下之特殊性现实性之问题而

---

[1] 《韩非子·八说》篇。陈启天《增订韩非子校释》，页一三九。
[2] 《史记·李斯列传》篇言，李斯唯恐太子扶苏即位，重用大将军蒙恬，而失去既有之权势，竟与赵高密谋，矫诏迫太子自杀，而立少子胡亥，置国祚于不顾。由此一端，即可见其私心之重，而未有韩非忠于君国、以法为重之胸怀。"广文"本，页一〇二七至一〇三一。

外，也触及了超乎时空之政治哲学的普遍性论题。故不仅是现实主义的哲学家、综合性的哲学家，也是独创性的哲学家。三者之统合，就形成了他个人的哲学特质。

其三，其理论根基：人性论失之于偏，价值观囿之于狭，历史观落之于物，故其治道，遂利用人性弱点，否定个人生命之价值，并以外在之势与力来压迫人心，故其体系架构，遂开不出大的格局。

其四，其体系架构有其实际政治之功能，亦寓有以法限制君势与君术之理想在；惟法立于君，君又不待贤智，故法之目的性与标准性因而消失，君势遂告抬头。此为其体系架构之无可避免的终局。

其五，韩非政治哲学之精义，由其体系架构显露而出；其困结则由其理论根基潜伏而有。法中心地位的建立，与客观化制度化之政治格局，为各家所未有；然反学术、反道德，封闭人性、窒息人心，则为韩非哲学最大之沉落。

其六，韩非之哲学解决了战国乱局，也开出了秦王朝霸王之业，却斩断了先秦诸子之哲学慧命，其哲学已闷死了整个时代的精神活力，故不待秦皇之焚书坑儒，先秦之哲学已逼入死寂之窄巷，再也打不开出路。

其七，吾人今日研讨先哲思想，必加以综合会通并架桥引入现代之中。韩非实际政治之架构，若能汲取儒墨道之政治理想，并转出今日之民主体制，则其弊端将归消失，而其浮显之智慧与预期之理想，将有助于吾人现代法治社会的建立，自不必西化移植，而自我放逐于传统文化之长根大流之外。

参考书目

(1) 陈启天《增订韩非子校释》，商务印书馆。

(2) 陈奇猷《韩非子集释》，河洛图书出版社。

(3) 王先慎《韩非子集解》，艺文印书馆。

(4) 朱熹《四书集注》，台湾书局。

(5) 梁启雄《荀子约注》，世界书局。

(6) 王弼《老子注》，中华书局。

(7) 陈寿昌《南华真经正义》，新天地书局。

(8) 憨山大师《庄子内篇注》，琉璃经房。

(9) 《墨子间诂》，《新编诸子集成》第六册，世界书局。

(10) 《慎子》，《新编诸子集成》第五册，世界书局。

(11) 《管子》，《新编诸子集成》第五册，世界书局。

(12) 《商君书》，《新编诸子集成》第五册，世界书局。

(13) 《尹文子》，《新编诸子集成》第六册，世界书局。

(14) 《大戴礼记》，《四部丛刊》经部第十二册，上海商务印书馆。

(15) 《左传会笺》，广文书局。

(16) 《史记》，广文书局。

(17) 钱穆《国史大纲》，"国立编译馆"。

（18）吕思勉《中国通史》，乐天出版社。

（19）钱穆《先秦诸子系年》，香港大学出版社。

（20）蒋伯潜《诸子通考》，正中书局。

（21）萨孟武《中国社会政治史》，作者自印发行。

（22）徐复观《周秦汉政治社会结构之研究》，新亚研究所。

（23）胡适《中国古代哲学史》，商务印书馆。

（24）冯友兰《中国哲学史》，宜文出版社。

（25）钱穆《中国思想史》，中华文化出版事业社。

（26）张起钧、吴怡《中国哲学史话》，新天地书局。

（27）劳思光《中国哲学史》，香港崇基书院。

（28）唐君毅《中国哲学原论·原性篇》及《原道篇》，新亚研究所。《中国哲学原论》上册，九龙人生出版社。

（29）徐复观《中国人性论史》，东海大学。

（30）罗素《西方哲学史》，钟建闳译，中华文化出版事业社。

（31）杜威《思维术》，刘伯明译，华冈出版部。

（32）唐君毅《哲学概论》，孟氏教育基金会。

（33）萧公权《中国政治思想史》，华冈出版部。

（34）陶希圣《中国政治思想史》，食货出版社。

（35）萨孟武《中国政治思想史》，三民书局。

（36）梁启超《先秦政治思想史》，中华书局。

（37）梁启超《中国学术思想变迁之大势》，中华书局。

（38）杨鸿烈《中国法律思想史》，商务印书馆。

（39）邹文海《西洋政治思想史稿》，邹文海先生奖学基金会。

（40）牟宗三《历史哲学》，九龙人生出版社。

（41）牟宗三《政道与治道》，广文书局。

（42）牟宗三《才性与玄理》，九龙人生出版社。

（43）章太炎《国学略说》，河洛图书出版社。

（44）章太炎《国学概论》，河洛图书出版社。

（45）章太炎《国故论衡》，广文书局。

（46）江瑔《读子卮言》，泰顺书局。

（47）谢幼伟《现代哲学名著述评》，新天地书局。

（48）陈大齐《浅见集》，中华书局。

（49）陈大齐《浅见续集》，中华书局。

（50）陈大齐《荀子学说》，中华文化出版事业社。

（51）Walter J. Coville，Timothy W. Costello，Fabian L. Rouke 编《变态心理学纲要》，缪国光译，商务印书馆。

（52）S.Sransfeld Sargent，Kenneth R. Stafford 著《现代心理学大纲》，席长安译，商务印书馆。

（53）铃木大拙、弗洛姆著《禅与心理分析》，孟祥森译，志文出版社。

（54）R. G. Gettell 著《政治学》，石衍长译，新陆书局。

（55）左潞生《行政学概要》，三民书局。

（56）吴怡《中庸诚之研究》，华冈出版部。

（57）陈启天《中国法家概论》，中华书局。

（58）张素贞《韩非子思想体系》，黎明文化事业公司。

（59）王讚源《韩非与马基维利比较研究》，《幼狮》第十卷第四期。

（60）周道济《由韩非的人性观说明其政治思想》，《幼狮学报》第一卷第二期。

（61）马基雅维利著《君王论》，何欣译，中华书局。

261

（62）杨日然《韩非法思想的特色及其历史意义》，《台湾大学法学论丛》第一卷第二期。

（63）吴经熊《中国法学之历史概观》，《中国文化季刊》第一卷第四期。

（64）方东美《中国政治理想要略》，辅仁大学《哲学论集》第三期。

（65）熊公哲《韩非法理之探讨》，《陈百年先生执教五十周年暨八秩大寿纪念论文集》。

（66）张金鉴《中国法制的特质及演进》，《陈百年先生执教五十周年暨八秩大寿纪念论文集》。

（67）李伯鸣《韩非及其学术思想》，香港《联合书院学报》第二卷。

（68）葛连祥《韩非思想述评》，南大《中文学报》第三卷。

（69）张绪通《韩非的法律哲学》，《法学丛刊》第二十八期。

（70）熊十力《韩非子评论》，《学原》第三卷第一期。

（71）胡洪琪《述韩非子对于法之观念》，《民主宪政》第十二卷第五、六期。

（72）梅仲协《非韩非子论》，《法律评论》第十七卷第六、七期。

（73）陆树槐《礼治与法治》，《法律评论》第二十八卷第八、九期。

（74）金耀基《论韩非政治思想之渊源及体系》，《幼狮》第十二卷第二期。

台湾国学丛书　　刘东/主编

《荀子与古代哲学》　韦政通 / 著
　　定价：68.00 元
《抑郁与超越——司马迁与汉武帝时代》　逯耀东 / 著
　　定价：98.00 元
《南宋地方武力
　　——地方军与民间自卫武力的探讨》　黄宽重 / 著
　　定价：88.00 元
《中国哲学史大纲》　胡适 / 著
　　定价：78.00 元
《中国近代史》　蒋廷黻 / 著
　　定价：58.00 元
《性命古训辨证》　傅斯年 / 著
　　定价：58.00 元
《中国乡村：19 世纪的帝国控制》　萧公权 / 著
　　定价：158.00 元
《中国人性论史·先秦篇》　徐复观 / 著
　　定价：98.00 元
《中国文化之精神价值》　唐君毅 / 著
　　定价：78.00 元
《韩非子的哲学》　王邦雄 / 著
　　定价：68.00 元

海外中国专题研究丛书　　刘东/主编

《为世界排序：宋代的国家与社会》
　〔美〕韩明士　〔美〕谢康伦 / 编；刘云军 / 译
　　定价：128.00 元
《进香：中国历史上的朝圣之地》
　〔美〕韩书瑞　于君方 / 编；孔祥文　孙昉 / 译
　　定价：118.00 元
《晚期帝制中国的教育与社会：1600—1900》
　〔美〕本杰明·A. 艾尔曼　〔加〕伍思德 / 编；严蓓雯 等 / 译
　　定价：168.00 元